江西万志
文化丛书

江西古窑

江西省地方志编纂委员会办公室 编著

WUHAN UNIVERSITY PRESS
武汉大学出版社

图书在版编目(CIP)数据

江西古窑/江西省地方志编纂委员会办公室编著 . —武汉：武汉大学出版社,2018.3
江西方志文化丛书
ISBN 978-7-307-16659-2

Ⅰ. 江⋯　Ⅱ. 江⋯　Ⅲ. 窑址(考古)—文化遗址—研究—江西
Ⅳ. K878.54

中国版本图书馆 CIP 数据核字(2017)第 262983 号

责任编辑:邓　瑶　　　责任校对:杨赛君　　　装帧设计:张希玉

出版发行: **武汉大学出版社**　　(430072　武昌　珞珈山)
　　　　　(电子邮件: whu_publish@163.com　网址:www.stmpress.cn)
印刷:虎彩印艺股份有限公司
开本:720×1000　　1/16　　印张:12.5　　字数:259 千字　　插页:2
版次:2018 年 3 月第 1 版　　　2018 年 3 月第 1 次印刷
ISBN 978-7-307-16659-2　　　定价:69.00 元

江西方志文化丛书

主　编：梅　宏

副主编：周　慧　杨志华

江 西 古 窑

执 行 主 编：闵　波

执行副主编：邓玉兰

编　　　辑：孟　秀

"江西方志文化丛书"编纂委员会

《江西古窑》撰稿名单

省地方志办：闵　波

南昌市：南昌市史志办、喻德琪

九江市：九江市史志办、熊耐久、刁浔浔、朱子龄、陈文夫、张树华、冯国成、黄伟男、汪官金

（摄　影：冯国成）

景德镇市：景德镇市地方志办、俞定珍、李景春、洪东亮、彭建光、施方技

（摄　影：李景春、洪东亮、彭建光）

萍乡市：萍乡市史志办、方锡萍、邓花萍

新余市：新余市史志办、杨　诚、胡小勇

（摄　影：胡小勇）

鹰潭市：鹰潭市史志办、贵溪市史志办、雷荷莲、余江县史志办、月湖区史志办

赣州市：赣州市地方志办、马远旗、邓思喜、朱才福、王海兵、管宝禄、安远县地方志办、刘劲锋、刘　斌、朱祥福、徐百胜、赖日金、王立之、何冬生、瑞　志、会昌县地方志办、黄少斌、温永发

（摄　影：全南县文化馆）

宜春市：宜春市史志办、赖武军、易根生、李　昆、樟树市史志办、丰城市史志办、刘锡军、马思义、李万宏、唐　珍、黄烈花、奉新县史志办、易集明、刘祝琴、王现国、熊正秋

上饶市：上饶市地方志办、刘丕云、孙　军、王　斌、孙　健、卢　钢、玉山县地方志办、杜育和、许廷根、翁本有、陈爱中、朱国爱、薛　文

吉安市：吉安市地方志办、刘庆华、旷喜保、朱　静、邹建峰、张汉龙、胡自卫

（摄　影：熊　玮、刘庆华、旷喜保、胡自卫）

抚州市：抚州市地方志办、临川区地方志办、熊春玲、吴云华、伍长福、王政文、邱志强、余天禄、武一平、夏海泉、胡美凤、李昌金、李山冕、曾　铭

（摄　影：李山冕）

丛书序

　　江西古称"豫章""江右"，因733年唐玄宗设江南西道而得名，因境内最大河流赣江而简称"赣"。

　　江西文化底蕴深厚，四五万年前就有先民筚路蓝缕，在混沌草莽中开创旧石器时代和新石器时代文化。商周时期创造了与中原文化交相辉映的青铜文明。两汉以后，江西"嘉蔬精稻，擅味四方"，哺育出南州高士，高洁独标世表；陈重雷义，义薄云天；"古今隐逸诗人之宗"陶渊明开创田园诗派，成一代伟大诗人；"物华天宝、人杰地灵"彰显盛唐气象。两宋之后，江西古代文化更如日月之行，世所瞩目，在文学、哲学、史学、科技、艺术、教育等领域名家辈出，或开宗立派，或存亡续绝，或继往开来。诗文在此革新立派，理学在此肇始兴盛，佛教以禅宗的流行和《禅门规式》的颁布在此形成中国特色；史学名著迭出，大家涌现；千年窑火，煅烧出晶莹剔透的千古瓷都；书声琅琅、书院芳华熏染了文章节义之邦。豫章文化、庐陵文化、临川文化、浔阳文化、袁州文化等地域文化各具特色、各领风骚。近代以来，南昌起义的枪声，井冈山上的炮响，无数革命先烈前仆后继的英姿，锻造了光荣的革命传统和精神，形成了红土地上崭新的红色文化。这些，共同构成群星璀璨、耀眼夺目的江西文化。

　　在悠悠历史长河中，物质形态文化难免随着时间的消失而湮灭，而代代编修，被誉为"一方之百科全书"的地方志，便成为传承地方文化、载史问道、以启未来的最好载体。

　　地方志是中国特有的文化传统和历史资源。江西是方志大省，历代编纂的地方志书达1190种，位居全国第二位，保存至今的仍有520余种，居全国第四位。20世纪80年代开始社会主义新方志编纂工作，至今编纂出版两轮省、市、县三级志书共302部，综合年鉴201部，取得了巨大成就。卷帙浩繁的志书刻录着江西文化基因和历史密码,它本身既是方志文化的物质载体,也是江西地方文化的根脉和基础。利用地方志了解地方历史文化,实现资政育人,古有韩愈索志、朱熹下轿问志的佳话,今天我们党和国家的领导人同样有重视和利用地方志的优良传统。1958年3月,毛泽东主席一到成都,立即调阅《四川通志》《华阳国志》《灌县志》等志书,并选辑其中一部分内容印发给其他领导,提倡利用地方志提高领导水平,并倡议各地编修地方志。习近平总书记身边也总是不离地方志。1985年6月,即将任职厦门市副市长的习近平借阅了道光版《厦门志》和《厦门地方史讲稿》。1989年他在福建宁德担任地委书记时曾指出:"了解历史的可靠的方法就是看志,这是我的一个习惯。过去,我无论走到哪里,第一件事就是看地方志。"英国著名学者李约瑟曾说,古代希腊乃至近代英国,都没有留下与中国地方志相似的文献,要了解中国文化,就必须了解中国的地方志。同样,要了解江西文化,也必须了解江西的地方志。通过地方志,迅速了解一地之风土人情、历史文化,鉴古知今,获得未来发展的灵感是古往今来的文人、学者、官员、伟人的一项基本功。

为了更好地开发利用地方志资源存史、资政、育人,发挥地方志在传承中华文明、建设文化强省中的基础性作用,江西省地方志办公室利用地方志资源,动员全省地方志系统力量,组织编辑出版了这套"江西方志文化丛书"。全书共10册,内容丰富,资料翔实,图文并茂,用通俗、准确的语言介绍了江西最具代表性的十个方面的地域特色文化,从浩如烟海的方志文献中提炼出真实、生动的历史细节,全面展示了江西的文化成就和人文精神。山有名,水有灵;桥有史,渡有址;村有姓,镇有景;楼塔有风骨,寺观有清幽;书院有典籍,名人有故事;古窑生火,传承至今;进士及第,江西文盛。丰富的地域文化、深厚的人文底蕴,彰显了江西千年风华,体现了文化江西的磅礴气度。本套书是一部挖掘、保存、利用江西地方志资源的精品丛书,是了解江西历史、省情、国情的重要窗口,也是地方志工作者深入挖掘地方历史文化资源,服务江西经济社会发展、决战全面实现小康社会新的尝试。

习近平总书记"高度重视修史修志"的重要指示,李克强总理"修志问道,以启未来"的重要批示,刘延东广泛开展"读志用志传志"的要求,贯穿到一点,就是要发挥地方志的作用。与地方志书体量巨大、携带不便、难以寻找相比,"江西方志文化丛书"很好地解决了这些问题。它是利用地方志资源开发出来的,集中江西省方方面面特色文化,方便携带、方便阅读的一种崭新载体,是江西地方志工作者在志书编纂和年鉴编纂之外的成功创新之举。它让古老的官修志书搭载新鲜的传播形式,走近大众生活,成为干部、群众愿意看、看得懂、用得上的口袋书,是为广大干部群众特别是青少年了解江西历史和地域文化所做的一件大好事。它是江西地域特色文化的扛鼎之作,是见证当代江西地方志工作的精品。

我们相信,"江西方志文化丛书"的出版,能让更多的人了解江西、认识江西、喜爱江西,积极参与江西事业发展。希望这套文化丛书为增进广大干部群众特别是青少年对江西地域特色文化的了解,发挥应有的作用。

江西省地方志编纂委员会办公室

2017 年 12 月

编写说明

一、本丛书由《江西书院》《江西古代名人》《江西名人墓》《江西寺观》《江西古楼塔及牌坊》《江西地方戏》《江西进士》《江西古窑》《江西古祠堂》《江西古桥古渡》10个分册组成。资料主要来源于江西历代地方志、家谱和相关地方文献。

二、《江西古窑》是"江西方志文化丛书"分册之一,力求对江西历史上的古窑进行全面、客观、准确的记述,尽可能搜集现存及有文献可考的古窑,集资料性和可读性于一体。古窑不论规模大小,一并收录,共收集180多座古窑,20多万字,200多幅图片。以江西七大名窑作为记述重点,着重记述古窑的年代、地址、主产及相关人员、当时的影响和历史意义。

三、本书收录的古窑以现行行政区划地址为准,按11个设区市分类,以县(市、区)为基本单位。为彰显中国瓷都景德镇厚重的陶瓷文化及其在陶瓷史上的重要地位,特将景德镇古窑址置于全书之首。

四、本书内容(包含照片)主要由江西省、市、县(市、区)三级地方志工作机构提供,资料主要来源于江西地方志书,参考地方文献和中国江西网等网络资料,部分资料参考了余家栋《江西陶瓷史》。本书正文中不署具体撰稿者姓名,以免重复,撰稿者和摄影者姓名集中于撰稿名单中。

五、本书纪年,凡1949年10月1日以前的,采用历史纪年括注公元纪年;1949年10月1日起,采用公元纪年。

目录

概 述

　　陶瓷是中国的伟大发明之一。《江西省志·陶瓷工业志》记载：江西是中国创远古、中古文明，元、明以来执全国瓷业牛耳的重要瓷省。江西陶瓷生产历史悠久，是中国产陶最早的省份之一。江西陶瓷随着瓷土资源分布而遍及全省。据20世纪五六十年代考古调查、发掘，江西全省在万年、清江等39个县（市、区）发现古代窑址290多处，为我国陶瓷业的发展提供了极高的研究价值。

一、江西古窑的起源

　　随着30多年的改革开放，考古技术越来越先进，资料越来越丰富，新发现的古窑遗址越来越多。现在，人们又在思考一个新的问题——江西最早的陶瓷窑出现在哪里。用历史唯物主义的观点来看，鄱阳湖底可能会有最早的古窑。星移斗转，地壳运动，沧海桑田，人世间曾有多少天翻地覆的变化，什么事情都有可能发生。在漫长的历史中，在地质、气象、水文等综合作用下，彭蠡泽向南扩展，湖水越过松门山直抵鄱阳山，形成鄱阳湖。在湖水南侵之前，松门山以南原本是人口稠密的鄡阳平原，随

在江西省万年县仙人洞
发现的中国最古老的陶罐

万年县仙人洞

原始制陶

着湖水的不断南侵，鄱阳湖盆地内的鄡阳县和海昏县先后被淹入水中，历史上曾有"沉鄡阳起都昌，沉海昏起吴城"之说。鄱阳湖烟波浩渺、水域辽阔，经过1600多年的演变，成了"天下第一湖"，犹如一只巨大的宝葫芦系在万里长江的腰带上。在此之前，谁也不能否定鄡阳、海昏没有古窑的存在。如今，鄱阳湖底陶瓷碎片的出现和鄱阳湖陶瓷堆砌的岸堤，无不提示着鄱阳湖巨大的秘密。但是，鄱阳湖即使有古窑的存在，也不一定是最早的古窑，假设是需要科学的证据来证实的。目前，我们认定，江西最早的烧陶址在万年仙人洞。因为，考古学者已经用现代科技有力证实了万年仙人洞陶瓷碎片存在的年限。

万年县仙人洞中挖掘的早期陶器，距今至少有17000年，这或许是世界上年代最早的陶器之一。我们可以从人类学上得到求证。第四纪人类出世后的更新世晚期，也就是20000年前，现代人类通过白令陆桥进入北美洲并向南迁移。进入全新世后，现代人分布到除南极洲以外的各个大陆，并且成为唯一生存至今的人科动物。我们不妨来推理"陶"的起源。第四纪末期，万年仙人洞聚集了迁徙而来的原始人类，人们发明了铁石击"火"后，知道生食熟吃，味道可口。有人在一次和泥包鸡、包鱼烧烤中，发现火焰极其炽热，不知不觉中将湿泥烧干变硬，冷却后呈红变紫。人们小心翼翼敲破顶上干泥，取出熟食，味道十分鲜美。于是，人们就保留下烧硬的"泥钵"，现在人们都称之为"陶"。人们用它盛水煮食，十分方便。在长期的生活中，人们需要大量的"陶"作为生活的必需品，于是，"陶"开始批量生产。人们先挖一个"坑"，把手工制作的批量"陶罐"坯料集中烧制，最后，人们就有了大量的陶制品。而这个烧陶的"坑"，就是目前我们发现最古老的"窑"。

由此推理，追溯我国陶瓷在世界上的发展史，论其贡献，江西省陶瓷业历史悠久，居功最著。万年仙人洞考古证实，江西省的烧制陶瓷应该出现在新石器早期。这比20世纪20年代考古相继考证的中原仰韶文化遗存和山东龙山文化遗存中出土的陶瓷年份还早数千年。此后，五千年前新石器时代晚期至商周时期，清江等地又有数十处生产陶器和原始青瓷。秦汉后，原始青瓷向成熟发展。东汉末年，景德镇窑创烧。西晋出土的遗物全是青瓷。南朝时，丰城的洪州窑创烧，所产瓷器全国著名。唐代，瓷业勃勃生机。宋代名窑林立：吉州窑名重一时；赣州七里镇窑、南丰白舍窑，名气响亮；景德镇窑发展迅速，所产青白瓷为全国六大瓷系之一。元代，景德镇窑长足挺进，不仅创制的青花瓷更加成熟，还创制出红、蓝颜色釉瓷。明清以来，景德镇已成为全国的制瓷中心。朝廷在景德镇设立御窑，烧造皇室用瓷；民窑广泛发展。从远古的陶瓷发明，到唐、宋、元、明、清的陶瓷业发展，江西始终是全国，甚至世界瓷业发展的领头羊。

二、江西古窑的发展

从新石器到今天，已有8000多年，人类规模化陶瓷生产是从新石器时期开始的，而且一直是古代原始工业的产业重点。其产品极大地丰富了人们的生产生活。江西古窑分布十分广泛，各个朝代的古窑都有区域重点和陶瓷特征。虽然许多古窑已经荡然无存，但是，从现已出土的陶瓷碎片中还是可以充分证实古窑曾经的存在。各朝各代的瓷业兴起衰落，形成了一条波浪起伏的曲线，记载了江西陶瓷业发展艰难的历程和辉煌的历史。

在赣中、赣北等地区有50多处出土的新石器晚期的陶瓷，主要代表地区有清江的营盘里、筑卫城和修水的山背等遗址。出土的陶器以夹砂红陶和夹砂灰陶为主，也有一些磨光黑皮陶、泥质红陶、泥质灰陶和少量白陶，品种有鼎、罐、壶、盘、缸等。

出土商周时期陶器的地区更多，主要代表地区有永修吴城、鹰潭角山窑址等。吴城遗址经先后6次挖掘，出土尊、豆、缸、盆、纺轮等陶器和原始青瓷，还发现了数座制陶的龙窑。鹰潭角山窑址是面积达3万平方米的商代大型陶窑遗址，经1983年和1986年两次挖掘，发现遗弃的陶瓷废次品堆积厚度达40~120厘米，均属全国罕见。遗弃物中有陶质生产工具如纺轮、网坠、陶垫、陶拍等，陶器生活用具有鼎、尊、碗、盆等22类，陶器多属于灰色硬陶。这些文物出土，打破了历来"商代文化不过长江"的提法，尤其是原始青瓷的出现，更是将江西烧造瓷器的历史，从东汉上溯到殷商，提早了1000多年。除此之外，在清江、新干、南昌、新建、靖安、乐平、奉新、临川、全南、定南、龙南等县发现的商周遗址中，均有陶瓷出土。

出土春秋战国时期陶器的地方，有九江、武宁、贵溪、清江等地，出土的原始青瓷器造型虽简单，但胎质坚致，薄釉均匀、透明，且有规整的螺旋纹。

西汉时期江西原始青瓷向青瓷发展，至东汉青瓷进一步成熟，南昌、新建、宜春、清江、新余、萍乡、新干、湖口、瑞昌等地挖掘的汉代墓葬中，出土了大量硬陶和一批青瓷器可为佐证。

西晋到隋代青瓷已代替陶器。西晋青瓷烧造技艺十分娴熟，装饰出现堆雕、镂空等新工艺。随着佛教的兴盛，莲化图案频繁出现在青瓷器面上。

南朝时，江西瓷业发达，南昌、九江、丰城、临川等地出现烧制青瓷窑场。其中，丰城的洪州窑已开始创烧，景德镇已形成了较为发达的陶瓷业，并于陈至德元年（583年）受诏烧制陶础。隋代，洪州窑创始使用匣钵装烧工艺，极大地提高了青瓷的质量，代表了当时江西制瓷业的新成就。景德镇窑受诏烧制的狮象大兽，被隋炀帝陈列在宫殿之上。

唐代江西瓷业勃勃生机，全省有景德镇、九江、南城、都昌、乐平、婺源、宜春、靖安、丰城、奉新、吉安、临川、新干、龙南等20余县烧造瓷器。其中最兴盛的是丰城的洪州窑，所产瓷器在天宝年间曾作为贡品敬献给唐玄宗，并在陆羽《茶经》中被列为全国六大瓷窑之一。唐高祖武德年间，景德镇向朝廷贡献过瓷器，陶民霍仲初等曾接到过"制瓷进御"的诏命。晚唐时，赣州七里镇窑、东山坝窑、吉州永和窑均开始创烧。五代时，吉州（原名东昌）窑开始兴盛，《东昌志》记载：吉州至五代时"民

聚其地，耕且陶焉"。五代时，景德镇有湖田、杨梅亭等 10 多处窑。

到了宋代，江西瓷业名窑林立。吉州窑极盛于南宋，所产青瓷、乳白瓷、黑釉瓷、彩绘瓷，名重一时。赣州七里镇窑极盛于两宋，所产青釉瓷、白釉瓷、影青瓷、黑釉瓷皆有名气。南丰白舍窑，宋初开始创烧，中叶兴盛，晚期衰弱，其所产青白瓷，几可与景德镇瓷媲美。两宋时期，景德镇瓷业有更大发展，元人蒋祈《陶记》所载："景德镇陶瓷，昔三百余座。"中华人民共和国成立后普查，镇东南附近的南河两岸和今市区一带的窑址 30 多处。所产青白釉瓷"白如玉、明如镜、薄如纸、声如磬"，被誉为"琼玫""饶玉"。于是宋王室指定景德镇烧造宫廷用瓷，称之为官窑瓷。宋真宗景德元年（1004 年），命昌南镇改为景德镇，进御瓷器，底书景德年制。

元代名窑有七里镇窑、东山坝窑、白舍窑、吉州窑，但在元末衰落。这时宁都窑、鄱阳窑、横峰窑均已出现，规模不大，唯景德镇窑长足挺进，瓷业发展兴旺。景德镇窑由南河一带发展到东河流域和今市区，达 30 多处。景瓷工艺不断创新，最显著的特点是采用瓷石加高岭土的二元配方，使瓷质增硬，耐火度增强，质量提高，是中国制瓷史上一个划时代的进步。

明代横峰窑有了较大发展，形成了一定规模，为此，朝廷在横峰专设了管窑通判，管理窑务。萍乡、乐平皆有窑业。景德镇窑业在元代基础上又有了新的发展，成为全国制瓷业的中心。"至精至美瓷器，莫不出于景德镇"。全镇"袤延十三里许，烟火逾十万家""万杵之声殷地，火光烛天"，景德镇已是瓷业兴旺、商业繁荣的"江南雄镇"。明王朝在景德镇创建御器厂，专烧王室用器。明初有窑 20 多座，宣德年间增加到 58 座。民窑也很发达，先后出现崔国樊的"崔公窑"、周丹泉的"周窑"、昊十九的"壶公窑"等著名的民窑。景德镇市区、南河、东河一带几乎是村村窑火，处处陶埏，且民窑的生产量巨大。

明末清初，景德镇瓷业一度停滞。顺治年间，沿袭了明代御窑继续烧造的传统。到了康熙、雍正、乾隆时期，景德镇瓷业有了突飞猛进的发展，已成为封建社会中鼎盛时期的制瓷重镇，"器则美备，工则良巧，色则业全，仿古法先，花样品式，咸月异岁不同"。清初沈怀清曰：景德镇"器（瓷器）行于九域，施及外洋，山尊海俎，咸率于斯，盖以山国之险兼都会之雄也"。乾隆初督陶官唐英《陶冶图说》："景德镇袤延十余里，山环水绕，僻处一隅。以陶来四方商贩，民窑二三百区，工匠人夫不下数十万，藉此食者其众。"同时，景德镇瓷器海内外市场比明代更为广阔，除东南亚、日本、朝鲜外，还销往欧洲各国，被欧洲大多数国家的人民作为最喜爱的装饰品。美洲、非洲、澳洲各国也通过各种渠道购买景德镇瓷器。景德镇瓷器销往五洲四海。

清代中叶以后，中国的封建社会每况愈下，瓷业也由极盛而开始衰弱。嘉庆时期，景德镇瓷艺、品种、数量皆不及乾隆盛世。道光二十年（1840 年），英帝国主义攻破国门以后，签订《中英条约》，开放通商口岸，外国商品涌入。景德镇瓷业生产规模骤减，技艺人员流散，制瓷水平下降。至清光绪年间（1875—1908 年），仅有御窑烧造过一些御用精瓷；而广大民窑，深受洋瓷影响，日用瓷市场日见萎缩，唯陈设艺术瓷尚可与洋瓷竞争，销路广阔，为振兴我国瓷业起到了一定的作用。清光绪年间，江西除景德镇外，还有万载、金溪、莲花、南丰、萍乡等多处生产瓷器。万载陶瓷创始于清乾隆年间或更远一些年代，专烧制各种如碗、杯、碟、茶盘、花瓶及罂、瓮、缸等日用陶瓷。全县有规模不大的窑场40多所，清光绪年间日渐衰退。金溪陶瓷业创于清光绪初年，有窑场1所，专烧大小粗碗销往邻近各县；莲花有瓷厂2所，清光绪年间设立，除造大小粗碗外，还烧各种土瓷；南丰白舍古窑曾盛极一时，所制瓷器几与景德镇媲美，元末废。清光绪年间，由贡生刘良炽振兴，后因资本不济旋又中辍，至光绪三十一年（1905年），江西萍乡创办瓷业有限公司生产日用瓷，有职工100人。宣统二年（1910年），江西正式成立官商合办的江西瓷业公司，公司设本厂与分厂。本厂设于景德镇，采用旧法生产；分厂设于鄱阳，用改良法制瓷；厂内并附设一陶业学堂。

三、江西名古窑

在历代窑工们的努力下，江西名窑后浪推前浪，一拨又一拨地出现，铸就了江西陶瓷业辉煌的历史。在史上最负盛名的古窑先后有：景德镇窑、南丰白舍窑、吉州窑、洪州窑、赣州七里镇窑、白浒古瓷窑、东山坝窑、横峰窑等。

景德镇窑由数个窑口组成，故称景德镇窑系。自五代始烧至今，有1000多年的烧造历史，是我国烧瓷时间最长的窑址之一。五代烧制青瓷和白瓷，产品以碗、盘类为主，影青瓷釉色青中带灰，白瓷釉色较白。采用支烧法，碗、盘器内和底有一周长形支烧痕。宋代时以烧青白瓷为主，有名的湖田窑就在景德镇的湖田村，器型有碗、盘、合、瓶、壶、罐、枕等。装饰上有刻花、划花、印花、篦划纹等技法。纹饰有龙纹、凤纹、婴戏纹、海水纹、缠枝花纹等。北宋后期在定窑的影响下，采用复烧法，提高了产量，也改进了质量，有"南定"之称。其中湖田窑的产品质量最好，釉色似湖水之淡绿，纹饰精美。元代时开始烧青花瓷、釉里红和其他品种，成为全国的制瓷中心，同时继续烧制青白瓷。产品有梅瓶、玉壶春瓶、罐、碗、盘、炉和高足杯等。明代时景德镇已成为瓷都，青花瓷大大发展起来，被称为"国瓷"，同时烧有釉上彩、斗彩、五彩、素三彩和各种单色釉瓷。清代时烧瓷技术大大提高，品种有青花三彩、粉彩、珐琅彩，还有各类象生瓷和仿玉石、木纹、漆、铜釉色等，达到了历史最高水平。

南丰白舍窑窑址在江西省南丰县白舍街。烧造年代为宋元，宋代是它的兴盛期。《南丰县志》载："白舍，宋时置官监造瓷窑，窑数处，望之如山。"蒋祈在他的《陶记》一书中也提到南丰白舍窑曾一度与景德镇窑争夺瓷器市场的情况，可见当时白舍窑盛况空前。白舍窑烧制白瓷和青白瓷两种，精者胎质洁白、细腻，釉色晶莹润泽；粗者胎质较粗糙，色泽白中泛黄，呈蛋壳色。影青瓷有洁白的薄胎，数量不多。造型和釉色，与景德镇大体相似，所不同的是底部支烧痕不呈黄褐色。白舍窑主要生产民用瓷，有碗、壶、瓶、盘、杯、碟、灯台等，以碗数量居多。器物均为平底或圈足，装饰多莲瓣纹。南丰县白舍窑亦为宋代江西境内规模较大的窑址。白舍窑现存废窑堆积十六座，绵延约两千米。产品有白釉、影青和粗白瓷。器型有碗、壶、杯、盘、碟和灯台等，江西宋元墓常见的十二生肖瓩白衣瓶也已在该窑出土。白舍窑白瓷较吉州窑乳白瓷为佳，且多系薄胎质，厚重器极少。青白瓷洁白细腻，釉色莹润，接近景德镇瓷器的产品质量。

吉州窑坐落在赣江中游之畔的吉安县永和镇西侧约2千米长、1千米宽的地盘上。东汉献帝初平二年（191年），这里设置了东昌县，属庐陵郡辖。唐代晚期，瓷业在这里逐渐兴起，至宋代极为发达，成为享誉世界的名窑。隋代庐陵郡改名为吉州，五代因之，故名"吉州窑"，又有"永和窑""东昌窑"之称。吉州窑以悠久的历史，宏大的规模，丰富、独特而又精美的产品为国内外人士所珍视和仰慕，是我国现有保存完好的古代名窑遗址之一。24座古窑包如岗似岭，星罗棋布；令人爱不释手的古瓷片，窑里俯拾皆是；一条条用匣钵和窑砖铺砌成各种图案花纹的街巷纵横交错；它和本觉寺塔、清都观、秋月寒江亭等东昌十五景构成一幅画面，曾吸引了无数的游人墨客挥毫作诗。吉州窑是举世闻名的综合性窑场，也是我国古代黑釉瓷生产中心之一。所产瓷器种类繁多，已发现各种器型有120余种；按胎釉可分为青釉瓷、乳白釉瓷、绿釉瓷、黑釉瓷、彩绘瓷、雕塑瓷和琉璃器等；装饰上采用印花剔花、剪纸贴花和堆雕等技法，纹饰丰富多彩，绚丽多姿。其中，乳白瓷印花精致、工整；彩绘瓷纤秀瑰丽，淳朴自然，极富民间色彩；黑釉瓷（亦称天目釉瓷）在陶瓷艺苑中奇放异彩，可谓前无古人而独树一帜。

洪州窑是唐朝六大名窑之一，位于丰城曲江罗湖村，当年属洪州（今南昌市）管辖，故称"洪州窑"。洪州窑起于东汉，盛于隋、唐，史载唐明皇多用洪州窑瓷。洪州窑是我国唐代六大青瓷名窑和我国青瓷器的最早发源地之一，始烧于东汉，发展于两晋南北朝，鼎盛于隋唐，终烧于晚唐五代，制瓷历史长达八百余年。1993年被评为"全国考古十大新发现"之一，1996年被国务院列为全国重点文物保护单位。洪州窑青瓷之美，虽不如宋汝、官、哥器之雍容华贵，定瓷之精雕细刻，钧瓷之彩艳华丽，但它那纯朴古拙的造型，如玉似翠的釉色，以及那变幻莫测的冰裂纹，总是让人充满遐思，如痴如醉。

赣州七里镇窑遗址位于江西省赣州市东南郊4千米处，濒临贡江北岸，临近章江和贡江的交汇处，窑址沿贡江北岸分布长约1.5千米。这里水陆交通便利，瓷土和燃料资源丰富，晚唐创烧以来，延续至宋元，曾鼎盛一时。所烧产品，种类繁多，釉色丰富，造型秀丽，工艺高超，在省内外享有很高的声誉，是江西的五大名窑之一。1959年七里镇窑址已被列为省级重点文物保护单位。七里镇紧靠贡江，地处丘陵地带，昔日是通向闽、粤的大道。古窑就分布在由西至东的沿坳和七里镇之间的斜坡地带上。原有窑包堆积16处，今仅存14处。最高的郭家岭高达21米。整个窑址可分为东区（上窑）、南区（中窑）、西区（下窑）3个地段。东区以乳白、青白釉为主，南区以青釉瓷为主，西区以褐釉瓷为主。七里镇窑各类瓷器的烧造年代大致可分为如下几个时期：唐末和五代产品有青绿釉和乳白釉瓷；北宋时期青釉瓷停烧，乳白釉瓷继续沿烧并有新的发展和提高，同时开始烧制青白釉瓷和黑釉瓷；未见白地彩绘瓷、青花瓷和仿龙泉青瓷。从发掘资料来看，砂子岭窑多烧制青绿釉和乳白釉瓷；周屋岭窑多烧制青白釉瓷，应是宋代所建；张家岭窑产品多为黑釉瓷。这表明七里镇各个窑场产品各有侧重和分工，时代亦有早晚之分，窑场大致是由东向西发展。

白浒古瓷窑窑址位于江西省抚州市临川区红桥镇白浒窑村东南700米的白浒渡，故名"白浒窑"。1950年和1960年，白浒窑在江西省博物馆文物调查工作中被发现。经过实地调查，白浒窑遗址绵亘2千米，包括毛家村、一甲村与二甲村。整个窑址除有几座遭到破坏外，仍有七座较为完整。废墟上散布的瓷片、窑具等遗物甚多。这些瓷窑在白浒窑毛家村《白浒毛氏族谱》的南宋绍兴五年（1135年）旧序记载中可得到印证。"宋元丰元年（按：1078年）毛姓氏迁来此地一日出游汝西，车过浒渡……而问曰：'斯何地也？'当地人答曰：'白浒渡，又曰白浒窑也。'"证实该窑早在北宋之前就已存在。事实上，早在唐代，临川白浒窑就颇具规模。崇仁河紧靠窑址的山坡由西向东流入抚河，窑址依山靠水，崇仁河、宜黄河两大水系汇合于窑址西坡。从这逆流能达宜黄、崇仁、乐安等县，顺水可至南昌、丰城、鄱阳等地，水面交通极为便利，为瓷器的销售提供了条件；早年此地树木茂密，多以松木为主，为瓷业生产提供了充足的燃料；瓷土丰富，为瓷业生产胎土。白浒窑与丰城罗湖窑在隋唐时期同属洪州较大的窑业基地。主要产品有碗、罐、缸等，以碗为主。器物多为平底，底心稍内凹，也有部分圈足器。大多胎骨粗糙、厚重，胎土灰色。釉色多呈青绿、酱褐，也有少量豆青色。器内施全釉，外施釉多不及底。釉面常开细冰裂纹，釉水不均匀者呈泪痕状。纹饰较简单，多为葵花形纹，罐类器物的肩部，常以"铺首"为饰。所产器物古朴大方，技艺纯熟，釉汁光润，具有时代特征，且制作造型、工艺纹饰又具地方特色，著称江西。

东山坝窑为赣南宋元时期生产黑釉瓷的古窑场，位于宁都县北部的东山镇，是古虔化县所在地。中华人民共和国成立后发现并经调查，东山坝生产的瓷器主要是黑釉瓷。品种有碗、盘、盏、碟、罂、洗、杯、钵、缸、壶、瓶、擂钵等，均系日常生活用瓷。在这些黑釉瓷中，数量最多的是茶盏。据考古证实，东山坝窑烧造历史始于晚唐，盛于宋，衰弱和终烧于元，历时300余年，1982年被列为县级文物保护单位。

横峰窑烧造历史始于明（一说为始于宋代），为明代规模较大窑址，位于现在横峰县城所在地。瓷片与窑具遍地可见，堆积在上窑口村、纪念塔（下窑口）和县中学等地，窑址东西蔓延2千米。产品多为青釉日用瓷，品种有碗、盘、盏、碟、瓶和砚池等。这些瓷器多为素面，也有印花画花等纹饰，但多数青瓷碎片具有明代仿龙泉窑器物的特征。

当然，江西的名古窑绝不止这几座，本书中所介绍的古窑也只是江西史上古窑的凤毛麟角。因为江西是陶瓷文化的发源地之一，是古时的产瓷大省。

景德镇市

　　景德镇是国务院首批公布的全国24个历史文化名城之一，史上，与汉口、佛山、朱仙镇并称为中国古代四大名镇。其制瓷历史悠久，文化底蕴深厚，因瓷而名，因瓷而兴，是驰名中外的千年瓷都。"新平冶陶，始于汉世"，在1700多年单一的古代陶瓷手工业发展史中，景德镇"集全国名窑之大成，汇各地良工之精华"，逐渐形成了自己的风格，生产出享有"白如玉，薄如纸，明如镜，声如磬"之美誉的景德镇瓷器，把青花、粉彩、玲珑、颜色釉四种制瓷工艺发展到极致，赢得"至精至美之瓷，莫不出于景德镇"的美誉，有"天下窑器所聚"的荣耀，更有以皇帝年号"景德"为名的殊荣。"行于九域，施于外洋"。景德镇虽处山区一隅，但通过海上贸易线路，将瓷器远销南亚、西亚及欧洲诸国，被称为"陶瓷之路"和"海上丝绸之路"，促进了我国与世界各国经济文化的往来和交流，赢得了海内外的广泛赞誉。

景德镇

　　但凡研究景德镇的陶瓷，就不能不涉及景德镇的陶瓷窑炉，因为窑炉是陶瓷生产中必不可少又非常重要的关键设备，且在瓷器制造工序中，入窑烧造最重要，故有"三分做，七分烧"的说法。可以说陶瓷的历史有多长，陶瓷窑炉的发展历史就有多长。中国陶瓷发展史实际上就是窑炉发展史，陶瓷窑炉发展史在陶瓷发展史中占有十分重要的地位，至今，仍有一些国家陶瓷工业称之为"窑业"，景德镇乃至中国，各个朝代制瓷业的发展都与窑炉的发展革新密不可分。景德镇千年的瓷器烧造历史，留下了数以千计的古瓷窑遗址。景德镇古代窑址，实际上由数个窑口组成，故又称景德镇窑系。据史料记载，自唐代始烧至今，有1000多年的烧造历史，是中国烧瓷时间最长的窑址之一，可以说正是千年窑火的神韵铸就了景德镇历史的辉煌。

唐代六朝时，景德镇制瓷业有了发展，唐武德间，"镇民陶玉者载瓷入关中，称为'假玉器'，且贡于朝，于是昌南镇瓷名天下。"窑址主要分布在乐平的南窑村、浮梁兰田村、白虎湾村附近。

五代时景德镇窑业发达，瓷器造型多样，至今仍保留着胜梅亭、石虎湾和黄泥头等10处古瓷窑遗址。

宋元时期景德镇陶瓷生产发展迅速，据《陶记》所载，当时有窑300余座，全镇"村村陶埏，处处窑火"，所产青白瓷洁白细腻，体薄透光，青中有白，白中显光，有"琼玫""饶玉"之称。自宋开始，改昌南为景德镇后，景德镇就进入了一个快速发展的新时期。这个时期景德镇的瓷窑址分布在四个区域：一是昌江支流南河水系的古窑遗址群，包括湖田窑、杨梅亭窑、进坑窑和塘下窑等；二是南河中游附近的古窑遗址群，包括兰田龙窑、湘湖村窑、白虎湾窑、盈田窑等；三是浮梁寿安镇古窑遗址群，包括南市街窑、柳家湾窑、灵珠窑、朱溪窑、西溪窑、丰旺窑、凉伞树下窑等；四是昌江支流东河水系的内瑶系、绕南窑、长明窑和南泊窑等。从元代至元十五年（1278年），朝廷在景德镇设立了第一个官窑——浮梁瓷局，开启了景德镇官窑的时代。

明代初年，景德镇之外的各大名窑日趋衰落，唯龙泉青釉瓷仍大量烧造，但已无法和景德镇瓷匹敌。这个时期景德镇青花瓷蓬勃发展，被称为"国瓷"，同时还烧有釉上彩、斗彩、五彩、素三彩和各种单色釉瓷。景德镇窑炉众多，瓷器烧造兴旺，万历后期，每日佣工不下数十万人，成为"天下窑器所聚"，景德镇由一个主要产瓷区上升为全国瓷业的中心。民窑有刘家弄窑、落马桥窑等，官窑为朝廷在景德镇老城区设立的御器厂。

清代，景德镇从北边的观音阁到南边的小港十三里，东西向绵延二三华里，已成为中国乃至世界上历史最悠久、风格最专一的瓷业都会。清代，景德镇烧瓷技术大大提高，品种有青花三彩、粉彩、珐琅彩，还有各类象生瓷和仿玉石、木纹、漆、铜釉色等，达到了历史最高水平。朝廷在景德镇设立的御窑厂专烧宫廷用瓷，集中了最优秀的瓷工、最上等的原料和最先进的窑炉（镇窑），创造出了当时世界上最高水准的瓷器，永乐帝的甜白瓷、宣德帝的蟋蟀罐、宣德帝的文房花园用器、成化帝的斗彩鸡缸杯、康熙帝的珐琅彩、同治的大婚用瓷等御用之器均出自这里。官窑的建立进一步促进了景德镇民窑的繁荣和发展，在珠山周围形成了景德镇瓷业烧造、贸易聚集区。《浮梁县志》记载，清代制瓷工人达 10 万之众，窑炉达到 300 座。

随着制瓷业的发展，景德镇的瓷窑形状结构经历了多次变化。唐宋多为龙窑，一般依山而建，具有容量大，对燃料要求低的特点；宋代，小型马蹄窑和葫芦窑逐渐推广；明代，小型窑完全代替了大型龙窑；清代，景德镇独有的镇窑开始广泛使用，具有温度控制准确，适应不同品种瓷器的烧造。各个时期窑炉结构的演变、烧造地点的变迁、窑业遗存的特色，反映了景德镇瓷业发展历史。

工匠八方来，器成天下走。景德镇这个山区小镇，一千多年只生产瓷器，并且远销世界各地，景德镇瓷器成为海陆丝绸之路上运输的重要商品。精美的瓷器在西亚、欧洲不仅是"价比黄金"的贵族用品，也是中欧文化交流的使者。昌南（景德镇的前身）的谐音成为瓷器的英文名（china），成为中国的英文名（China），这是何等的荣耀。

珠　山　区

景德镇御窑厂遗址

景德镇御窑厂也称"官窑"，又称"御器厂"，是中国古代封建王朝的皇家瓷厂。在瓷都景德镇老城区，重檐翘角、雄浑凝重的御窑厂大门前便是车水马龙、喧嚣繁华的珠山中路。这座传奇般的窑厂延烧了六百多年，为元、明、清数十位皇帝烧造过瓷器，如今静卧在珠山脚下，向往来的行人诉说着这座城市的荣耀与沧桑。

珠山位于景德镇市中心，秦代名立马山，唐代以后称珠山。五代诗人和凝咏《珠山诗》这样写道："山色川光南国天，珠峰千仞绿江前。萧萧仁立秋云上，多是龙携出玉渊。"《浮梁县志》载："珠山，在景德之中独起一峰，高数十仞，绵亘数里。峰峦遥列，俯视四境。相传秦时番君登此，谓立马山。至唐，因地绕五龙，为珠山。元末，于光据之为行台，号蟠龙山。明称蘦山。后为御器厂镇山。"珠山自古闻名，已成为景德镇的别称。中华人民共和国成立后，随着城市的建设和改造，珠山渐渐低平，唯龙珠阁旧址仍保约 10 米高的台地。

景德镇早在宋代初期即设置窑丞，督造瓷。元代至正十五年（1355 年），元王朝在景德镇珠山设置了浮梁瓷局，专为元皇室督造御用瓷器。元代景德镇成功地烧造出枢府瓷、青花瓷和釉里红瓷器，为明清两代御窑厂工艺的创新奠定了基础。

御窑厂大门

御窑厂窑炉遗址

　　明洪武二年（1369年），朱元璋延续元代官窑制度，在珠山设立御器厂，至万历三十六年（1608年）停烧。两百多年间，烧制了无数精美御器，如永乐青花、甜白釉、宣德青花、铜红釉，成化的斗彩，万历的五彩，都是一代珍品。

　　清代顺治时期，延续明代官窑制度在珠山设立御窑厂，至清廷覆亡而停烧，康熙、雍正、乾隆三代，官窑瓷器臻于鼎盛，达到历史最高水平。御窑厂始设于明洪武二年（1369年），是明、清两代专造宫廷用瓷的皇家窑厂，是中国烧造时间最长、规模最大、工艺最为精湛的官办瓷厂。初期有窑20座，宣德年间增至58座，"官匠"陶工常年维持三百多名。御器厂由州县官管理，每逢大量烧造时，朝廷便派宦官来"督陶"。清初，一改明代派征夫役的劳役制度，采用银两雇工的方式，提高了陶工的积极性，刺激了工艺技术的开发。县志记载："御器厂中为堂，后为轩，为寝。寝后高阜为亭。堂之旁为东西序。东南各有门，左为官署，前为仪门，为鼓楼，为东西大库房，为作二十三……为督工亭，为狱房。厂之西为公馆，东为九江道，为窑六，曰：风水窑、色窑、大小滥蟆窑、大龙缸窑、匣窑、青窑。厂内神祠三，厂外神祠一，秋井二，为厂二，曰：船柴厂，水柴厂。房二，曰：放柴房、烧窑人役歇房；明嘉靖四十三年毁。复建。万历二十五年，巡检方河以内监委督厂事，无恶不作，镇民激变，民放火烧门坊……三十年布政司发各县合银盖造，鄱阳县丞刘岳带管厂务，督立牌坊，重建堂遮，颇称壮丽。"清代改御器厂为御窑厂。清末御窑厂撤销。自明洪武二年至清宣统三年（1369—1911年），御窑厂延续烧造543年。入民国，袁世凯称帝，改设为"陶务监署"，并烧造过一批瓷器。袁氏称帝幻灭，该署撤销，随后为军警屯驻。1949年4月9日景德镇解放时，唯龙珠阁尚存。

　　"督陶"官亦一改明代由中官任的制度，因而清代个别督陶官对制瓷技术的发展起过一定作用，如督陶官藏应选之"藏窑"、朗廷极之"朗窑"、年希尧之"年窑"、唐英之"唐窑"等曾在瓷器制作上取得一定成就。

　　从明至清五百余年的时间里，御器厂制作了无以计数的精美瓷器，为"天下窑器之所聚"。如明代薄胎瓷，成化斗彩瓷、青花五彩瓷，素三彩瓷，高温单色釉雾红、雾蓝、甜白、孔雀绿、浇黄等，可谓琳琅满目。装饰技法有刻花、堆花、暗花、锥花、玲珑、镂空等，可谓无巧不备；清代如五彩、粉彩、珐琅彩瓷等新瓷、色釉瓷品种名目繁多，红釉有铁红、铜红、金红之分，蓝釉有天蓝、洒蓝、霁蓝之别，绿釉有瓜皮绿、孔雀绿、秋葵绿之异。此外还有茄皮紫、铁绣花、茶叶末、乌金釉等。其"器数则缸、砖、盘、碟、碗、罐、瓶、盏、盅、炉、盆"等。还有形象生动、制作精巧的象生瓷，精致逼真、富有质感的仿漆器，木器，竹器。从珍藏于国内外博物馆的传世品来看，堪称精妙至极，其彩料之精纯、绘画之流利、造型之优雅、制作之精工，是后世难以仿效的。御窑厂的设置，一方面由于封建特权和落后的生产管理，不但抑制了当时民窑的生产，而且御窑厂瓷器成本极高，运输徭役繁重，给景德镇以及附近府县乃至江西全境带来巨大的灾难；另一方面，由于御器厂集中了一大批优秀的制瓷工匠，不惜工本，提高瓷器质量和创造新品种，这对制瓷工艺的进步和整个瓷业的发展起到一定的推动与促进作用。

该遗址上因铺路或基建暴露了部分遗存，故进行了三次抢救性清理。1982年，在今珠山路北侧市政府大门前，东起中华路口至公馆岭150米地段，即明代御器厂仪门故址，清理出明代残瓷窑一座，官窑废品堆积7处，出土了有永乐、宣德年款以及一批无款的明初官窑残器、瓷片计数吨。1987年，在珠山龙珠阁故址上，出土有大批明成化、嘉靖等官窑器，瓷片数十吨。第三次在今东司岭，即御器厂之南侧，出土有大批正统官窑器残片，同时清理出明初官窑五座。经考古人员分类、黏合，已复原数百件明代官窑产品。

景德镇明永乐、宣德御厂遗存：1982年12月，在东起御窑厂东墙、西至公馆岭长160米的沟道中，清理出明代残瓷窑一座，官窑废品堆积七处，出土了永乐、宣德年款以及一批无款的明初官窑残器。

瓷窑遗迹：距地表6厘米的宣德青花瓷片之下，发现一半圆形遗迹，残高45厘米，横墙下端残存11厘米×15厘米的小孔5个，经对合复原，得知小孔原为6个。窑内壁和孔壁经高温烧结，均有厚0.3~1.2厘米的玻化层，底部铺有一层沙渣并黏结有少许白瓷涩胎钵状窑具的残片。该残窑宽2米，进深6厘米，平面约1平方米。

永乐官窑器：出土的永乐器中除极少的酱釉小盘和一些透明淡青釉器外，几乎全为莹洁的白釉残器。其釉面"隐隐橘皮纹起"，并有微细的针孔（未完全封闭的小气孔），釉里密布细小气泡，光散射作用使这类釉具有非常柔和的光泽，是为古文献中所说的"甜白"。

其残器以靶盏（高足杯）、盘和僧帽壶为主，碗、带兽面饰件的大瓶罐次之，爵、扁壶、荷叶盖罐又次之。部分靶盏有篆书"永乐年制"暗款。

靶盏：均为撇口式，其靶有高5.6厘米和矮4.5厘米两种，前者仅为5%。除纯素的外，有刻、印花装饰，锥刻纹饰较清晰，印花多模糊不清。残片较碎，不能看到完整纹样，但对光照映，可见有怪兽、缠枝莲托八宝、变形莲瓣等题材。部分靶盏的盏心或内壁，有刻或印篆书"永乐年制"暗款。从靶盏的断面看，靶与盏系用胎泥黏结，并经细致修整。足内满釉。它与元代后期同类器物在工艺与造型上略有不同。盘有大、中、小三种，大、中盘均白胎涩底，小盘则有涩底和釉底的两类。其底釉多为荡釉，亦有刷釉的一种（口径13~16厘米的中型碗碗足亦如此）。

按造型分，盘类可分为折沿、撇口、直口、花口等式。其中以撇口小盘数量最多，部分内壁有印花，盘心线刻朵云纹（云脚向逆时针方向弯撇）。除折沿盘有挂透明淡青釉外，余均为甜白釉。折沿盘口沿刻潮水纹，内壁为缠枝花，底心刻甜瓜（因盘底不全，未予绘图），外壁绕以折枝瑞果。该类刻划花的线条精细工整，较宋元时代流行的所谓"半刀泥"刻划法，似欠活泼。碗类有直口鼓腹和侈口两种，器壁较深。挂透明淡青釉的直口碗，底心刻折枝菊或牡丹，外壁刻牡丹、菊花相间的缠枝花。

僧帽壶仅见挂甜白釉这一种，柄与壶口内、外刻缠枝灵芝；颈部为缠枝花；腹部刻莲托八宝，也有刻藏文一周的；腹下部为相连的变形莲瓣纹。传世的宣德青花僧帽壶的造型、纹饰均明显仿自永乐。荷叶盖罐的器盖与元代的相比，荷叶边起伏较小。

永乐地层出土的瓷器，95%以上为甜白器，不见红釉、釉里红、青花器的残片。瓷片中龙凤纹样极为罕见（仅见于数块盘的残片）。残器中以靶盏、小盘的器壁最为薄腻，透光度极好。其他均为中或大型器皿。细薄的小盘、靶盏与厚2~3.4厘米的大瓶罐等残片在同一地层出土，可见永乐器厚薄并存。

这批瓷器中部分刻有永乐暗款，可确定为永乐器物；又根据出土白瓷砖烧造年代情况的考证，白瓷砖烧制于永乐十八年（1420年）以前，上述永乐甜白器叠压在白瓷砖之下，其烧造年代当不会晚于1420年。

宣德瓷器：出土的宣德器多有六字年款。其中清御窑厂东墙地段堆积最厚，出土数量、品种最多。形制最大或彩绘最精的宣德器则出土于御窑厂仪门前及西侧。

御窑厂东墙地段出土的宣德器以红釉器为主，青花、仿龙泉次之；白釉、蓝釉器又次之；釉里红、紫金釉、低温绿釉、洒蓝、孔雀绿仅见少量碎片。

绝大部分器物有青花"大明宣德年制"六字款。

（1）红釉器：以小盘为主，其次为碗类，亦有梅瓶、梨形小壶、香炉等不能复原的残片。多无刻印纹饰。

（2）青花器：以大盘、大罐、小缸的残器为主，亦有青花小盘、笔盒、烛台、执壶、扁壶等。传世品中较为常见的莲子碗残器仅出土一件，唯有缨珞纹大罐较为罕见。

（3）仿龙泉青釉器：有大而厚的六面洗、乳钉三足洗，亦有口径仅8.5厘米的花口小碟等。器型与釉均仿自龙泉（釉厚1~1.5毫米），与龙泉器几乎没有区分，只是瓷胎白度更高，更为致密而已。大件器皿外壁近口沿处多有青料横书的宣德年款，六面洗的外壁刻划宝相花纹。花口小碟则于盏心书青花年款，其足底平整，足内满釉。

（4）白釉、蓝釉、釉里红器：白釉器主要是小盘、碗和平底撇足的靶杯。蓝釉器仅见小盘与大碗两种。釉里红器有三鱼、三果小靶杯，三鱼盘和绘云龙纹的小碗等。青花斗釉里红器仅见一小罐残盖，盖面绘五爪云龙纹（云为青花，龙纹为釉里红）。

（5）低温绿釉、洒蓝、孔雀绿残片：出土极少，均有不同程度的剥釉现象。

铅绿釉与洒蓝器多有雕刻花纹，孔雀绿釉器则仅见素面一种。明御厂仪门地段的出土宣德器物中，有2件较完整的青花罐，器型硕大雄伟，通体绘一条四爪衔芝草龙，高44厘米，底径32厘米。一同出土的还有青花海水飞龙缸残片、宣德暗款白釉小盘、制作精致的外绘青花海水五爪龙内印龙纹敞口碗、外绘同样纹饰内书梵文青花小靶杯。其水波用最淡的青料"影淡"绘成，料淡而清晰，线条匀细；五爪龙则有九龙、双龙和单龙之别，以"正浓"彩绘。色差对比明显，但又十分和谐。

该青花罐的造型与美国纽约大都会博物馆收藏的略有不同，龙为四爪；而海水五爪龙纹敞口碗、小靶杯绘制之精，则是一般宣德青花瓷所无法比拟的，表明宣德御厂产品本身也有精粗之别。前者当为赏赉品或部限瓷器，而后者必为御用品物。

御器厂西侧（明代公馆岭）出土了两件双圈篆书宣德青花款残器，虽然文字不全，但从笔画上仍然能辨认出"宣德年制"四字。另一面绘变形莲瓣、卷草纹，料色浓淡不均，风格粗犷，与常见的传世宣德楷书款青花瓷器有所差异。

御器厂西侧灰坑出土的瓷器绝大多数为甜白器，釉面较永乐甜白器略亮，唯柔润

御窑遗址

感不及，均无年款。其次为红釉器，均极鲜艳，但釉层比宣德器薄。除一件梨形小壶的盖刻有变形莲瓣纹外，其他均无纹饰。器型以小盘为主，亦有少量靶盏。釉里红器有绘云龙等纹的（有碗、靶杯和大瓶罐的残片）；亦有白地堆填祭红三鱼的器物（如小靶杯、小盘），除鱼体肥大、稚拙外，其纹饰风格与宣德同类器相同。另有红地堆白龙器皿，但为数极少。此外，尚有少量透明淡青釉器，多有刻划花纹，靶盏类刻海水三山纹；扁壶类刻宝相花。青花器数量极少，仅见海水龙纹爵一种。低温黄釉和孔雀绿均为靶盏或小碗残片。酱釉器只发现数件小盖合。还有仿龙泉梅子青釉器的残片。

器型：以撇口小盘为主，亦有靶盏、小靶杯、碗类、双环大盖盒（高20.3厘米，腹径28厘米）、扁壶、小注壶和爵等。

小盘在造型结构上和永乐器有相似之处。但内壁多印龙凤纹（少数印牡丹纹），底部较薄，内底均满釉，不见刷釉痕迹，当为"促釉法"（足内荡釉）上釉。

小靶杯，口径8厘米左右。靶有两式。一为撇足平底式，用胎泥封闭底足，足平无釉；一为凸节封闭式，浅圈足无釉。前者有白釉和白地饰祭红三鱼两种，与宣德同类器物几乎完全一致，唯无年款。后者有白釉与釉里红两种，釉里红杯内书梵文，外

绘海上三山五爪龙纹，与宣德同类青花器造型纹饰相同。

另有一件碗心书有"官用供器"四字的白釉侈口弧壁碗，胎釉比上述瓷器粗糙，风格亦不甚相同。

以上无年款瓷器据文献印证，应是宣德早期的制品，而书有"大明宣德年制"六字楷书款的青花等瓷器，则应制于宣德后期。

出土的残器中，有一批无年款的青花瓷器，它的出土紧贴永乐甜白器堆积的西侧黄褐土中。主要有：

（1）青花瓷砖：仅一面有釉，绘龟锦纹，厚2.2~2.4厘米，面宽8.9厘米，底宽8.6厘米，残长13厘米。

（2）青花大盘（海怪纹盘）：盘心绘海涛象形怪兽，内、外壁绘海水、龙、羊、虎、虾、鱼等，口径65厘米，底径50厘米，高8.8厘米。

（3）折枝瑞果大盘：内绘折枝瑞果，外绘缠枝灵芝纹盘（仅存盘壁），口径74厘米，底径63厘米，高10.9厘米。

（4）豆形残器：器心绘五爪团龙，外壁绘海涛，把绘海涛三山纹。残高13.5厘米，足径8厘米。

以上青花瓷砖、豆形残器、青花大盘较为罕见。瓷砖上的青花龟锦纹与元代石刻上的龟锦纹（元大都出土，藏于北京市文物工作队）风格较为一致。豆形残器、折枝瑞果大盘的青花比传世的宣德官窑青花成色更为浓艳且不见年款，习惯上都将这类青花视为永乐瓷器。但由于它们与一件内壁印龙纹外绘莲池游龙、底部书有"大明宣德年制"的青花小盘残器出土于同一地层，其彩绘风格与"宣德年制"四字篆书款青花残器一致（画风粗犷，不见渲染痕迹），且大盘上的海涛怪兽纹常见于宣德青花、（矾红）斗彩小靶杯外壁纹饰。折枝瑞果大盘与传世的有宣德款的"青花桃树双鸟纹盘"造型和纹样相近。因此，上述几件青花瓷器初步被断定为宣德早期的制品。

景德镇清代御窑厂遗存1983年7月和1984年12月—1985年1月底，江西省陶瓷考古研究所先后主持对御窑遗址进行两次考古发掘，出土了大量的清代各类窑用工具与瓷器。

出土的窑用工具中，有匣钵、垫饼、垫图、支座、擂钵、火照、试样等。

出土的各类瓷器中，有白釉、淡青釉、豆青釉、粉青釉、青花、青花斗彩和釉里红、红釉、蓝釉、黄釉、绿釉、酱紫釉、粉彩、三彩、红绿彩、五彩、黑釉瓷等官窑产品。另外，还发现民窑青花瓷等。该遗址1983年被公布为景德镇市级文物保护单位。

现存御窑遗址以珠山上的龙珠阁为中心，东至中华北路道路东侧线及迎祥弄、湖口弄一线，南至珠山中路道路南侧线，西至中山北路道路西侧线，北至斗富弄道路北侧线。占地面积约13.1公顷（其中重点保护范围面积51300多平方米）。划定建设控制面积约72.8公顷。

经历次考古发掘，景德镇御窑遗址现已清理出清末民初江西瓷业公司发行所房屋建筑、明代初年御窑的北围墙、洪武永乐时期的葫芦形窑炉、埋藏落选御用瓷器的小堆积坑等遗迹；出土了一大批元代，明洪武、永乐、宣德、正统、成化、弘治、正德、嘉靖、万历等朝落选的御用瓷器碎片。其中许多重要的发现，为明清御窑的研究提供了新资料、新信息，对研究景德镇御窑厂的发展、变迁、烧成技术及其渊源、瓷器的制作工艺，复原御窑的生产面貌和探讨御窑的管理制度等具有重要的学术价值。

景德镇官窑集中了从元代至清代优秀的工匠和最好的原料，烧造出当时世界最高水平的瓷器。据文献记载，每100件成瓷仅有4件能入宫使用，而绝大多数瓷器次品、试制品和贡余品，都必须被集中砸碎后埋藏入官窑范围之内，以禁绝流入民间。明宣德年间任礼部司太监的张善，宣德二年（1427年）就任督陶使，任职期间私赠落选御瓷，被枭首在御窑厂前。可见御瓷生产与管理之严格。

正是御窑厂近乎残酷的生产管理方式，从而保证了御器的高贵品质和稀有性。也难怪，在国内外陶瓷拍卖市场上，每每有景德镇官窑瓷器出现，必定价格不菲。2005年，在英国伦敦佳士得拍卖会上一件名为元青花鬼谷子下山图纹罐以折合人民币2.283亿元成交，创出了当时陶瓷拍品的成交天价。2014年香港苏富比春拍一件成化斗彩鸡缸杯，以成交价2.8亿港元拍出，刷新了中国瓷器世界拍卖纪录。其他如元青花锦香亭图纹罐、清乾隆御制珐琅彩杏林春燕图碗和古月轩题诗石锦鸡图双耳瓶均拍出了超亿元的成交价。

多年来，江西省文物考古部门在景德镇御窑厂遗址进行了多次抢救性发掘，清理了埋藏落选的贡品、遗址等大量官窑标本，修复了数以千计的官窑珍品，有一批被誉为"绝世孤品"的瓷器和文物遗存面世。御窑考古发掘的成果曾被评为2003年度"中国十大考古新发现"。中央电视台曾经对御窑考古发掘过程进行了直播。

景德镇官窑（御窑）设置以来，为人类创造了无数珍宝。此间也出现了不少杰出的督陶官，尤其是清康熙、雍正、乾隆三朝的督陶官臧应选、郎廷极、年希尧、唐英等人对景德镇陶瓷发展做出了巨大贡献。

臧应选于康熙年间在景德镇御窑厂督陶，史称臧窑。臧窑瓷以蛇皮绿、鳝鱼黄、古翠、黄斑点四种色釉为最佳，并多有仿明宣德、成化青花五彩器精品传世。郎廷极于康熙晚期在景德镇督陶，其窑称郎窑，最著名的瓷器品种是"郎窑红"，法国人称之为"牛血红"。年希尧于雍正年间督陶，年窑瓷器选料考究，制作极具精雅，其仿宣德、成化窑器，工艺高超，往往不易辨认，色釉瓷丰富多彩，尤以粉彩娇艳夺目。

唐英（1682—1756年），字俊公，号蜗寄，关东沈阳汉军正白旗人。唐英于雍正六年（1728年）以内务府员外郎身份到景德镇驻厂办理陶务，至乾隆八年（1743年）结束瓷务离开景德镇，先后在景德镇27年，是景德镇御窑厂督陶时间最长、成绩最为卓著的督陶官。

唐英初到景德镇督陶，与工匠同食同住三年之久，专心致志钻研制瓷技术，不但对原料精选、釉料配方、烧窑火候能很好掌握，而且在创新品种、仿造古瓷方面，可以达到随心所欲的程度，集合了各方面的精华，真正做到历代名窑无所不仿，无所不精，世人把唐英督陶时的官窑称为唐窑。现在世界上许多博物馆都有收藏唐窑珍品。

唐英的贡献是多方面的，除对陶艺的精研外，贡献最大的当是陶瓷理论方面。他编撰的著作有《陶人心语》《陶务叙略》《陶冶图说》《陶成纪事》和《瓷务事宜示谕稿》等。尤其是《陶冶图说》，排列造瓷程序，共有20幅图，逐项编写说明，图文并茂，是对御窑厂也是对景德镇瓷业生产的科学总结和记载，是一部不朽的陶瓷文化的历史文献，对中国甚至对世界陶瓷的发展都产生了极为深远的影响。

督陶官唐英塑像

此外，在御窑厂，窑工童宾是一个被神话了的人物。童宾（1567—1599年），字定新，明代景德镇里村童街人，被当地人称为窑神、风火仙师。童宾幼年读书，秉性刚直，因父母早丧，投师学艺，在御器厂做工。明万历二十七年（1599年），太监潘相任江西矿使兼理景德镇窑务，督造大器青花龙缸，久不成功。潘相便对窑户进行"例外苛索"，派役于民并对鞭打瓷工，甚至杀害瓷工。瓷工衣食不得温饱，处境十分凄惨。童宾目睹瓷工的苦状，非常愤慨，竟以自己身体为炼瓷的窑柴，纵身跳入窑火内以示

窑神童宾像

抗议。等到次日开窑，窑工们发现龙缸居然烧成功了。童宾跳窑自焚之后，激起了全镇瓷工的义愤，并引发民变，焚烧厂房。在工人们的强烈要求下，官府不得已，在御窑厂内为童宾修祠祭祀，祠名"佑陶灵祠"，尊童宾为"风火仙师"。清代，朝廷封童宾为"广利窑神"，并建庙塑像。风火仙庙在明、清两代一再修葺，终年香火不绝，遇年逢节，更是热闹非常。清代督陶官年希尧、唐英均为其记。

在御窑遗址所在的珠山之巅，有一座龙珠阁。在珠山上建亭阁始于唐代，称聚珠亭。宋代改称中立亭。明代天顺年间改建，称朝天阁。万历年间重建，称环翠亭。清代改称文昌阁。1925年重建后称龙珠阁，阁名沿用至今。原阁于"文革"期间被毁。新阁于1987年动工重建，1990年首届"中国瓷都——景德镇国际陶瓷节"开幕之际建成。重建后的龙珠阁，气势恢宏，巍峨壮观，是一座仿明重檐宫廷式建筑，共6层，

高34.5米，建筑面积1650平方米。龙珠阁大门匾额上"龙珠阁"三字为江西籍著名书法家舒同题写。阁内有李先念、彭真、王震等题写的"中国瓷都景德镇"横匾；殿内置有瓷都著名书画家、陶瓷考古学家的作品，陈列着明代官窑出土瓷器复原品以及名人名作，可谓名阁名瓷，相映生辉。

龙珠阁自古以来就是文人墨客雅集的场所，更是景德镇陶瓷艺人交流技艺的最佳去处。1028年，以王琦、王大凡等为首的景德镇陶瓷艺人，在龙珠阁成立艺术团体，称"月圆会"，采取以画交友的方式，约定每月15日集会一次，题诗作画。因月圆会开始为八人，以后虽有增减，人们仍称之为"珠山八友"。王琦（1886—1933年），字碧珍，别号"陶迷道人"，"珠山八友"发起人，是景德镇瓷相艺术的开拓者和写意人物画家。王琦擅长画人物，初画写意人物，后来画瓷板人物相（肖像画）有名。1910年，浮梁县知事陈安曾题"神乎其技"四字匾额赠予王琦。此外，王琦还善诗、词、曲，书法亦佳，是当时景德镇瓷艺家中的领袖人物。可惜的是王琦英年早逝，年仅47岁，然而人们会永远怀念这个有成就的陶瓷艺术家和民间艺术社团的领头人。

"珠山八友"成员各有擅长，又相互交流，推陈出新，不断开辟陶瓷装饰的新领域，特别在陶瓷粉彩艺术领域颇有建树，如王大凡的"落地粉彩"、刘雨岑的"水点桃花"等，都是在当时总结创造出来的陶瓷彩绘新技法。

湖田古瓷窑址

在霏霏细雨中，走在景德镇市珠山区东南方郊外一处雾霭氤氲的山路上，拨开那些不起眼的小山包下茂密灌木的枝条，一座座有待发掘的五代、宋、元朝古窑址隐约可见。置身其中，仿佛就能感受到千年窑火的余温，默默述说着往日的繁盛。蜿蜒小径的泥土下，不经意间就可以挖出依然闪烁着古韵的瓷片，踏在这亘古的古陶瓷堆积层上，憧憬着去拼接那些历史的碎片，直教人心智空灵，敬畏之情油然而生。这里就是景德镇延续烧造时间最长、文化内涵极为丰富的中国古代最大的民间窑场，全国第一个国家级文物保护单位的古瓷窑址——湖田窑。

湖田窑位于景德镇市郊湖田村，地理位置十分优越。景德镇的南河与三宝蓬支流在这里交汇，湖田村南的三宝蓬地区是景德镇制瓷原料产地，开采出来的瓷石矿经由沿河两岸众多的水碓粉碎，淘洗沉淀后就可以用于烧制瓷器；村西的马鞍山，盛产耐高温的黏土；南河上游的浮梁县湘湖镇和寿安镇，山高林密，能够提供充足的烧瓷用窑柴，并通过南河水运至窑场。良好的地理环境，为湖田窑长时间、大规模的瓷业生产提供了保障。

湖田民窑博物馆

景德镇湖田古窑群坐落在南山与南河之间的一片台地上。北起南河南岸，东至张家地东侧断崖，东南至豪猪岭南侧山脚，西南至竹坞里南侧山脚，西至北望石坞西侧山脚，东西长约700米，南北长约800米，现存遗址16处。五代、宋、元时期窑址，多分布在天门沟以南的豪猪岭、刘家坞、望石坞、龙头山和南河北岸。天门沟以北的窑岭上、乌泥岭、琵琶山、木鱼岭、何家墩等地，则以元、明时代的窑址为多。

湖田古窑创烧于五代，终烧于明代隆庆、万历时期，延续600余年。宋代的湖田古窑成为影青瓷的主要产地，产品居于景德镇诸窑之冠。入元持续发展，工艺尤为高超，是著名的枢府器、青花瓷和釉里红的烧造中心。生产的宋代影青瓷和元代青花瓷，烧制技术相当成熟，代表着当时瓷器生产的最高水平，产品远销日本、东南亚和中亚的许多国家……湖田窑延续不断，堆积丰富，出土文物众多，不同年代的窑炉遗址保存较好，是反映景德镇烧瓷由初级到高级的历史进程的典型窑址。

葫芦窑

湖田窑遗址内的宋元作坊遗迹

元作坊

五代时的湖田窑生产灰胎青瓷与白胎白瓷，因采用支钉叠烧的方法，器物内底及足底上往往留有椭圆形的支钉痕。以白瓷为最精，胎骨坚硬，釉质纯净，光辉澈亮，洁白度可达70度，有"假玉器"之称。但五代遗物较为稀薄，范围也窄，仅见于刘家坞、龙头山、竹坞里和月光山几处。器型简单,主要有碗、盘、壶等。碗、盘均唇口或花口,足径大;壶则长颈喇叭口,腹瘦长作瓜棱状。色多为青灰或米黄,品种少,器型敦实厚重,造型简朴。《景德镇陶录》卷五载:"陶窑,初唐器也,土惟白壤,体稍薄,色素润,镇钟秀里人陶氏所烧也。邑志云,唐武德中镇民陶玉者载瓷入关中,称为假玉器,且贡于朝,于是昌南镇瓷名天下。"这些文字记载与实物遗存,证明了景德镇五代时瓷器已名扬全国。

宋代,湖田窑的工匠们发挥了他们的聪明才智,创烧了独特的釉色(青白釉),并采纳了北方定窑的印花和覆烧技术,创造了薄如纸、声如磬、色如玉的独特风格。此时的瓷器胎质轻薄细腻,致密洁白;釉质透明度高,光泽度强,温润如玉,刷釉加厚,使釉色莹润青翠,白中透青,青中泛白,近似玻璃透明状,积釉处呈湖水绿色,以上特点极大地满足了文人士大夫及上流社会的审美需要。当时主要品种多为碗、碟、罐、盘、壶、瓶、炉、茶托、香薰、注碗、盒子、瓷雕及芒口器等。装饰题材丰富,手法以刻、印花为主,纹饰有牡丹、卷草、莲荷、潮水、婴戏、飞凤、莲池游鱼等。到了宋中晚期,构图趋向繁缛,层次较多,并出现人物故事题材。器物造型丰富多彩,除日用器碗、盘、碟外,还有托盏、注碗、瓶、炉、熏等,特别是瓷枕造型丰富,形态各异,如虎形枕、龙形枕、荷叶枕、仕女枕、建筑枕、婴孩枕等。

元统一全国后,湖田窑的主要产品有青釉、影青瓷、黑釉、卵白釉和青花瓷。刻花痕深纹简,印花多为莲荷、菊花、梅花、狮子滚绣球等纹样。元朝后期在景德镇设立了"浮梁瓷局",以专管皇家烧造瓷器。"浮梁瓷局"的设立促进了景德镇瓷业的兴盛和发展。由于湖田窑是"浮梁瓷局"的定点窑场,湖田窑自然也受到冲击,制瓷技术发生了变革。首先是创烧了卵白釉瓷,卵白釉瓷是专为元朝枢密院定烧的瓷器。所以瓷器内壁上常印有"枢府"字样,又称"枢府瓷"。卵白釉瓷胎质灰白,颗粒大,釉色乳浊失透,色白微青,具有凝脂般的质感,纹饰常见在器物内壁模印云龙纹、菊花纹、开光八宝纹等,还有鎏金装饰。器型主要有折腰碗、小圈足盘、高足杯等。元中后期,从尼泊尔引进了一种"苏麻离青"青花料,开始在景德镇烧制青花瓷器。据考古资料,湖田窑最迟在元代中期就开始了青花瓷的烧制。由于采用进口青花料绘制,青花发色浓艳,胎体厚重,器型硕大,尤以底厚胎重的大盘为多。器型主要有梅瓶、玉壶春瓶、罐、碗、盘、匜、炉和高足杯等。纹饰层次繁密,装饰华丽。

湖田民窑博物馆展厅

明洪武二年(1369年)在景德镇珠山设立御窑厂,景德镇制瓷中心逐渐转到市区。但湖田窑仍在生产,主要有青花瓷和青白瓷,产品以碗、盘、高足杯等日用瓷为多。青花装饰题材以云气、楼阁、荷花、兰竹、湖石为主,风格粗率、奔放。除一些青花碗、盘粗器采用叠烧外，90%的产品均为单件仰烧。早期青花在使用苏麻离青釉料、器物造型以及器底多不施釉等特点上，与元代风格相似。出土物中有"正德""隆庆"纪年款铭的浅淡土青料青花器，是湖田窑终烧期的遗物。明代遗存以湖田村北最为突出，这里有大量的青花小碗，碗心多书"福""善"等字。明代晚期，由于战祸连年不断，湖田窑的烧造已至尾声，逐渐趋于消亡。

该窑址各时期生产的瓷器产品主要有：

（1）五代产品有灰胎青瓷和白胎白瓷两类，品种为碗、盘、壶等，均无纹饰，碗盘心及器底有支烧痕迹。碗分二式：一式撇口、孤壁、圈足；二式敞口、厚唇、口沿外翻卷，壁略呈斜直，大足。盘为大足，唇口或花口，壶作长颈喇叭口，壶身较高，腰鼓作瓜棱状。青瓷与唐五代越窑器胎釉相似，白瓷胎质细腻，釉色纯白，透光度极好，为中国同时期瓷器中质地最优的产品。

（2）北宋产品主要为白胎影青瓷。其品种前期仅见最简单的生活日用品，即碗、盘之属，后期品种则空前增多，有注壶、注碗、盘、壶、瓶、炉、茶托、油盒、瓷棋、瓷雕、瓷枕等。前期的碗类形制特征，与五代的大致近似，但器底有所增厚，圈足亦渐变高，圈足内多留下一个黑褐色的圆圈。后期的多斜壁式，倒置似"斗笠"状，圈足比前期的有所降低，足径缩小，器壁甚薄。还有一种复烧芒口碗，早期的器底略厚，后期的器底较薄。注碗类口壁呈莲瓣状。盘、盏类多为浅腹、敞口或唇口，口径都较小。早期的壶类与五代近似，多瓜棱式，后期壶类有两式：一式流长，腹部高瘦；二式流短，身矮，分两节模印黏合而成，肩部有印花装饰。罐类有双系或四系直口，溜肩，腹鼓，有大小几种。瓶为长颈，喇叭口，腹鼓，肩部有一道凸起弦纹。其装饰丰富者为碗类。早期碗多数无纹饰，少数的碗心底有一个下凹的印记，印圈有草率的花纹，中心印有"茶""酒"等字。后期的"斗笠碗"等装饰丰富，手法多样，有刻花、印花、划花，纹饰题材有牡丹、蓂纹菊、莲荷、飞凤、水波、飞禽、鱼虫等，图案生动形象。

（3）南宋产品主要是白胎影青瓷，品种以碗、盘为大宗。除此之外，前期尚有各式水注、香炉、瓶、罐等，生产制作精致。还有少量黑釉（天目釉）器。其形制特征，在整个南宋时期碗、盘多为芒口，前期多为"斗笠碗"、弧壁浅碗和平底盘，后期多撇口弧壁碗和平底盘、碟。其胎釉，前期的与北宋后期相似，后期釉色有白、青两种，但光泽度都稍弱，透明度有所降低，黑釉器多为茶盏，大小各异，口撇内，弧壁，平底。釉面布满褐黄、天蓝与微青细条纹，即所谓"兔毫"。产品在装饰上，基本承袭北宋风格，但纹饰较之丰富。早期刻、划花多见简笔牡丹、莲荷、婴戏纹、莲荷双鱼等。晚期印花纹饰极丰富，出现层次较多的人物故事题材，其装饰形式对元代青花的影响较大。

（4）元代产品有白胎白釉瓷、青釉瓷、卵白釉瓷、青花瓷和黑釉瓷。品种有碗、盘、杯、盏、罐、瓶等。其形制有高足碗、折腰碗、折腰盘、菱口大盘、高足杯、小酒杯、缀珠青花小罐等。在装饰上仍用刻花、划花与印花手法，印花纹饰有莲荷、牡丹、菊花、梅花、狮子滚绣球等。刻、划花较宋代简洁，但刻痕较深，远不及宋时精致。青花纹饰常见的有蕃莲、牡丹、瓜果、缠枝花卉、鸳鸯等。元代时期产品，可分前、后两期，前期产品和南宋后期的大体相近，但粗瓷产量激增，粗瓷为涩圈叠烧黑釉碗盏和粗青釉器，细瓷多为影青芒口折腰碗和白瓷器皿，釉层较乳浊，只有个别的影青瓷还保留宋时的"光致茂美"的特点；后期产品以卵白釉瓷产量最大，亦有少量青花瓷。

（5）明代产品有纯白釉瓷和青花瓷。品种有碗、盘、杯三类，尤以碗为大宗。其形制有墩式撇口碗、弧壁青花碗、坦口折腰小足盘和高足杯。明代这一时期高足杯柄的内底都有一个带釉的乳突物，当为用釉黏结杯身所致。产品的装饰风格比较单纯粗率，流朗奔放。纹饰题材有松竹梅、兰竹、荷花、水草、蕉叶、湖石、云气、楼阁等。

整个湖田窑的产品，以宋代的影青瓷，元代的卵白釉、青花瓷最有成就。影青瓷在中国陶瓷史上代表着宋代形成的六大瓷窑体系之一，这里烧制的影青瓷釉汁黏度小而釉薄处泛白，积釉处带水绿色，釉中气泡大而疏，釉面光泽度强，釉层透明度高；北宋早期的釉色多带微黄，呈纯正青色的不多。南宋早期的则很少白里泛黄，绝大多数都具有晶莹碧透、色质如玉的外观效果。这时期所独创的一边深一边浅的所谓"半刀泥"刻花法，逐渐成为以后景德镇窑系的独特装饰手法之一，由于刻花线条深处积釉厚呈青绿色，浅处为白与青绿之间的中间色，故纹饰因透明釉而显得更加清晰，釉色也因深浅不同的线条与富于变化的釉与纹饰相互衬托，故具有强烈的艺术效果。元代卵白釉瓷胎质坚硬致密、胎骨洁白，一般器壁较薄，据分析考证，系采用"二元配方法"烧制，其釉色一般色白微青，釉层失透。恰似"鹅卵"之色，故称卵白釉，因器物内壁花卉或五爪龙纹间多印有"枢府"字样，故又称"枢府瓷"，文献上所谓"枢府器"指的就是这类产品。习惯上被认为是元代官窑，而实际上是元代的官府枢密院在景德镇定烧的瓷器，这类产品并非全部是元代官府的专用品，其中也有商品瓷和外贸瓷。20世纪80年代，在菲律宾古遗址和韩国海底沉船中，都有"枢府器"出土。元代青花瓷，胎质比较坚硬，胎体厚重，釉色白中微带青色，绝大多数为"苏麻离青"型颜料，色调凝重，颜色深蓝，色料面多见有"铁钴锈"斑。这是该类产品一个显著特征之一。产品以大盘为主，纹饰繁缛华丽，多有蓝底白花，较晚以高足杯、折腰碗、小酒杯为多。从湖田窑址的发现看，青花瓷生产于元代后期，近年来菲律宾、伊朗、土耳其等国都有这类器物出土。

在该窑址发现收集的主要出土器物有：

（1）五代青釉执壶，长颈、喇叭口、口微侈、沿外斜、鼓腹、圈足，肩一侧有微曲细长流，另一侧附有扁形曲把，灰胎，釉面光亮，极似"蟹壳青"之色。

（2）北宋影青葵口碗，白胎，胎质细腻，釉色青白闪黄。

（3）北宋影青斗笠碗，圈足、平底、口微侈、斜弧壁，质地与北宋影青葵口碗相似，纹饰为刻花牡丹。

（4）北宋影青瓜棱壶，长颈、口侈，鼓腹作瓜棱状，肩部一微弯曲细长流与壶口齐高，扁形曲把，胎质洁白细腻，釉色光洁透明。

（5）元代卵白釉高足杯，撇口、折腰、高直足，胎质洁白坚硬，杯壁薄，釉面纯白微带青色，内壁印有五爪龙纹和"枢府"二字。

（6）元代卵白釉折腰盘。

（7）元代黑釉盏，口略内敛，弧壁圈足、褐胎，质地略粗疏，釉面黑亮微带黄褐色条纹。

（8）明代墩式青花碗，撇口、微弧壁、白胎，胎质略粗，釉色色调偏灰，碗外壁底周围饰有蕉叶纹。

湖田窑烧造珍品无数，传世较多，青瓷和白瓷都曾风靡一时，销往海内外。据宋人《东京梦华录》（1127年）记载，当时京都汴梁与临安都有专门出售湖田窑瓷器的店铺，专供都城人们日常生活中饮食、饮茶及饮酒之用。20世纪40年代初，英国学者将湖田窑介绍到欧洲，并产生较大影响，因此湖田窑成为世界著名的古瓷窑址。1953年陈万里等对湖田窑址进行了调查。随后，江西省文物管理委员会、景德镇陶瓷历史博物馆以及故宫博物院又对其进行了多次调查。1959年被公布为江西省文物保护单位，江西省人民政府竖立了保护标志说明，划定了保护范围，建立了资料档案和群众性的保护组织。保护范围：北至南河，南至狮子山，东至豪猪岭，西至六〇二直升机研究所水泵房，面积达40万平方米。1984年建有"湖田古瓷窑遗址陈列馆"，建筑面积680平方米，展厅面积180平方米，陈列内容为该窑址出土的器物和标本，展品约200件，并在乌泥岭、琵琶山、刘家坞、望石坞四处堆积层圈有围墙，在葫芦窑、马蹄窑遗存上盖有保护房，因六〇二直升机研究所等单位搬迁该处，遗址曾遭局部破坏。

1972—1979年，景德镇陶瓷历史博物馆配合建设工程进行多次小规模试掘和发掘。1982年国务院公布其为全国重点文物保护单位。1985年夏，航空部、文化部、江西省国防科工办、江西省文化厅和景德镇市人民政府联合进行了实地调查，对窑址主要堆积区分别新建了固定性石构保护围墙。1995年，江西省政府（赣府字〔1995〕136号）划定12处重点保护区和一般保护区，对堆积丰富的刘家坞、望石坞、乌泥岭、琵琶山采取了围圈保护措施。

1984年，湖田古窑遗址保护区内设立的保护机构——景德镇民窑博物馆开馆，不仅收藏陈列了湖田窑各个历史阶段生产的各类典型标准器物和历次考古发掘出来的珍贵文物及标本，还保护了宋、元、明各个重要历史时期弥足珍贵的窑炉、制瓷作坊等遗迹，较完整地保存了历史原貌，向人们展示了古代制瓷场景。

三宝古瓷窑址

三宝村位于景德镇市区东南6千米处，属珠山区竟成镇，有6个自然村，面积约

63.6万平方米。三宝村地域狭长，全程10千米，一条小溪蜿蜒而过，贯穿全境，两岸青山滴翠，林木葱茏。狭窄的公路伴溪而行，湮没了曾经的长亭古道，串联起沿河的碓棚、村落。

三宝水碓棚

正在晾干的制瓷原料——瓷不（dǔn）

　　小溪清清，两岸搭建有许多低矮的草棚，或大或小，点缀在青山绿水间。这些简陋得近乎原始的草棚，四面透风无墙，走近这些都没有围墙的草棚，首先入耳的却是低沉的"咚咚"声。草棚里面高低不平，地面满是大池小坑，草棚的一端是古老的水碓，在水的推动下，水碓的重杵此起彼落，捶打着石臼里的瓷石。粉碎后的瓷石粉在高高低低的池子里进行淘洗、过滤、沉淀，然后晾干成型（称瓷不 dǔn），成为制瓷用的原料，送到景德镇的各个制瓷坯坊。

　　草棚简陋而古老，若将照明的电灯换上松脂火把，便寻不见一丝现代气息。水车的叶片最后一次置换已不知是在哪个年代了，上面布满了苔藓，就像几百年的拱石桥缝一样。只有水碓的石臼，虽然在漫长岁月中被千万次撞击，但依然还有足够的厚度，顽强承受着碓杵昼夜不停地舂捣。每一次碓杵落下，都会引起石臼周边地面的震颤，那"咚"的一声里是碓杵的酣畅还是石臼的痛苦，尚未明白，碓杵又高高昂起，重重砸下，周而复始间，坚硬的瓷石化为粉末。

　　江西省科技志（远古—1990年）载：南朝陈至德年间（583—586年），景德镇瓷

清白瓷碗残片

工"藉溪流设轮作碓，加工陶石"。三宝瓷业先民发明的以水碓为动力，粉碎瓷石，建造作坊，精淘细炼，加工生产制瓷原料。仅仅依靠水流动力，小小的草棚里完成了全部瓷业原料加工流程，简单而又环保，两千年来未曾改变，这在世界工业史上堪称奇迹。宋代以来三宝的古瓷矿、古水碓、古窑业孕育了辉煌的湖田窑，奠定了瓷都器业兴盛的基础。凌汝绵（清）有诗云"重重水碓夹江开，未雨殷传数声

雷。春得泥稠米更凿，祁船未到镇船回。"
生动描绘了历史上三宝瓷矿、水碓、窑业
的生产盛况。十里古道，装运瓷石和瓷不
（音 dùn）的独轮车，你来我往，络绎不
绝。十里河道，几百个碓棚，煞是壮观，
三宝村也被称为三宝蓬。有了制瓷原料，
有了满山的烧瓷松柴，建窑便是自然的事。
三宝古瓷窑址群包括三宝古窑址和外小里

水碓

古瓷窑遗址。1986 年文物普查时，在三宝村以东发现遗存堆积，由于靠近村子，破坏
严重。发现的注壶、注碗、粉盒残片，是宋代烧制质量较好的窑场。

外小里古瓷窑遗址位于外小里村附近。村西有一条小溪流经杨梅亭注入南河，村
南与三宝蓬古瓷矿区相距约 1 千米，它是以其原料就近便利为优势而兴起的窑场。村
周围的窑业遗存有 5 处：村东南侧的水沟畔遗物堆积面积 1200 平方米，烧造的产品为
影青碗；村东北侧油麦坞往南 50 米处有一条小沟，遗物堆积面积达 48000 平方米，分
布范围较大，遗物堆积稀薄，烧造的产品有影青瓷碗、盘二类；村北侧井坞遗物倚山
坡堆积，面积约 800 平方米，器物与油麦坞出土的一致；村西约 600 米处土山坞遗物堆
积面积约 1500 平方米，烧造的产品为影青瓷碗、盘等；村西北 450 米枫树山林场三宝
分场内，遗存上建有几栋木质平房，遗物分布面积约 2600 平方米，部分遗存被破坏，
烧造的产品有青瓷、白瓷和影青瓷碗、盘二类。

该窑址仅一处采集到支钉叠烧法装烧的青瓷与白瓷，其他 4 处皆为一器一匣仰烧
法装烧的影青瓷。影青瓷偶尔见有简单的篦纹，制品都较为粗劣，其产品造型与附近
的杨梅亭窑的产品一致。该窑址兴烧于五代，终烧于北宋，且北宋的烧造规模较大。

三宝村延续两千年的陶瓷历史，也吸引了世界人们的目光。1995 年，旅加著名
陶艺家李见深教授创建了景德镇三宝国际陶艺村，成为陶瓷文化交流的平台、陶瓷艺
术创作的基地。借助三宝的陶瓷文化底蕴，在多年的发展过程中三宝陶艺基地得到
了国际陶艺组织，国际陶艺教育界，中国陶艺界、教育界、文化界广泛关注，成了中
国陶瓷文化国际交流的重要窗口之一。自创立以来，景德镇三宝国际陶艺村先后接
待了来自全世界的艺术家、陶艺家及各界专家、学者友人及重要机构人员数千人。
2002 年，三宝陶艺研修院作为中国第一个陶瓷文化的代表被国际陶艺协会接纳为正
式成员组织。

景德镇三宝国际陶艺村代表中国的陶瓷文化交流出席、参与和组织了一系列重
大的国际陶艺盛事，包括 2004 年景德镇瓷都千年庆典、澳洲国际陶艺大师创作交流
展、挪威奥赛罗国际陶瓷艺术研讨会、欧洲陶艺中心、意大利帕克桑文化中心创作交
流……这些活动为东西方的陶瓷文化交流提供了一个极有价值的文化平台。

徜徉在三宝的河畔溪边、山脚地头，或许你就能捡拾到宋代瓷片、元朝匣钵，茂

密的林木丛中，也许你能窥见远古的矿洞、窑址，这里是景德镇瓷业的源头、陶瓷文化的高地。蜿蜒的公路上，遇上呼啸而来的豪车你莫奇怪，商贾达人、瓷艺名家常常来此品茶会友；村口的小桥边，瞧见翩翩骑行的外国学者你莫惊讶，景德镇陶瓷学院的高鼻大叔、碧眼学妹常常到此寻根溯源。无论是寻找商业机会还是艺术灵感，到了这里都能领略与感悟到厚重而绵长的陶瓷历史与文化，在景德镇陶瓷手工业者最后守护守望的家园中，品味一份发源于土地河流的单纯朴素的快乐。

杨梅亭古瓷窑址

杨梅亭（又称胜梅亭）位于景德镇市珠山区竟成镇湖田村，地处世界闻名的景德镇三宝瓷土古矿和湖田古窑之间，西北距湖田村约2千米，村东一小溪连通南河，在四周青山映衬下，村庄古老而宁静。

杨梅亭古瓷窑遗址保护碑

古窑址绿树成荫

小溪上游5千米就是景德镇三宝瓷土矿区，小溪两岸零星分布着加工瓷土的碓棚，远远就能听见里面传出的"咚咚"声。这些简陋的碓棚就是一个完整的瓷土加工厂，以水的落差为动力推动水轮，由水轮带动碓锤不停舂锤着瓷矿石，粉碎后的瓷石粉经过淘洗、过滤、沉淀、风干，制成砖块状的瓷不（音dǔn），运往各制瓷坯坊。自五代至清末，两岸碓棚鳞次栉比、首尾相连，为湖田及景德镇的其他窑场提供原料。而杨梅亭的窑场自然是近水楼台，独享便利。

杨梅亭古瓷窑匣钵

杨梅亭古瓷窑址在杨梅亭村旁边，村西一农舍后面山坡下发现有古窑遗物堆积层，呈长形堆积，四周设有界桩，在界桩的西南边还有一相连的堆积，南北长25米，东西宽20米，由村东过小溪300余米（画眉楼一带）亦见大量碎瓷片。整个遗址分布 2700 多平方米，瓷片、窑具散见于全村每个角落。窑址南部断面的窑具特别大，为其他窑址所罕见，堆积非常丰厚，从所剖开的断面看，最厚处有 1.7 米。

堆积中以窑具为主，有常见的漏斗式匣钵、桶式匣钵，还有底部微斜、中间开孔的桶式匣。这种匣口径 26 厘米，残高 20 厘米，底部的孔直径 8 厘米，是装烧某种器物的窑具。窑具有垫柱，以夹沙的黏土做成；漏斗式匣钵及圈状或饼状"垫饼"由黏土加粗料制成。从窑具分析，该窑址装烧形式为支钉叠烧和仰烧两种形式，也发现了瓷质垫钵和瓷质支圈等覆烧窑具。

器物残片中有五代的青釉碗、盏、壶，白釉碗、盏。其青瓷酷似越窑产品，白瓷胎细腻致密，很像唐代邢窑产品。20 世纪 50 年代初期，陈万里先生来此调查，认定为唐代产品。

宋代瓷器有影青高足碗、花口小足碗、浅圈足篦纹碗、芒口刻莲瓣纹碗、三足香炉、粉盒和涩胎斗笠碗。这些影青釉瓷，器型规整，细致精巧，胎质细腻，釉色精美。所用原料仅为瓷石一种，釉色洁白纯正。

杨梅亭窑盛产白瓷，产品精良，它是中国南方地区最早生产白瓷的窑场之一，其白瓷生产技术对影青瓷的生产具有重大影响。从窑址的产品形制特征、质地和装烧形式分析，该窑兴烧于五代，终烧于北宋，该窑址的产品形制特征与湖田窑同时期的产品基本上一致。杨梅亭窑与三宝蓬古瓷石矿、湖田窑群等，在景德镇南河下游形成一个庞大的瓷器烧造区。这些庞大的古窑址的历史遗存，证明了宋代景德镇瓷业巨大的生产规模和良好的烧造技术和高超的工艺水平。杨梅亭窑由盛而衰的历史也是景德镇瓷业由各原料产地向昌江边景德镇老城区迁徙的发展历史。

1959 年，杨梅亭窑址被江西省政府公布为省级文物保护单位。20 世纪 80 年代初当地农民几经建房或铺路，使大量影青瓷碗、盘、壶等残器裸露在外，堆积层破坏较严重。

岁月如梭，斗转星移，当时序进入 21 世纪，陶瓷产业在科技的道路上一路狂奔之后，又开始追求历史渊源、文化内涵。景德镇市以及一些外地的陶瓷艺术家、企业老板，仰慕杨梅亭悠久的陶瓷历史与深厚的文化积淀，纷纷来此落户，开办瓷艺作坊、工作室，形成景漂一族。景德镇陶瓷学院、江西陶瓷工艺美院也把学生实训基地设在杨梅亭，杨梅亭的瓷器烧造历史在中断千年之后，又在新技术的基础之上得以延续。

近年来，汉光陶瓷等一些大型陶瓷企业也往这山旮旯里挤，都想浸润在杨梅亭陶瓷文化氛围里。就连餐饮业也看中了这里的名气，纷纷把公路两侧的民房打造成文化韵味十足的餐馆，有的在门边用瓷业堆积中拣来的匣钵垒成景观墙，取名"碗忆"，有的餐馆装修得古色古香或农家模样，取名"荷塘夜色""柴火灶"等等，形成颇具特色的餐饮一条街。

青山绿水依旧在，人间几度夕阳红。重新繁华起来的杨梅亭村聚集在公路两边，显得有些拥挤与忙乱。古时得天独厚，现在受佑先祖，在唐宋窑址上再次燃起的窑火，能否再造繁华与荣耀？杨梅亭静静地等待着。

观音阁古瓷窑址

观音阁古瓷窑遗址位于景德镇市竟成镇昌江村，西临昌江，东北临近观音阁。现存观音阁窑址为整片的菜地所覆盖，已看不到堆积。南北长420米，东西宽164米，共约6.8万平方米。1998年昌江河河水暴涨，洪水冲开岸堤，大面积的窑业堆积才裸露出来，由此撩开了观音阁古瓷窑址的神秘面纱。

2007年9月25日至12月30日，北京大学考古文博学院、江西省文物考古研究所、景德镇陶瓷考古研究所组成联合考古队，对该窑址进行了发掘，发掘面积600余平方米，发现一批明代晚期作坊遗迹、制瓷工具和出土明代中后期重要瓷器标本数万件。

观音阁古窑制作坊遗址

观音阁古瓷窑遗址出土辘轳车坑遗迹

出土堆积的遗物绝大部分是匣钵和瓷质垫饼，青花瓷片较少，器型以碗为主，也有盘和碟。纹饰主要有缠枝花卉、折枝花卉、蟠龙纹、飞马纹、云气纹、白菜纹、树石纹、花蝶纹，还有"雨香斋""白玉斋"等堂名款，有的碗上画十字云和书"善""福""玉堂佳器""万福攸同"等铭文。其中还有嘉靖白釉大盘、青花五爪龙纹碗等瓷器。这批文物为研究景德镇明代制瓷经济形态和陶瓷作坊内部的具体分工形式，以及17世纪景德镇转变期瓷器和外销瓷烧造情况提供了科学资料。

观音阁出土的瓷片

考古发掘表明，观音阁古瓷窑遗址是明代民窑中遗址堆积较大，且具有代表性的窑场之一。

据史志记载，观音阁是景德镇历史上著名的寺庙之一，建在昌江东岸的石埭山上。石埭山是景德镇西北角的屏障，山石突兀，危岩耸立。昌江河从浮梁古城东南绕过后，流经此地下行至景德镇，延绵十几里。此山危岩之下是古代浮梁通往景德镇的必经之路，旧时建有江南雄镇坊一座，是景德镇西北的门户。明代以后，石棣山上建有寺庙，名为观音阁，香火兴盛。后人多称此地为观音阁，而石棣山的名字却很少有人知道。

明清之际景德镇陶瓷产业一枝独秀，成为全国的制瓷中心。从观音阁起，延至下游的小港咀，窑业集中，人口麇集，成为古代景德镇的主城区。成书于清代嘉庆年间的《景德镇陶录》记载："其自观音阁江南雄镇坊至小港咀，前、后街，计十三里，故有'陶阳十三里'之称。"

景德镇陶瓷产业发端于昌江河的支流东河和南河。宋代以后，随着景德镇陶瓷产业的异军突起，窑业逐渐从昌江支流向景德镇主城区昌江干流河段集中，这一带昌江水流平缓，江面开阔，形成官窑与民窑竞市的局面。"千窑升火，万匠制瓷，商贾盈市，舳舻蔽江"，这是旧时景德镇的真实写照。

观音阁窑址的发掘，再现了当年景德镇陶瓷产业的兴盛，印证了古代文献的记载。

落马桥古瓷窑址

落马桥古瓷窑址位于景德镇市珠山区中华南路落马桥一带，在景德镇市中山南路红光瓷厂院内，西距昌江仅一里。自宋元至明清，这里便是景德镇窑场聚集之地，生产的精美瓷器漂洋过海，成为欧洲各大博物馆收藏的宝贝。

1980年，景德镇陶瓷考古研究所为配合基建，在当时的红光瓷厂内进行抢救性发掘清理，发掘面积近700平方米，距地面1.7米处出土重要元代遗物，主要有青花和青白釉瓷，还有少量的卵白釉瓷、釉里红以及釉上彩瓷，和青花堆积在一起的还有褐胎实足小碗。青白釉器有双耳瓶、葫芦形小注、高足杯、人物塑像等。其中天球瓶、葫芦瓶、扁瓶等双耳瓶类较多。装饰手法除葫芦形小注为釉下褐彩装饰外，其他均为印花和刻花装饰，纹饰有梅、桃、花鸟、瑞兽和缀珠等。釉里红器有荷叶形罐盖、玉壶春瓶和绘鹿纹的小瓶残片。

落马桥窑遗址出土的元青花瓷器残片

青花瓷的品类非常丰富，除常见的碗、盘外，还有劝盘、耳杯、匜、盖盒，各种造型的小罐和瓶子等。纹饰有各种花卉、动物、人物故事等。这里还出了一些书写文字的器物，有一研钵用八思巴文书写姓氏，内容为"口宅端午置……"。还有书写"头青""黄""吴""戴采"等文字的瓷柱和"辛巳"二字的瓷片。所谓"头青"者，即头等（上等）青料之意，从这件器物上不仅可以看到元代的上等青料是怎样的成色，还能获悉景德镇用钴作为彩料烧造的釉下装饰在制造伊始就被人们称之为"青花"。

落马桥窑出土的精美瓷器复原件

落马桥葫芦窑遗址

用青料书写"辛巳"二字的瓷片，是确定这批元青花生产年代的重要依据。"辛巳"在元代有两个，一在元世祖至元十八年（1281年），一在元惠宗至正元年（1341年）。那么这批元青花是元代前期还是后期之物呢？在同一地层出土的青花标本中，有一件青花松竹梅纹平底碟，这类纹饰的平底碟在北京元大都后英坊后期的居住遗址里也有出土，据此可以确定落马桥出土青花瓷片的"辛巳"应为至正元年（1341年）。所以该地层中的青花器均为至正前期之物，比著名的英国大维德瓶的烧造时期稍早。

落马桥窑出土的精美瓷器复原件

落马桥元末窑址最重要的发现，首推元青花人物故事图大口罐和梅瓶残片。这批瓷片的肩部缠枝莲纹和口沿外侧栀子纹样，与尉迟恭单骑救主图、三顾茅庐图元青花大罐和青花带盖梅瓶的纹样如出一辙。落马桥型元青花大罐口沿和梅瓶下腹部残器的仰莲纹和双勾棱格纹，分别见于英国裴格瑟斯信托公司（Pegasus Trust）旧藏三顾茅庐图青花大罐和美国波士顿艺术博物馆所藏三顾茅庐图青花带盖梅瓶。

2005年，伦敦佳士得拍卖会上，元青花鬼谷子下山图大口罐以1568.8万英镑（约2.45亿元人民币）成交，创下历史上中国文物乃至整个亚洲艺术品拍卖的最高成交价。据佳士得专家曾志芬小姐考证，这个青花大罐所绘鬼谷子下山图来自元代平话小说插图，也即日本内阁文库藏《新刊全相平话乐毅图齐七国春秋后集》插图中一幅鬼谷子下山图，元至治年间福建建安虞氏刊印。泉州文物收藏家裴光辉对鬼谷子下山青花罐的真实性表示怀疑，并提出八点质疑。毛晓沪撰文驳斥裴光辉的现代仿品之说，认为这是明初洪武窑产品。落马桥型元青花的发现，证明了鬼谷子下山青花罐为真品，平息了各方争论。不过，这件青花罐既非元朝浮梁瓷局官窑或民窑产品，亦非明初洪武窑产品，而是陈友谅割据饶州时落马桥窑厂烧造的。

2012年，江西省文物考古研究所、景德镇市陶瓷考古研究所、北京大学考古文博学院等单位报国家文物局批准，再次对落马桥遗址进行发掘，清理并发现了从南宋末到民国初年的瓷业遗存，出土了较丰富的遗物。第一期为南宋末和元初，主要以青白瓷为主。第二期为元代中晚期，以青白瓷和卵白瓷为主，晚期地层出现一定数量青花瓷，以及少量蓝釉和釉里红瓷器。产品制作精细，有印"枢府""太禧"等字样和五爪龙纹的敞口盘和高足杯。第三期为明初，以青白瓷、青花瓷和白瓷为主，青花则有见绘蓝地白花五爪龙纹的产品。第四期的时代为明中期，出土瓷片青花为主。第五期为明末清初，出土物有青花瓷、白瓷、青釉黄彩瓷、低温黄绿釉瓷等。第六期为清中期，出土瓷片主要是青花瓷、白瓷、青釉瓷。第七期为清末至民国初年，以青花瓷为主，其次是青釉瓷、白瓷。同时，清理出一批重要的遗迹，包括1座明代马蹄窑遗迹、15处元明清房址、13处池子、8处辘轳坑、8条排水沟、5处路面、14处墙体和2座高规格的元代庭院等。

落马桥考古以地层为基础排出瓷器发展序列，极大地丰富、补充和完善了景德镇民窑发展历史。尤其是元代地层和明初地层出土的陶瓷遗物品类丰富、数量巨大、装饰多样、工艺较高。如制作精良的元代枢府瓷和青花瓷，从其一些模印和青花彩绘五爪龙纹的产品来看，该窑址在元代也许是浮梁瓷局辖下的一处重要窑场。另外，明早中期的一些重要器物表明这里应该是明代御器场以外的一处重要的、高质量的瓷器生产地点。

落马桥古瓷窑址的考古发掘对"至正型元青花瓷"做了进一步解读。所谓"元青花"，包括元朝浮梁瓷局烧造的元青花和陈友谅割据政权烧造的元青花，而"至正型元青花瓷"相当一部分烧造于落马桥元末窑址，年代当在元末红巾军首领陈友谅割据饶州时期。据史书记载，元末海外贸易从未中断，江南首富沈万三在陈友谅大汉国都城江州（今九江）开办"宝市"，将景德镇外销瓷批发给中外海商，然后从张士诚控制下的太仓娄江港远销海外。

落马桥古瓷窑址出土的元青花八方玉壶春瓶残片，在西沙群岛元代沉船亦有发现，与土耳其托普卡比宫藏元青花八方玉壶春瓶几乎完全相同。出土的其他元青花的纹样，如莲瓣纹、火焰纹、焦叶纹，亦见于西沙群岛元代沉船青花碗和埃及福斯塔特出土菊纹青花碗。根据这些落马桥型元青花的发现地点，可以复原一条从景德镇落马桥，经江苏太仓海运仓、西沙群岛、马六甲海峡、南印度，最后抵达埃及福斯塔特古海港的元末海上元青花外销路线，落马桥出土的瓷片为中国海上瓷器贸易找到了重要的源头。

黄泥头古瓷窑址

从景德镇市区驱车向东行驶，穿过一条条热闹繁华的街道，便到了处于城乡接合部的黄泥头村。再沿着景婺公路黄泥头路口往市委党校方向行驶数十米，一座古色古香的门楼便矗立在眼前。有着上千年历史的黄泥头古瓷窑遗址，就坐落在这里。

黄泥头村位于景德镇市东郊的丘陵河谷地带，离市中心7.5千米，今属珠山区竟成镇管辖。黄泥头区位条件十分优越，景德镇通往婺源的景婺公路穿境而过。悠悠南河千百年来偎依在小村旁边。跨过南河一条蜿蜒的公路将寿安、涌山等地连接起来。此外，黄泥头地近浮梁县湘湖镇。湘湖是古代浮梁经济文化较为发达的地区之一，宋代被称为湘湖市，以湘湖街为中心周边分布着众多古瓷窑遗址。自古以来，黄泥头陆路、水路交通十分便捷，加之周边广袤的林地和丰沛的水源，因而是一个宜居宜制陶的好地方。据《景德镇市地名志》记载，唐末宋初，林氏、姚氏等先民陆续迁到此地繁衍生息。千百年来，当地先民便在这里筑窑烧瓷。

黄泥头村边的南河

著名的黄泥头古瓷窑遗址位于黄泥头小学北侧的山丘上，窑址面积达5000平方米，遗物呈山丘状堆积，高数十米，有东、西两个较大的堆积层。西堆主要是青瓷和白瓷；东堆以影青瓷为主，亦见青釉瓷片。黄泥头小学建校舍时，曾夷平了窑址南侧的部分堆积层，从遗漏的遗存断面观察，堆积层厚度有3~5米。

窑址目前未经发掘，从采集的遗物标本观察，青瓷与白瓷均采用支钉叠烧法，影青瓷采用匣钵与垫饼的单体仰烧法，其烧造工艺与湖田窑五代与北宋的装烧形式相似。故此推断，该窑址兴烧于五代，终烧于北宋。

从出土的瓷片标本看，青釉瓷胎为灰色，胎骨较浑厚，胎质细腻，釉色青亮，极似越窑"蟹壳青"之色。产品有碗、盘、壶等，碗盘类为大足唇口、撇口或花口、壶为瓜棱式，形制特征与同时期的湖田窑近似。白瓷为白胎，瓷质纯细，胎体略薄，产品特征与青釉瓷相似，但碗类多为唇口。影青瓷胎质洁白细腻，釉色微青泛白，亦有闪黄者。品种有碗、盘、壶等，产品特征与湖田窑北宋影青瓷基本无异。该窑址从整个产品看，制作规整，质地较佳，是景德镇五代至北宋时期较有代表性的古瓷窑址。1983年该窑址公布为景德镇市文物保护单位。

黄泥头古瓷窑遗址堆积物

　　黄泥头窑址所临近的南河是景德镇昌江河的一个支流，全长76千米，发源于婺源县，流域面积566平方千米。南河曲折流向西南，经塘下至黄泥头纳柳家湾水，下行21千米经湖田村至景德镇南郊小港嘴东岸流入昌江。南河小流域河港密布，窑址众多。研究发现，南河流域的湘湖、兰田、盈田、柳家湾、杨梅亭、白虎湾、湖田、银坑坞、三宝蓬等窑址星罗棋布，在宋代出现"村村窑火，户户陶埏"的景观。南河小流域是景德镇陶瓷产业发展的滥觞之地。黄泥头古瓷窑址就是其中著名的早期窑场之一。随着元明景德镇珠山官窑的兴起，分散各地的窑业，逐渐向景德镇老城区的昌江沿岸迁移。南河早期的窑业发展为明清时期景德镇瓷业的繁荣奠定了坚实的基础。

刘家弄民窑遗址

　　"陶舍重重倚岸开，舟帆日日蔽江来。"这是明清时期景德镇陶瓷业飞跃发展的真实写照。

　　景德镇自元代设立官窑以来，成为"天下窑器所聚"之地。明清之际的景德镇更是"集天下名窑之大成，汇众家技艺之精华"，制瓷业规模空前。景德镇官窑的设立，也带动了民窑的发展。民窑比官窑的生产规模大，从业人员不下数万人，形成"官民竞市"的局面，出现了"工匠八方来，器成天下走"的壮观景象。民窑的发展，极大地提高了景德镇瓷器的产量，使得"行销九域"的景德镇瓷器基本上是民窑瓷器。到了明代中期以后，景德镇的瓷器几乎占据了全国的主要市场。刘家弄民窑遗址见证了千百年来景德镇陶瓷产业发展的辉煌历史，也见证了这座手工业城市的发展。

　　刘家弄民窑遗址处于昌江之滨，占地1.2万平方米，始烧于宋代，终烧于民国，是景德镇老城区发现的时代跨度最长的古代窑业遗存。该遗存主要由刘家弄古作坊群和吊脚楼古窑遗址组成。

　　刘家弄古作坊群位于昌江东岸，景德镇老城区之南，面积4600平方米，为清代至民国时期的制瓷作坊、窑砖护墙和窑砖坡道。它地处槎窑集中区，多建在数米高的窑业堆积上，作坊群外墙、挡土墙、坡道均以窑砖、窑渣、麻石等建成，给人以古朴的质感和历史的沧桑感，因而具有较强的观赏性。其中刘家下弄63号古作坊保存完好，最具代表性。

　　吊脚楼古窑遗址南临浙江路，北临玉路弄，西临沿江东路，面积约7600平方米，为宋代至民国时期废弃的窑业堆积，出土瓷片均为粗糙的青花碗（俗称渣胎碗）。该窑址年代跨度长，堆积丰厚，地层堆积清晰，蕴藏着厚重的陶瓷历史文化信息。2006年12月，该窑址被公布为景德镇市重点文物保护单位。

　　中华人民共和国成立后刘家弄民窑遗址成为居民区，20世纪初被列为老城区改造区域。鉴于该窑址的重大文物和考古价值，2006年底，景德镇市委、政府果断决策，出资向房地产开发商回购土地，并投入巨资对遗址进行了原址保护，维修了古作坊，建设了室内展览馆，对周边环境进行了改造。遗址保护中，充分采用了窑业废弃的过火小窑砖以及马头墙、石牌坊、吊脚楼等传统建筑元素，较好地彰显了景德镇民窑独

刘家弄民窑遗址博物馆

古色古香的刘家弄民窑遗址保护街区

刘家弄民窑遗址出土的堆积物

刘家弄民窑遗址博物馆陶瓷制作人物雕塑

特的历史风貌。室内展览馆则采用丰富的实物，图文并茂地集中展出了近年来景德镇各民窑窑址的考古成果。2010年，昌江之滨又添胜景，刘家弄民窑遗址博物馆建成，并向市民和中外游客开放。

　　历史上景德镇是一个没有城墙的城市，尽管明清之际已发展成为中国著名的"四大名镇"之一，但一直是浮梁县所辖的一个市镇。沿江设窑，连窑成市，促进了景德镇城市的发展。坯房、窑房密布，红店（画瓷器的店铺）、瓷行鳞次栉比，成为有别于其他城市的一道独特的风景。如今，景德镇的城市管理者，将陶瓷历史文化遗址进行保护与开发，实施了以景德镇明清御窑为主体的保护大遗址工程。刘家弄民窑遗址博物馆就是景德镇陶瓷历史文化保护与开发中的一颗璀璨夺目的明珠。

银坑坞古瓷窑址

　　银坑坞村位于景德镇市南约1千米，站在坞口便可一览南河对岸昌江边的景德镇老城区，隶属珠山区竟成镇。北临昌江支流南河，东北与湖田窑相距约3千米，东南与三宝蓬瓷石矿隔山相邻。一条小溪从村中穿过，坞口窄小，但坞内宽敞平坦，田畴千亩，群山环绕，几个小村依山脚分布。当地瓷土资源丰富，古时称瓷土矿为坑，故以坑称地名。这里有较为优越的制瓷地理条件，留下了许多窑业遗存，是景德镇古代瓷土加工、瓷器烧造的重要场所之一。

银坑坞小坞里窑址

碓家坞窑址

　　银坑坞窑址由小坞里、兰家井、郑家坞、草坦上、八角湾、白庙下、红庙下、石边坞、碓家坞9个自然村的16处窑业遗物堆积层组成，总面积达36000平方米。

　　小坞里堆积在银坑坞南河北岸的南山林场北侧，遗物堆积有3处。一处在茶园地北侧，距银坑坞约300米，遗物由南向北倚山坡堆积，东西长约65米，南北长约100米。采集的瓷器标本有圈足唇口小碗、圈足敛口小碗、圈足敞口小碗，还有外壁起棱底心凸起的圈足小碗和圈足折腰折沿杯托等残器瓷片，均为影青瓷，堆积层保存

白庙下窑址

基本完好。另两处在距银坑坞东150米处，两处堆积层相距约80米，堆积面积分别是2100平方米和2800平方米。采集的瓷器标本有圈足大、小碗，圈足敛口小碗，瓜棱式花口小碗，高圈足折腰碗，高圈足瓜棱鼓腹折沿花口小碗，刻花斗笠碗等残器瓷片。瓷胎为白色，胎质细腻，釉为影青，釉面光洁，色泽如玉。纹饰有刻花牡丹、萱草、菊花、篦纹等。

在银坑坞郑家坞村周边发现有四处窑业堆积，均为倚山坡而建的龙窑堆积，遗物堆积面积达2000~4000平方米，采集的标本有圈足唇口小碗、圈足撇口小碗、罐盖等残器瓷片，均为白胎影青瓷，胎质洁白纯细，其中斗笠碗内壁饰有篦纹。

窑址分布在深山的丘陵中段地带。2005年，江西省文物考古研究所、景德镇民窑博物馆为配合南环高速公路建设而进行了抢救性发掘，发现了塘里龙窑一座，并清理出大量的仰烧窑具及青白釉残片，器型为碗、盏和盏托等。

八角湾水库窑址

草坦上窑址

红庙下窑址

郑家坞窑址

其他各村的窑业遗存堆积情况类似，主要为碗、盘类，少量盖罐类，其中尤以碗类为大宗，全属影青瓷。在各堆积层中所发现的窑具仅有匣钵和垫烧器物的环形或圆形垫饼。匣钵形制外壁上半部为厚直沿，下半部骤折而成小平底，大小因装烧的器物而异。从窑具观察，该窑址采用"仰烧"形式，与湖田窑宋代早期相似。从器物特征和窑具分析推断，该窑址兴烧于宋代早期，终烧于南宋以前。

银坑坞窑址群是景德镇南河流域众多窑址中生产规模较大，产品比较单一，影青瓷质较好的窑场之一，它为考察、研究景德镇宋代窑业情况和影青瓷制瓷技术提供了珍贵实物资料。因该窑址未经系统考古发掘，遗存价值有待进一步揭示。

银坑坞盛产瓷石。史料载：银坑坞瓷石产于景德镇市南山银坑坞、小坞及渡峰坑等处。加工后瓷土色淡褐，性硬，为普通瓷原料，质白润洁者曾为粉定器坯料采用。在宋末，景德镇出现单一的制瓷原料短缺危机，昌江支流上游的瑶里、湘湖瓷窑及银坑坞的窑场都逐渐衰落、停烧。元初，发明高岭土掺瓷石的二元制瓷原料配方，可以大大提高瓷器烧制温度，且不变形，因而可以生产出更大、更薄、瓷化度更高的瓷器，景德镇制瓷工艺水平得到划时代的飞跃，解决了原料问题，景德镇瓷业再次兴起并向昌江边的昌南镇迁移，瓷器也由粗放型的龙窑烧造向精细化的马蹄窑烧造发展。银坑坞依山傍水，依然是瓷石粉碎加工的好地方，元、明、清三代继续为景德镇提供制瓷原料。

民国时，随着运输能力的提高，银坑坞瓷石开采几乎停止，而改用其他地方的原料。民国二十六年（1937年）《浮梁乡土纪略》载："该地不产原料，其所用原料，银坑坞的陶新生、陶珍昌、郑义顺、郑义达、吴道恒五厂是用南港原料舂造，其余各厂多用余干、乐平，或掺以南港原料舂造""年产500万小块，1960年停采"，说明银坑坞到了近代、现代依然是瓷土加工的聚集地。

中华人民共和国成立后，景德镇对陶瓷手工业进行了社会主义改造，逐渐建立起公有制的瓷业生产体系。景德镇陶瓷原料总厂建立并大规模采用现代生产技术，在三宝开采加工瓷石矿，改变了景德镇瓷土加工依靠水碓舂捣，沿河到处设碓棚的状况，瓷土加工业渐渐淡出了银坑坞。进入21世纪，许多私营的瓷器生产企业从城区迁出，落户银坑坞。瓷业，依然在续写银坑坞的历史。

赛宝坦古瓷窑址

1982年7月，景德镇市珠山中路粮食局地段发现了清代康熙早期民窑的堆积，以日用饮食器皿碗、盘、杯、盏等为主，间有瓶、炉、罐之类的器皿。其中有底书"大清康熙年制""大清丙午年制""大清丁未年制""大清戊申年制""大清年制"等铭款的残器标本。从干支纪年款和出土层判断，这批窑业堆积属康熙前20年这一段时期的青花产品。

康熙早期民窑瓷器形制非常讲究，器物规整，厚薄均匀，瓶罐接口不明显，碗、盘、杯、盏类胎轻体薄。造型硬挺劲秀。旋刀极细，器身无跳痕。圈足内壁与底交接处呈圆弧形。足端呈三种形状，中、小型器物足底呈泥鳅背状，大碗、盘类底足平整，还有壁形器足，足部不施釉。

器物胎质细白坚致，工艺水平极高。一般通身施釉，表、里、底釉面匀称一致，薄而光润，白中微泛蛋青色，清亮透明。还有外施豆青釉、霁蓝釉、酱釉、乌金釉，而内施白釉青花的杯、盏，其口沿多施紫金釉。

青花发色清丽浅淡，混水层次一般三四层，依层次轻重分块平染，少见晕化现象。器物画面题材丰富，有故事、神话、山水、风情、田园、花木、龙凤、家禽及图案文字装饰。装饰手法由晚明民窑的写意形式渐向写实的风格转化，渐变为工笔手法、铁线描形式。款识种类较晚明增多，有帝王年号款、干支款、仿成化款、堂名款、人名款、寓意款、商标性款，也有常见的八宝、杂宝、兔石一类花押表记。

赛宝坦古瓷窑遗址的发掘，为划分顺治、康熙两朝民窑青花瓷的特征提供了新资料。

董家坞古瓷窑址

董家坞古瓷窑遗址位于景德镇市珠山区四图里。该窑址分布范围由董家坞起至朱家坞上，面积近数万平方米，1982年以来由于在遗存上建房和铺路，堆积层遭到破坏，遗物暴露在地表，比比皆是。

从采集的瓷片来看，属青花瓷，产品为碗、盘、碟等。从拣选的碗类残片复原看出，碗的造型为撇口墩式和撇口鸡心碗。碗底有釉，均书底款，款识有"大明成化年制""大明宣德年制"（仿制年号）、"大明年制""万福攸同""玉堂佳器""状元及第"等字样，碗心绘一圆圈，圈中书有"福""寿""万贵""善""博古斋""白玉帝""清风明月"等字样。碗壁绘有蝴蝶海马、鱼草、云气、菊瓣、蕉叶、莱菔菜、缠枝莲纹、人物山水、花鸟等纹饰，均随意而成，洒脱自然。瓷胎为白色，胎骨薄而坚致。釉色莹白透青，青花色料素雅清新，浓淡相适，明朗活泼。整个器物从造型装饰，都于朴实中见清丽。

该窑址的产品具有明代中期和清初的特征，据考证，其兴烧于明代中叶，终烧于清初。该窑址的产品与湖田窑同时期的产品相比，有明显的进步，说明随着城市经济的发达，镇区窑场的制瓷技术居于领先地位，并逐步取代了景德镇乡村分散的窑场。它是景德镇明代民窑中具有代表性的窑址之一，对研究景德镇城市发展史、经济史以及明、清两代的制瓷技术具有重要考古价值。

天后宫瓷窑

窑弄里位于景德镇珠山区中华南路，长 35 米，宽 1.7 米。因巷内曾有座大型瓷窑而得名。窑弄里弄子很短，一眼便能看到尽头，是条断头弄，也就是老百姓所谓的死胡同，中间既没有弯折，也不带间隔，通透、直接。弄里 14 号原来是一座老的窑口，叫作天后窑，才有了窑弄里的名称。巷口南侧有福建会馆，建筑形式与其他会馆不同，为庙宇风格，这蕴含了福建商帮海上贸易，祈求妈祖护佑平安的用意，故也称天后宫。只不过天后宫已不复存在（前段改建周路口派出所，现已搬离），天后窑也只剩残墙遗址，但窑弄里的名字却一直延续着。

天后宫初创于清康熙间，规模宏大，装饰华美，原建筑中轴线纵深达 66 米，包括牌楼、戏台、场院、议事中堂、天后神殿、左右配殿、三尊神殿、两厢酒楼及客房等。天后宫其实就是福建会馆的别名，地处内陆的景德镇建有供奉妈祖的天后宫，说明它与海上丝绸之路有着千丝万缕的联系。明清时候，得益于郑和下西洋带来的商贸繁荣，海上丝绸之路成为景德镇陶瓷远销外洋、风行九域的重要途径。而福建泉州作为海上丝绸之路的主要起点，福建人对于景德镇陶瓷而言确有莫大功劳，在景德镇开建一座气势恢宏的福建会馆是一种再自然不过的事情。可以设想，以外贸外销瓷为主的天后宫窑烧制的景德镇陶瓷，风格画面必定有独树一帜的地方，可惜，现在也难以找寻了。

天后宫窑其瓷器烧造史可上溯明代成化年间（1465—1487 年），建筑主体构架属明代民窑建筑。现存天后宫窑始建于清代康熙初年，为景德镇清代广泛使用的镇窑结构。1980 年，景德镇老城区窑弄里迁建于昌江区枫树山蟠龙岗，按照天后宫窑原型重新组合，是世界遗存的唯一一座传统的大型蛋形柴窑。2000 年 7 月，该窑被公布为省级重点文物保护单位，2013 年 3 月 5 日，被公布为全国重点文物保护单位。目前，天后宫窑已经被文化部列入推荐申报世界非物质文化遗产目录。

天后宫窑为景德镇典型的镇窑结构。窑房是穿过式木构架建筑，窑炉约占窑房四分之一的面积，除去窑炉所占空间，其余约为两层结构。底层为装匣、开窑之用。二层柴楼主要用来储备松柴。窑炉炉顶呈拱形，采用窑砖作无模砌筑的蛋壳结构，与中国全砖结构的无梁殿收顶工艺有异曲同工之处。它的烧成室呈一头大一头小的长椭圆形，窑炉长 18 米，最大宽度约 5 米，体积近 300 立方米。窑炉门高 2.4 米，拱形，外沿呈八字状。高达 21 米的烟囱用单砖砌成。这种窑火焰长而灰分少，且不含有害物体，适宜烧还原焰，对于白瓷、青花瓷、颜色釉等的釉面成色效果良好。按照窑位各部位火焰流动及其温度分布情况，其可以分别装烧高、中、低温度的瓷坯。在窑炉烟道部位，利用余热的低温，可烧造窑砖。

窑房为木质构架，主柱及架梁选用质地坚硬、经久耐磨的松、槠等普通杂木，极为经济。梁柱构件的制作，对躯干的自然弯曲不做任何修整，只是砍去枝丫，刮去树皮，再凿制榫卯装配。窑房二层放窑柴，按一窑次七百担松质板柴燃料计算，常年能贮存三至四窑次的燃料，平均每平方米的日常负荷达一吨以上。窑门前的楼面设有闸口，贮存在楼层的松柴可通过闸口直接滑落到窑炉门前，减少了搬运燃料的时间和劳力。中部屋顶局部升高约1米，有利于散热和通风。在窑炉附近或楼层，设置了洗浴间、账房、休息间，给窑炉工人及管理人员提供了较好的工作环境。

在窑的附近，保存着景德镇自明代以来延续使用数百年的瓷器成型作坊建筑。这些明式作坊遗存，直观地展现了景德镇古代手工制瓷作坊的全貌。瓷器成型作坊为封闭式三合院或四合院布局，房屋向内院敞开。每组明式作坊，均以一栋正间为主，配以廒间和坯屋。正间一般面南，为制坯、修坯、釉下彩绘、施釉等制瓷工序的操作场所。正间十至十二开间，每一开间，面阔2~3米不等，进深5~6米不等，除部分贮藏间或住房（楼层）以外，各开间不做任何隔断。由东向西依工序流程安排成型、修坯、釉下彩绘、施釉等一系列半成品操作设施，形成早期制瓷的"一条龙"生产流水线。明代宋应星《天工开物》中描述："共计一坯工力，过手七十二，方克成器。其中细微节目尚不能尽也。"景德镇制瓷生产工序从坯坊正间的生产设施安置中可以得到部分证实。坯屋一般面西，用作揉泥和陈腐泥料。各建筑之间的场院，中间开凿一至二列水池，俗称"晒架塘"，是淘洗瓷土的场所。晒架塘上部置活动木架，俗称"晒架"，可搁置坯板晒坯。

明式作坊的构架，为穿过式三架梁，前后视进深需要加置单步梁，梁架间无任何装饰构件。正间出檐深，达1.4米以上，形成檐下走廊。平面标高不等，正间檐口内侧较场院下凹0.5米，檐下走廊较场院则高出0.3米，既可挡住场院流水向正间内部渗入，又保持了走廊本身的干燥，还可以在高台式走廊上将瓷坯轻而易举地放在梁架上干燥。其厂房设计简易、周密、巧妙、实用，是明代成型作坊的代表建筑。

镇窑的砌窑和烧造技艺向来被视为绝活。"挛窑"是景德镇瓷业的俗语，指砌窑和补窑，这是一门传统窑炉营造的技艺。数百年来，这门技艺为都昌余姓人专营，历来传男不传女。随着时代的变迁，窑炉结构和燃料的改变，传统柴窑数量急剧减少，掌握挛窑技艺的传人多已相继故去。如今，挛窑技艺成了国家级非物质文化遗产。

天后宫窑修复采用特制的挛窑泥和窑砖，挛窑泥必须取自田泥，即水田表层下面的泥土。制窑砖的原料为黏性好、耐火度高的山土，主要有黄土、红土、砂土3种。黄土黏性好、耐火度高，红土能耐火，砂土主要起骨架作用。山土经过踩炼、成型、晾晒、烧炼等工序制成砖。

挛窑的施工步骤先是摆窑墙脚，接着是砌内胆窑墙，再修脚棚，达到规定高度后开始卷窑棚，卷窑棚用的条子砖两端大小不一，边卷窑棚要边砸棚砖（青砖），堆砌的青砖起加固锁紧的作用。施工时，人便可以踩在窑棚上，重压对窑棚也起到了紧固的作用。窑棚做好后，要在窑室内壁抹上一层塘窑泥（匣钵土），起密封保护的作用，烘炉后土质烧结，窑炉则耐用。窑炉上端留有排气孔和看火孔，供把桩师傅观看燃烧室的火焰。

该窑的烧造火候，全靠有经验的师傅来掌控，景德镇人称之为把桩师傅。镇窑需要长达 20 多个小时不间断地加窑柴烧炼，并用两天时间将窑温降下来。其间，窑工严格按照清代柴窑烧制的模式作业，在没有任何现代化仪器监测的情况下，全凭肉眼观测窑膛温度，掌控火候。在长期的实践中，把桩师傅练就了非常绝妙的"唾沫测温法"，即通过观火孔，吐一口水下去，以水雾瞬间的变化来判断窑内的温度。把桩师傅是镇窑烧制瓷器的关键性人物。一个好的把桩师傅要经过长期的培养。"三年一个状元，十年一个把桩"，是景德镇自古流传下来的一句行话，足见把桩师傅的培养是多么的不容易。现在，景德镇能够掌握窑火的把桩师傅风毛麟角，仅有的几个人都是国家级非物质文化遗产传承人。

外小里古瓷窑遗址

外小里古瓷窑遗址位于景德镇市珠山区东南 10 千米竟成乡外小里村附近。村西有一条小溪流经杨梅亭注入南河，村南与三宝蓬古瓷矿区相距约 1 千米。它是以其原料就近便利为优势而兴起的窑场。

村周围的窑业遗存有 5 处：村东南侧的水沟畔遗物堆积面积 1200 平方米，烧造的产品为影青碗；村东北侧油麦坞往南 50 米处有一条小沟，遗物堆积面积达 48000 平方米，分布范围较大，遗物堆积稀薄，烧造的产品有影青瓷碗、盘二类；村北侧井坞遗物倚山坡堆积，面积约 800 平方米，器物与油麦坞出土的一致；村西约 600 米处土山坞遗物堆积面积约 1500 平方米，烧造的产品为影青瓷碗、盘等；村西北 450 米枫树山林场三宝分场内，遗存上建有几栋木平房，遗物分布面积约 2600 平方米，部分遗存被破坏，烧造的产品有青瓷、白瓷和影青瓷碗、盘二类。

该窑址仅一处采集到支钉叠烧法装烧的青瓷与白瓷，其他 4 处皆为一器一匣仰烧法装烧的影青瓷。影青瓷偶尔见有简单的蓖纹，尚未发现其他纹饰装饰，制品都较为粗劣。该窑址的产品造型与附近杨梅亭窑的产品一致。可见，该窑址兴烧于五代，终烧于北宋，且北宋的烧造规模较大。

观音岭古瓷窑址

观音岭位于景德镇市珠山区珠山街道莲社路社区。宋初，此地有一观音庙，明末，窑兴，住户增多，形成弄巷，因庙处丘坡，古名观音岭。观音岭窑渣护坡墙遗迹是由烧窑过程中因窑中匣钵倾倒而叠压黏结所形成的所谓"窑渣"砌成的，可以看见多种瓷器的器型、纹饰，如白釉壶、青花碗、小酒盅、汤匙等，很有特色，经常有中外游客、古陶瓷专家前来参观。

观音岭古瓷窑炉遗址被埋没在房屋的地下　　　　观音岭古窑炉渣护坡墙

　　该处是明清时期景德镇窑业聚集地，处于景德镇老城区的中心地带，因地势相对较高，是瓷器窑炉集中地。由于城市不断拆迁建设，窑炉遗址被埋没在房屋的地下，难得一见。

昌 江 区

丽阳古瓷窑址

全国重点文物保护单位——丽阳窑址

　　悠悠昌江，发端于古代徽州，贯饶州而入鄱湖。千百年来，昌江就是维系沿岸百姓的生命线。昌江在景德镇下游进入昌江区丽阳镇后，河道回环成一个半圆形，河面开阔，水势平缓，形成天然良港。自汉代以后，这里人口密集，宋元时期一度成为饶州名镇。当地流传有"先有丽阳镇，后有景德镇"的说法。被列为全国重点文物保护单位的丽阳窑址就坐落在丽阳古镇的昌江之滨。

　　丽阳窑址是指现已发掘的元代龙窑、明代葫芦窑两座古窑遗址。这两个遗址位于昌江区丽阳镇彭家村和丽阳村，距镇政府约3千米，昌江河自东向西从古窑址南面流过。此外，据当地传说，丽阳古镇有十八座古窑。在已发掘的古窑遗址附近，还发现有五代瓷窑遗址一处，有待于进一步考古发掘。而当地传说的其他古瓷窑，目前尚未有发现。

丽阳瓷器山明代葫芦窑全景

2005年11月23日，《中国文物报》在显著的位置报道了丽阳古瓷窑发掘的重大成果。丽阳窑址的考古发现，被评为"2005年中国考古十大新发现之一"。2006年，当地文物部门对丽阳古镇已发掘出来的元代龙窑、明代葫芦窑，建起了两座面积达1100平方米的保护棚。2012年，文物部门又建立丽阳古窑展区。人们可以近距离看到那些曾经长期封存在地下的宝藏。2013年3月，丽阳窑址被评为全国重点文物保护单位。

丽阳窑址是从2005年开始考古发掘的。2005年7—10月，经国家文物局批准，故宫博物院、江西省文物考古研究所、景德镇陶瓷考古研究所联合组成了一支考古队，进驻丽阳古窑考古现场。这支考古队可谓阵容强大，我国著名古陶瓷鉴定专家、故宫博物院研究员耿宝昌亲自带队，景德镇市著名陶瓷考古专家刘新元等一批国内顶级考古专

丽阳碓臼山龙窑近景

家，共同参加了这次丽阳古窑的考古发掘。经过3个月的发掘，获得了重要发现。此次发掘面积约800平方米，发掘出元代龙窑窑炉一座和明代早期的葫芦窑炉一座，出土了一大批瓷器，有青瓷、青花瓷器、仿龙泉釉瓷器、仿哥窑瓷器等。出土的瓷器器型有碗、盘、高足杯、罐、执壶、盏等。

2005年，年届80岁高龄的耿宝昌大师，与陶瓷打了一辈子交道，可谓一生阅瓷无数。然而，当他在深入丽阳古窑的发掘现场时，还是按捺不住那种如获至宝的喜悦。他说："虽然此次丽阳民窑遗址中挖掘出土的瓷器，不是最精尖的物器，但是它

却为我们研究整个陶瓷的发展史，提供了科学依据和实际现状。"

考古专家们经过实地考察，确认了丽阳村龙窑遗址内大量完整的初烧瓷器遗迹，尚属全国首次发现。

丽阳元末龙窑遗址和以往发现的龙窑相比，具有短而宽的特点。尤其是窑膛、窑口、窑床上有着大量还装在匣钵中叠放整齐的初装瓷，说明这是一座突然被停止烧造的窑炉，或者说是非正常停烧的窑炉。专家们亲切地把这种初装瓷称之为一锅"夹生饭"。专家们认为，这锅"夹生饭"不但具有很强的代表性，而且可以反映出当时烧造工艺和品种特色，具有较高的研究价值。

丽阳古瓷窑的考古发掘的重要的考古价值在于：一是在揭示具体的瓷窑场的生产品种从青白瓷向青花瓷过渡，何时使用国产钴料烧造青花瓷器等方面具有特殊的意义，对揭示元末至明代中期景德镇地区乃至全国瓷业生产的兴衰具有极其重要的作用。二是丽阳明代葫芦窑炉，上承景德镇明初珠山官窑，下接景德镇湖田明代中期葫芦窑的发展脉络，填补了景德镇葫芦窑炉的演变序列的空白，印证了《天工开物》对葫芦窑制的记载。三是论证了丽阳古镇在宋元时期是景德镇市地区周边相对集中的瓷器生产地。四是表明已发掘的丽阳古窑突然停止烧造的原因，即与当时丽阳镇元末明初的一场战火有着密切的关系。根据《饶州府志》等文献记载，元朝末年朱元璋的大将于光曾在丽阳修筑军事城堡。经调查和发掘，证实丽阳古瓷窑就坐落在城墙之内。这两座非自然停烧且未开启的窑炉，成为反映研究该地区元末明初历史事件的重要材料。

元代龙窑遗址

《饶州府志》

丽阳窑址的兴衰见证了宋元时期丽阳古镇的繁华与衰落。丽阳镇是一个天然的水运码头，是远通安徽、浙江，近达鄱阳、乐平的水上通衢，也是方圆数十里的商品集散地，是旧时祁门的木材、浮梁的茶叶、景德镇的瓷器外销的必经之地。唐宋以来，丽阳人在昌江西岸建窑烧造瓷器后，人口逐渐稠密，加之水上交通便利，各业相继兴起，最终发展成为繁华的集镇。

丽阳镇以彭氏、黎氏、史氏为主的宗族兴旺一时，人才辈出，其中北宋状元彭汝砺，重庆知府彭大雅，宋代诗人黎廷瑞，明代理学家余祐、史桂芳等历史名人辈出，因而丽阳一度成为饶州名镇。当地的诗人黎廷瑞就说过："宋三百年，鄱郡方千里，而王侯之风独见于吾乡。"

黎氏宗祠

丽阳古镇地处昌江之滨，地理位置十分优越，历来为兵家必争之地，是"南北军旅往来之衢"。而元末明初的连年战火使这个千年古镇最终衰败。据《鄱阳县志》等史料记载，明初大将于光在丽阳建城驻守，丽阳镇成为朱元璋挺进鄱阳湖的一个重要据点。此后，于光又把丽阳城墙的砖石运到浮梁，修筑浮梁城墙。所以，我们现在在丽阳古城遗址难以见到筑城用的砖石，原因就在这里。

见证了古镇繁荣的丽阳窑址，也在经历元末明初这一场战火的洗礼后，被厚厚黄土覆盖了昔日不息的窑火。

如今，丽阳窑址的发掘与保护，再现了丽阳古镇陶瓷生产的辉煌历史，还原了古镇昔日的风采。

官庄古瓷窑址

官庄古窑址位于昌江区吕蒙乡官庄村官庄老村内。在整个村庄的新老建筑围墙、墙基等中可以看见窑砖、瓷瓦、瓷片等瓷窑业遗存，其中以明初大瓦为多。瓦有沟瓦、筒瓦，釉色有绿釉、褐釉、白釉、黄釉等；瓷器主要是碗、杯类，有白釉碗、青釉碗、青釉刻花碗、青花花卉纹碗、青花雨点纹碗等。据村里老人所说，村民围墙瓦是从村东面的孙家垅运来的，过去村里还保留有史家祠堂及多处窑业堆积，在20世纪70年代建黎明制药厂时被毁。在该窑址所处的村子内还有两棵较大的古樟树。

官庄古窑瓷瓦、瓷片等瓷窑业遗存

村民从村东面的孙家垅运来陶瓷碎片，垒砌成围墙

据当地保存的《史氏宗谱》记载，史姓自五代从安徽歙县来浮梁避乱，至宋代始定居此地。其始祖史邈，字守易，宋熙宁庚戌年（1070年）进士，任兵部郎中，退居于此。后来，村庄不断扩大，有陈家街、牌头弄等街巷。昌江从村子东南面缓缓流过。

西河口古瓷窑址

西河口古瓷窑遗址，位于景德镇市昌江区西郊街道西河南岸人民公园内，西起西河桥头，东至人民公园五凤阁，隶属城建局园林管理处。

遗址共有五个堆积包，东西长170米，南北最宽处148米，最窄处46米，共约10800平方米。遗址全都遭到不同程度破坏，其2号堆积包破坏严重，遗址上盖有"水族馆"、水塔等建筑物。4号堆积包与5号堆积包之间，铺设了一条阶梯小道，5号堆积包上也有数幢建筑物，"五凤阁"就建在其上。1、3、4号堆积包保存较为完整，其堆积相当丰厚，可见的遗物有漏斗式匣钵、瓷质垫饼，瓷片以青花为主，偶见青白釉器。青花的发色蓝艳、深暗不一，瓷质也有精粗之分。器型可见卧足碗、小杯、盖碗、折沿碗、渣胎碗等。纹饰有梵文（变体）、梅纹、莲瓣、如意纹、龟背锦开光、缠枝花卉纹等。烧造时代为清代前期。

浮 梁 县

兰田古瓷窑址

兰田村位于浮梁县湘湖镇，距景德镇市约10千米。明初由安徽祁门李氏迁建于此，明末李家村经济繁荣，往来商船常停泊于此。今村西紧邻江西景光电子有限公司，城镇与乡村仅一墙之隔，市民与村民同处，城镇化程度高，经济活跃，交通便利。据史书记载和考古调查，湘湖镇南河流域一带，是景德镇早期重要的瓷业中心。这里自古经济繁盛，人文环境优越。地处南河边，山势平缓，田畴肥沃，柴薪充裕，又有南河连通昌江，水、陆交通便利，具有得天独厚的窑业生产条件。历年来考古研究发现，这里分布有30余处晚唐、五代至北宋时期的瓷业遗址。

兰田龙窑保护房外景

兰田龙窑内景

2012 年 10 月底，经国家文物局批准，北京大学考古文博学院、景德镇陶瓷考古研究所和江西省文物考古研究所组成了联合考古队，景德镇民窑博物馆、浮梁县博物馆、景德镇陶瓷学院参与，对景德镇浮梁县兰田古窑址进行主动考古发掘。发掘工作以兰田（万窑坞）窑址为主，同时对附近柏树下窑址进行了小规模试掘，对大金坞窑址进行了考古调查，共清理各类遗迹 12 处，包括窑炉 2 座、灰坑 7 个、墓葬 1 座、沟 2 条，出土了数以吨计的各时期的瓷器和窑具，湮没在土层中一千多年的瓷窑遗址及其窑业遗存逐渐展示在世人面前。

兰田龙窑所在地万窑坞村

兰田古瓷窑为龙窑（又称兰田龙窑），平面呈长条形，方向北偏西 36°。窑炉总长 28.7 米，宽（内部最宽处）1.9 米，残高 0.1~0.7 米，分窑门、火膛、窑床、窑前工作面四部分组成。窑门位于火膛的南侧。平面为半圆形，长 1.3 米，宽 1.46 米，残存深度 0.7 米。火膛的前端为窑门，窑门口呈"八"字形，与外面的工作面相连，门宽 0.7 米。门外为窑前工作面，是一个不规则椭圆形的坑，长 2.7，宽 2.6 米，深度 0.6 米。窑床位于火膛的北部，平面呈长方形。北侧窑尾破坏少许，南北残长 25.75 米，宽 1.7~1.9 米。两侧窑壁残存高度 0.1~0.45 厘米。底部北高南低，呈斜坡状，窑炉的坡度可分为上、中、下三段，下端的坡度为 23.5°，中段为 22°，上段为 19°。窑床建造是先在生土上挖槽，然后两壁用平砖顺砌，部分地方直接利用基槽的生土壁。

窑炉前部由于经过高温烧烤，内壁形成了一层厚度为 6~12 厘米的青灰色烧土层，外部为10~20厘米厚的红烧土层,两壁有用砖砌修补的痕迹,表明此窑使用年限较长。窑床的底部铺放了一层厚度为5~15厘米的粗砂层,使垫柱等窑具得以平放。在窑壁的中后部发现两处可能是窑门的迹象,宽度约0.6米。在窑床前部完整地保存了支垫器物的窑柱,器物柱分布十分密集,可以推断该窑从停烧到倒坍废弃相隔时间不长,窑内生产现场没有被破坏,这对了解当时的装窑量提供了不可多得的重要资料。

通过考察发掘,出土了丰富的晚唐、五代时期的遗物,瓷器主要有3类,即青绿釉瓷器、青灰釉瓷器和白釉、青白釉瓷器。出土器物的种类丰富,除了常见的碗、盘、执壶、罐等器物外,还发现了一些十分罕见的器物,有些在景德镇古代窑址中首次发现,如腰鼓、茶槽子、茶碾子、瓷权、瓷网坠等,还出土了丰富的、不同种类的窑具,其中带有"周""生""申""生""大""元""和""中"款及其他文字款的数达百件。

兰田村万窑坞遗址考古清理出有效文化层3层,柏树下遗址清理出有效文化层5层,在所有文化层都同时出土青绿釉瓷器、青灰釉瓷器和白釉、青白釉瓷器,按照器物的精粗程度采用不同的装烧方法。表明这种同出的器物不是偶然的现象,而是当时同时烧制这三类器物。以往学界认为这三种器物有发展的先后承继关系,但这次发掘证明其是同时生产,并延续了较长时间,白瓷的出现可以提早至晚唐时期。这一发现将景德镇制瓷业的起始时间前推百余年,并改写"南青北白"历史:景德镇除了是青瓷制作中心外,也是当时精细白瓷的江南制瓷中心,对于探讨南方地区白瓷的起源具有重大意义。

清道光版《浮梁县志》载:新平冶陶,始于汉世。新平镇是景德镇最早的名称,从汉代(前206—220年)开始制造陶瓷。学术界一直认为景德镇这一时期烧造的大抵属于早期瓷器,粗糙厚实,瓷质不纯。《景德镇陶录》(清·蓝浦)也描述这个时期的瓷器"器质其粗,体其厚,釉色淡黄而糙,或微黑。碗中心及底足皆无釉,盖其入窑时,必数碗叠装一匣烧故也。"直到唐武德年间,新平镇瓷器才名扬于世。清道光版《浮梁县志》载:唐武德二年(619年),镇民陶玉者载瓷入关中,称假玉器,且贡于朝,于是昌南镇瓷名名天下。霍仲初,新平东山里人,"其所造瓷器,甚美,色亦素,土腻,质薄佳者莹缜如玉",时称"霍窑"。唐武德四年(621年),诏新平民霍仲初、陶玉制瓷进御。

与乐平南窑、昌江丽阳龙窑的考古发现不同,兰田古瓷窑是在景德镇早期制瓷核心窑场区,而且兰田窑遗存丰富,是制瓷业较为成熟、鼎盛时期的产物,证明了景德镇的瓷业从唐代就是以生产青白瓷和白瓷为主,印证了唐代大文豪柳宗元为元和八年(813年)饶州元崔进奉瓷器所做《进瓷器状》的记载。兰田古瓷窑成为景德镇地区发现最早的、保存最好的窑炉遗址,填补了景德镇窑炉发展最早形态的空白。

白虎湾古瓷窑址

　　白虎湾村（又称石虎湾）位于景德镇市东郊的景（景德镇）婺（婺源）公路边，在黄泥头村与湘湖村之间，隶属浮梁县湘湖镇。明末，符氏从南丰迁此建村，因村处于白虎形小溪湾部而得名。这地处景德镇昌江支流南河的下游，瓷土、松柴资源丰富，水运条件便利，拥有良好瓷业生产要素，是景德镇唐宋时期的主要瓷器生产地，留下了许多瓷窑遗址和窑业堆积。

　　白虎湾村的西北方向1千米处，地势平坦开阔，在一片水田中间有几个十亩大小的水塘，现在用来养鱼。据村里老人说，这是过去采挖瓷土留下的坑，很深。在水塘的东南部，离白虎湾村600米的小山坡上，发现有100多座集中埋葬的古墓，墓葬简陋，但也不是同一时间集中埋葬。曾经被盗挖过，发现里面一般只有几件民窑青花日用瓷器，价值不大。但村里人肯定地说：这不是他们村的祖坟，他们的爷爷还看见过外地人来此祭奠、迁坟。查阅当地史志书籍，没有发现这里有重大兵事记载，可以推测这是外地瓷业工人的墓地。在墓地的北边200米，水塘的东南500米处，便是一个规模庞大的白虎湾古窑址群，因为20世纪70年代以来，这里是部队营区，所以没有被破坏。但近年部队迁走，古窑址最近有多处被盗挖，露出一片片古窑遗存的匣钵、瓷片，山坡上伤痕累累，满地疮痍。

　　白虎湾地区古窑址规模宏大，古代烧造瓷器曾盛极一时，相传唐宋时期这里有三十二窑。在渡槽、小麦坞老虎床、白虎湾、南门坞羊里坞口、匣钵墩等地发现窑业遗存13处，面积达3万平方米，为中国五代至宋代初期的陶瓷

白虎湾古瓷窑址出土的裂纹青釉瓷片

村民在窑业堆积上建新房

白虎湾窑业堆积远眺

生产基地。村南的公路边就是以南宋陶瓷残骸堆积物为主的遗址，共有三处，堆积总面积共约1万平方米，保存完好，受到国内外陶瓷专家的重视。

渡槽遗存在白虎湾村北约400米处，渡槽由东北向西南穿过堆积层。东南为稻田，遗物倚山坡堆积，东西约30米，南北50米。遗存高8米，可分为三层：上层为影青瓷；中层除白瓷外，尚有青瓷，两类瓷器形制相同；底层皆为青瓷。器型有盘、碗、洗等，因修建渡槽部分，遗存已被破坏。小麦坞老虎床遗存在白虎湾村北约500米，遗物由西向东倚山坡堆积，面积约300平方米。白虎湾1~6号遗存在村东南侧约400米一带，南临南河约250米。彼此相邻的堆积层有3处，分布面积达1.7万平方米。白虎岭遗存在村西侧，相距百米有两个较大的堆积层，面积分别为1600平方米和7500平方米，厚度一般为0.3~1米。南门坞羊里坞遗存在村东北约350米处，遗存由南向北倚山坡堆积，保存完好。东西约23米，南北约23米。匣钵墩遗存在村西侧，北与小麦坞口相望，堆积面积约1300平方米。

白虎湾窑址群未经考古发掘。从1986年进行调查采集的瓷片标本来看，青瓷比白瓷丰富，而影青瓷则比青瓷丰富。青瓷胎骨一般较厚，盘类一般稍薄，均呈灰色。釉层极薄，微带黄，釉面有极细的纹片。产品有碗、盘、洗等。碗、盘类形制与湖田窑五代青瓷碗、盘相似，但盘类稍有不同。盘底宽边，宽边上有支烧痕迹，盘心里亦有敲去支烧的遗存部分，底心有釉。白瓷片和青瓷片是夹杂叠压在一起，为同时烧造。白瓷胎土纯白，釉色白度好，影青瓷碗为大宗产品，装饰中极少见刻印花纹，仅见内壁有简单的篦纹。壶的形制和湖田窑宋代影青瓜棱壶造型相似。从白虎湾窑址群出土的窑具分析，青瓷和白瓷采用垫柱支钉叠烧法装烧，影青瓷采用匣钵与垫饼仰置装烧。青瓷和白瓷的特征与五代相似，影青瓷则与北宋的影青瓷相似。因此，该窑址始烧于唐代，盛烧于五代至北宋时期。

1982年，景德镇落马桥出土"唐代青瓷玉璧形圈足碗"。数年后，市昌河机械厂职工徐恒君在白虎湾购到当地农民盖香菇棚时挖出的一件青釉瓷碾，碾呈船形，中间碾槽为月牙形，高6.8厘米，残长12厘米（全长约25厘米），宽6厘米。青釉似蟹壳青色，开细片，釉不及底。左边刻有行书"大和五年"（831年）铭文；右边一直线、一曲线相间成二组。尽管《浮梁县志》（清·道光）记有新平冶陶，始于汉世的记述，但这些实物资料佐证了景德镇瓷器烧造始于唐代。近年来，丽阳龙窑和兰田龙窑的发现，进一步证实了景德镇的瓷业始于唐代，而且一开始就是生产瓷器，而非陶器。

白虎湾瓷窑群规模宏大，烧造时间早，延续时间长，是景德镇唐宋时期主要窑业聚集地之一。《景德镇陶录》（清·蓝浦）载：（景德镇）水土宜陶。白虎湾窑业的兴盛，是制瓷原料、燃料等资源就近可取，交通运输方便等生产条件优越的结果。其烧造历史比白虎湾村附近的历史更久远，大量外地窑工长眠窑场附近，说明这些窑工来自很远的地方，也印证了沈嘉征《民窑行》（乾隆《浮梁县志》载）诗中"景德产佳瓷，产瓷不产手，工匠四方来，器成天下走"描写各地瓷业工匠聚集景德镇的盛景。

千年轮回。21世纪初，景德镇吸引了世界各地的艺术家来此学习、交流、研究、创作，形成人数逾万的外来聚居群落，这一社会现象被学界称为"景漂"。但和当年的"工匠四方来"不同，那时的工匠聚集景德镇是因为中原战乱，景德镇安宁且"水土宜陶"，那种专业人口迁徙反映的是经济现象；现在的"景漂"更多是因艺术交流而聚，反映的是文化现象。景德镇是一线艺术家施展才华的天堂，也是草根一族实现创业梦想的土地。在历史的视野下，已经获得"世界手工艺与民间艺术之都"身份的景德镇，为云集于此的海内外景漂一族提供了一个激发灵感与实现梦想的空间。

进坑古瓷窑址

进坑位于浮梁县湘湖镇西南面，景（景德镇）涌（涌山）公路东侧。清澈的小溪绕村而过，古人称溪为坑，故名进坑。这里群山环抱，田畴平坦，阡陌交通，鸡犬相闻，村落依山而建，仿佛世外桃源。千百年来，村民过着平静的农耕生活，尽管这里距景德镇市中心10千米，当地村里的老人也说，这里生产过瓷器，有很多窑，但不知道这里曾经是景德镇优良的瓷土产地，是景德镇南河流域重要的瓷窑聚集地。

进坑瓷石矿脉上的现代瓷石

南宋蒋祈在《陶记》中载："进坑石泥，制之精巧，湖坑、岭背、界田所产已为次矣。"进坑在什么地方？一直没有人去考证。2014年6月12日，景德镇陶瓷学院教授、古陶瓷学者黄清华和黄薇夫妇，偶然获知景德镇有个叫"进坑"的地方，和《陶记》中的进坑同名。带着疑惑，他们找到浮梁县湘湖镇进坑村，原以为是条山沟，没想到是一个环山的小盆地，一个美丽的田园山村。更没有想到，进村就发现路旁清澈的小溪中，到处都是瓷片、匣钵残片。这些被村民们习以为常的窑业遗存物，被黄薇一眼就看出产自宋代，预示着这里曾经有过规模宏大的瓷业生产历史。

进坑龙窑遗址

经过4个月的考察，在村民的帮助下，他们在进坑村百业坞找到瓷石矿洞，根据洞口构造和散落瓷石，经相关单位和学者对矿址进行考察鉴定，认为是目前景德镇发现的唯一一个五代瓷石矿洞遗址，是世界上已知最早、最为完整的原生态矿洞。在矿洞周围500米范围内还发现有宋元窑址20余处，主要有百业坞五代矿石洞遗址，五代、北宋窑址，油炸坞窑址，国山下龙窑遗址，仓坞龙窑遗址，双河口窑址等。仓坞龙窑遗址上可以看到排烟孔、窑壁，但它的形态与现在大家熟知的龙窑并不完全一致，它虽然依山而建，但显得更为短小。窑业堆积上的瓷片为青白瓷，达到了景德镇北宋中后期的制瓷水平。

进坑五代时期瓷石矿洞遗址

进坑瓷土加工淘洗坑遗址

双河口古窑址面积约有3000平方米，遗存器物丰富，胎质细腻，釉色透明，纹样以半刀泥牡丹、卷草、海水纹最具特色，采用一器一匣仰置装烧方法，主要有壶、碗、盘、盏等，壶类较精致，尤其瓜棱壶最佳。经考察判断该窑址年代为北宋时期，为研究宋代以前景德镇以原料产地建窑生产的瓷业布局及产品特征提供了丰富的实物资料。在进坑坞上游2千米的山涧旁发现有一处规模较大的古水碓遗址，大小不同的瓷土淘洗坑保存完整。据调查进坑有十六座水碓遗址，并且都保存完好。连接水碓的山道岩石上留有独轮车碾出的凹槽，说明当时有很大的运输量。在古矿山的另一面，一座现代瓷石矿正在开采，说明进坑的瓷石蕴藏丰富。

进坑出土的各朝代瓷片

在考古调查中，一位81岁的老人说："古代的时候这里到处是窑。听老一辈人说我们村有一种泥土，烧制的瓷器相当不错。因为当时村里山头多，木材多，有水道，泥土也好，所以人气很旺。""听老人们讲，进坑村原来姓汪的大家族有3000多人，姓何的也约有800人。"73岁的胡松泉老人接过话头,指着远处一个地方说:"那里有处叫油榨坞的地方,据说因为当时居住在这里的人多,所以建了地方为大家供应粮食。除了油榨坞,这里还有个专门储存粮食的'小粮仓',还建有其他一些副业场所,都是为来此开窑的人做服务的。"可想而知,当时进坑村是个多么繁华的地方。

《景德镇陶录》(清·蓝浦)载:(景德镇)水土宜陶,陈以来土人多业此。进坑便是一个典型的水土宜陶之地,拥有完整的瓷土开采、加工,瓷器制作、烧造的生产体系。1972—1977年,景德镇湖田瓷窑遗址考古发掘中,发现在宋代窑业遗存中刻有"进坑""下项泥""郑家泥"的影青碗残片,景德镇陶瓷研究所对"进坑"等瓷片进行测试,其化学成分与进坑瓷石相近,证明进坑瓷土还供应景德镇的大型窑场。在古代,烧制瓷器的松柴用量很大,古瓷窑都建在山脚下,一个山头的松树砍光了就换一个山坞建窑,所以都是"窑跟着柴走",有柴的地方就有窑。进坑广阔的山场为大规模、长时间的瓷器烧造提供了燃料基础。进坑瓷石矿洞及窑址的发现,填补和完善了景德镇五代以来制瓷业体系,对于景德镇申报世界历史文化遗产具有重要意义。

2014年10月22日,景德镇国际陶瓷博览会期间,在景德镇陶瓷学院国际学术报告厅召开为期三天的蒋祈《陶记》暨景德镇宋元窑业国际学术研讨会,进坑村被列为分会场。来自英国维多利亚阿尔伯特博物馆前东方部主任、英国东方陶瓷学会前会长柯玫瑰,香港中文大学文物馆馆长林业强,北京大学考古文博学院教授徐天进等国内外50余家博物馆、考古研究所100余位专家学者到进坑古矿洞、古窑址进行实地考察,在进坑村古瓷片标本展示厅进行参观,开展学术交流。进坑随之名扬世界,引起陶瓷历史文化研究人士的关注。

湘湖街古瓷窑址

浮梁县湘湖镇地处瓷都景德镇的东大门,境内山川秀美,土地肥沃,盛产水稻,素有"米粮川"之称。地下蕴藏大量的无烟煤、石灰石、瓷釉石等矿产资源。境内为丘陵地带,东北山势较高,海拔多在300~500米之间,最高峰铜钱尖海拔746米。南北分别为历水、南河谷地,村落多散布在两河中、下游。全镇森林覆盖率达71%,拥有多处风景点,是市民观光、休闲、度假的好去处。

镇政府所在地湘湖村又称湘湖街。"唐中期,宁氏从安徽青阳迁徙于此并建居,因地域开阔,四面环山,山水四溢,荡为一壑,汇集两河(历降水、小南河),古木参天,绿树成荫,河水清澈,素有湘山湖水之美。北宋时期,因制瓷业发达,成为景婺交通要道上的重要商贸街市,是浮梁县四大古街之一,称湘湖街。"湘湖街临南河,有上、中、下三座码头,古代的瓷器、瓷土、烧瓷松柴、粮食等货物在这里装船水运。人流、物流带动了湘湖街的繁荣,一条麻条石板铺就的街面,长两华里,两头街口建有石牌楼，街中段有 7 座进士牌坊，木质牌坊已销蚀在岁月的风雨中，石头牌坊也已经成断壁残垣。街两边都是老店铺，虽然现在改建了不少，剩下的也没有几家做生意，但一家家闭着门板的店铺保留着原始风格，凝固了曾经的繁华。

湘湖街古窑遗存   凤凰嘴古瓷土矿遗址

湘湖一带有丰富的瓷土资源，是景德镇早期的瓷器产地。晚唐至宋代南河两岸瓷窑、水碓众多，产业规模宏大，在湘湖街周边留下了许多窑业遗址，遗存有大量的窑具、瓷片，集中分布在内傍坞、窑前山、桥头、栏窑山、牛栏头 5 处。

内傍坞在村北 300 米处，遗存 3 处，堆积面约 2500 平方米。遗物由东向西或由南向北倚山坡堆积，瓷片为五代灰胎青釉碗、白胎白釉影青瓷碗、盘残器；窑前山在村北约 450 米处，遗物由东向西依山坡堆积，东西长 50 米，南北长 35 米，山坡下古瓷片甚多，瓷片主要是五代灰胎青釉和白胎白釉瓷残器；桥头在村东南侧，遗存东西长约 50 米，南北长约 45 米，堆积厚度 0.5~0.7 米；栏窑山在村南，遗存面积约 400 平方米，出土瓷片有釉色均匀洁净，胎骨细腻洁白，称为"粉定"器的残器，均为宋代遗物；牛栏头在村东侧，遗存南距南河 100 米，面积达 1300 平方米。

湘湖街窑址群中出土的器物主要有：五代灰胎青釉大圈足碗与白胎白釉大圈足碗，碗底心均有支烧痕迹；青瓷胎质细腻，釉色光泽明亮；白瓷胎骨洁白纯细，釉白纯正；北宋影青高圈足碗，胎骨细密坚致，釉色白中泛青，润泽透明，纹饰为划花牡丹；北宋影青花口折腰盘，无纹饰。

文物部门在考古调查中尚未发现窑炉遗存，从出土窑具和器物分析，其装烧形式五代为支钉装烧，宋代为一器一匣仰烧和支圈履烧。从宋代遗存的堆积状况判断，可能系长形阶梯龙窑烧制瓷器。

湘湖街瓷窑兴烧于五代，终烧于南宋，集中反映了景德镇五代、北宋、南宋 3 个时期制瓷技术与烧造过程，是一个规模较大的窑场。清·蓝浦《景德镇陶录》载："镇东南 20 里外有湘湖市，宋时亦陶土塌埴，其体亦薄，有米色粉青二色。蒋记云，器雅而泽，在当时不足珍，然唐公陶成纪事则曰：厂仿米色、粉青宋釉两种，得于湘湖故窑款色，盖其地，村市尚寥落有存，窑址自明已圮。"该窑址与文献记载基本一致，说明它对景德镇明、清时期制瓷技术产生一定影响。

在湘湖街的上游灵安村有凤凰嘴、粘坡两处瓷土矿遗址。该矿址是现在的浮南瓷土矿脉西南沿线的一个重要的古代矿址。开采于北宋中期，明清时期达到极盛。现留存有十余处古代开矿遗迹。

南河两侧水碓、窑炉都湮没在草莽树丛里，或荡平在农田建设中。湘湖窑址群的内傍坞遗存已被破坏，窑前山、桥头、牛栏头、栏窑山遗存亦有不同程度的破坏。湘湖老街清静了，两边古老的店面慢慢被新的楼房取代，繁盛的制瓷历史已经随着岁月的流逝而渐渐淡去，把荣耀交给了500米外并行的湘湖新街，交给了10千米外昌江边崛起的景德镇。

今天的湘湖镇，据守在瓷都景德镇的东大门，享有省道、高速公路、铁路的便捷交通，已发展成为景德镇地区的工业重镇、粮食大镇、经济强镇。在这片古代瓷业圣地上，中国陶瓷的最高学府——景德镇陶瓷学院在此拔地而起，皇窑厂等现代陶瓷企业也在此落户，瓷业在新的起点上继续书写着湘湖的繁荣与辉煌。

塘下古瓷窑址

塘下村位于景德镇市东郊，隶属浮梁县湘湖镇，东侧和南侧邻近南河，北侧毗邻景婺公路。北宋时期，这里是景德镇著名的瓷窑聚集区，已经发掘的古瓷窑有金家塘、程家塘、余家塘等处。后因窑户迁走而成为废墟。宋末，余氏从建昌迁此建村，在余氏建村之前，这里瓷业兴隆，窑炉棋布。因烧瓷需要大量的匣钵，此地有制匣钵的优质黏土，由于大量取土制钵，竟挖出了金家塘、程家塘、锅底塘3个巨大的水塘，面积有5000平方米，村子因地处水塘下方而名塘下。

塘下匣钵土矿坑遗址远眺

塘下村有景德镇宋代重要的窑址群，留存有窑业堆积数十个，现保存较好的有5处，分别在坞上、塘下、王同岭、吴家坞、谢家坞等地，分布面积达65万平方米。

坞上遗存在塘下村北侧约250米处，遗物堆积东西长约10米，南北长约10米，厚度约0.3米。遗物堆积只有一层。产品为碗、盘两种，皆为灰胎青釉瓷，装烧形式采用的是支钉叠烧法，从每件产品的圈足和留在垫上的几个高岭土质的支钉来看，属五代遗存。

塘下村内遗址东西长约90米，南北长约650米，堆积上层为覆烧青瓷碗，下层为影青瓷。产品有圈足唇口大碗、假圈足内壁篦纹碗、平足大碗、大圈足敛口盘、双系壶等，胎质洁白细腻，釉色淡青或青绿。青釉瓷仅发现碗类，皆芒口，平足或实足，有的内壁刻有花卉，外壁有剔地凸起的竹叶状纹，碗口沿呈火石红。从装烧形式和器物特征来看，影青瓷为宋早中期的产品，青釉瓷为宋后期至元初的产品。青釉瓷叠压在影青瓷之上。

塘下窑业堆积　　　　　　　　　　　　塘下卵白瓷片

王同岭遗存在塘下村北约100米处，东西长约33米，南北长约30米，瓷片有高圈足唇合大碗、大足碗、大足折腰花口盘，均为影青釉，白胎，釉面有细冰裂纹，无装饰纹样，装烧形式为单烧，应属北宋遗存。

吴家坞遗存在塘下村北约150米处，南北长约50米，东西长约30米，通高14米。瓷片为白胎影青瓷，产品为碗类，有圈足大小碗、大足唇口碗等。窑具有匣钵、环形或饼状垫饼，当为北宋遗存。

谢家坞遗存在塘下村北约200米，南距公路180米。遗物由南向北倚山堆积，大部分堆积浸入水塘。东西长约60米，南北长约55米，通高达4米。瓷片有支钉装烧青瓷与白瓷圈足唇口大碗、影青釉圈足瓜棱花口大碗。从装烧形式和器物特征来看，其为五代至北宋遗存。

因为20世纪70年代以来，这里紧邻部队营区，所以没有被破坏。但近年部队迁走，古窑址最近有多处被盗挖，露出一片片古窑遗存的匣钵、瓷片，山坡上伤痕累累，满地疮痍。

综上所述，塘下宋代瓷窑兴烧于五代，终烧于宋末元初。瓷窑属于当时普遍使用的龙窑，根据遗址中少量青花瓷片分析，在元代以后这里可能有小规模的烧造。

在水塘的东南部茂密的灌木丛里，有100多座集中埋葬的古墓，墓葬简陋，但也不是同一时间集中埋葬。曾经被盗挖过，发现里面一般只有几件民窑青花日用瓷器，价值不大。

宋代，南河下游窑业兴盛，形成"村村陶埏、处处窑火"的景象。至明代，南河流域的窑业逐渐衰落，昌江东岸的景德镇瓷业得高岭土之利而迅速崛起，窑户也随迁景德镇，留下规模巨大的窑业废墟。明末，余氏才从建昌迁此建村，成为当地从事农耕的原住民，他们并不从事瓷业。工匠八方来，匠随窑业走，或许就是一千多年前中国工业人口迁徙的原始样本。

盈田古瓷窑址

南河，是景德镇母亲河昌江的支流，在景德镇老城区西南汇入昌江。南河发源于著名枫叶拍摄地婺源县的石城村，流经文化古村长溪，在大山中几经曲折蜿蜒，进入浮梁县前程村、北安村。清澈的河水滋润着两岸十几个村庄，孕育了景德镇的瓷业文明。

在南河下游的两岸，聚集了景德镇最早的瓷器烧造窑场群。河水既是陶瓷原料加工的动力，也是陶瓷原料、燃料、产品运输的载体。唐代，景德镇还是昌江边一个小渔村时，这一带已经开始了瓷器烧造，南河两岸留下了许多瓷窑遗址、窑业堆积，盈田村瓷窑遗址就是其中之一。

建在盈田古窑遗址上的村庄

建在窑业遗址上的盈田村

盈田村隶属浮梁县湘湖镇，位于南河南侧的河洲上，离景德镇市东10千米。明初，徐氏从乐平迁此建村，相传此地有回龙望祖之形，人丁兴旺，其意"赢"，谐音称盈田。盈田周围有14处窑业遗存，分布在盈田村及附近的山脚下和花儿滩3个自然村。

盈田村有2处窑业遗存，大山坞口遗存堆积在村南约750米，东西长约125米，南北长约25米，瓷片均为白胎影青瓷；蛇家坞口遗存在村东南350米，堆积面积10400平方米。两处遗存中出土的瓷片均为白胎影青瓷，产品主要是碗类，器型特征为圈足或假圈足，撇口或唇口，弧壁，有的内壁有简单的篦纹。胎质均细腻洁白，釉层薄而透明，多闪黄或泛白。

山脚下村在盈田村南约1千米，村内的窑业遗存2处，堆积面积分别为2000平方米和700平方米，为白胎影青瓷，产品为碗、壶两类，壶有双系或瓜棱式；村南侧口坑坞遗存，面积约700平方米，有高圈足大碗，但壶类为多；村西南凤凰山有遗存3处，堆积面积分别为800平方米、3700平方米和1万平方米，均保存较为完好。

盈田窑业堆积中挖出的瓜棱壶瓷

花儿滩村在盈田村西南约500米，附近窑业遗存有8处，分别在倒须坞、狮子山、凤凰山和村内，总面积达600平方米。村内南侧的一处遗存较大，堆积的瓷片有青瓷、白瓷和影青瓷，其他遗存中均是清一色的影青瓷。从采集的器物残片来看，青瓷和白瓷的器物为碗、盘，两种瓷的器物造型一致，属同时期的产品。青瓷胎体浑厚，质地粗糙。

白瓷胎体略薄，胎质纯白细腻，釉面光洁纯白。影青瓷的产品为碗、盘、壶等，其中以壶较精细，尤以瓜棱式壶最佳，胎质细腻，釉色青白透明，器身较之其他窑址中的稍细巧秀丽。

盈田古瓷窑遗址影青瓷的胎釉质地基本相似，器物造型除大小各异外亦无较大差异，可以确认为同一时期的产品。考察该窑址的装烧工艺可知，窑的形制为长形龙窑，青瓷和白瓷均采用支钉迭烧法装烧，影青瓷均采用一器一匣仰置仰烧法装烧，这与景德镇各窑址中五代和北宋的装烧形式一致。据考证推断，该窑址最早兴烧于五代，大规模烧造在北宋时期。该窑址未发现优质的影青瓷，产品较湖田窑影青瓷逊色，该窑场在北宋后期逐渐衰落直至终烧。

南泊古瓷窑址

景德镇东河自瑶里大山中蜿蜒而出，在进入鹅湖盆地前，稍稍放慢脚步，在两岸留下一片缓坡滩地，山清水秀，两岸稻香，自古都是富饶之地。南泊的村庄、田畴都坐落在这片滩地上。

南泊村离景德镇市50千米，西南与高岭矿区相距6千米，东北毗邻瑶里村，自古由浮梁县鹅湖镇辖，2003年调整行政区划改属瑶里镇。让南泊引以为豪的是她悠久的制瓷历史，这里开采和使用比高岭土更早的制瓷原料——"麻仓土"。就近能够取用的瓷土、充足的燃料和方便的水上运输，为南泊古代的瓷业生产提供了便利，在南泊村周边发现有多处古瓷窑堆积。和瑶里村、绕南村一样，这里也是宋代景德镇东河流域重要瓷业窑场。

南泊村已发现的古瓷窑遗存有4处：一是村东约200米处仙水庙，由北向南倚山坡堆积，东西长约30米，南北长约50米。有灰白胎青花、白瓷碗残片。从残瓷复原后看出，器型为圈足撇口碗、弧壁直口碗，胎质略粗，釉色微闪黄。青花纹饰有云气、菊花、草株等。二是村东北约600米处莲花山，面积约1200平方米。有青花圈足撇口碗、青花高足杯、白瓷圈足折腰盘、白瓷圈足直口小碗等残器。纹饰多在器外壁绘一简单云气、蝴蝶、缠枝莲、蕉叶纹等，亦有在器底心书草体"福""寿"字样。三是村东侧匣钵墩，堆积面积约900平方米，大部分被开垦成田地。有青花和白瓷碗、盘等残器，其器型与仙水庙遗存相似。四是村东北约1千米处马家棚，长约20米，纵深约20米，器型和质地与附近遗存中的出土器物相似。

东埠古码头

瓷土淘洗池遗址

舂碎瓷土的水轮

南泊村几个瓷窑遗址都属龙窑，均临河边，方便运输。遗存中出土器物特征和质地基本相近，可以确认烧造于同一时期。将东河流域之瑶里、绕南等窑址的装烧工艺和器物与之比较，南泊窑的烧造年代同它们的晚期相似，装烧工艺只有涩圈叠烧一种形式，烧造年代在明代中叶这一时期，因瓷土开采枯竭后停烧。该窑没有使用二元配方工艺制瓷，故产品较为粗糙，是明代生产民间日用粗瓷规模较大的窑场之一。

在村子的西北处1千米的山坳里，林密涧幽，水流潺潺，出产可用于制瓷的白色黏土，古代称"麻仓土"，因其烧制的瓷器质量上乘，被官府定为"官土"，村民不可擅自取用。元代孔齐《至正直记》卷二载：饶州御土其色如白粉垩，每岁差官监制器皿以贡，谓之御土窑。烧罢即封，土不敢私也。在山涧深处有多个明代瓷土淘洗池。淘洗池选址非常科学，既可以将旁边山沟里的溪水引入池中淘洗瓷土，又能避开山洪的冲击。青石板砌成的池子历经千年风雨，布满了青苔，却依然保存完好，当年池边的小苗已经长成合抱粗的大树，似乎在证明池子的历史。

王宗沐（明嘉靖二十三年进士，刑部主事）主修的《江西省大志》卷七《陶书·砂土》条谓："陶土出新正都麻仓山，曰千户坑、龙坑坞、高路坡、低路坡、为官土。"清朱琰著《陶说》也有此记载。据考证，新正都的麻仓山为今浮梁县东埠村以东至瑶里一带（即南泊村周边），始采年代缺乏记载，但记述麻仓土的文献在明嘉靖间，要比高岭山、李黄、大洲三矿早。清乾隆七年（1742年）《浮梁县志·陶政》记载了明万历间同知张化美把麻仓矿洞称之为老坑，故知其开采年代必早于明，至万历时麻仓土资源渐近枯竭。《江西大志》载：旧用浮梁县麻仓等处白土，每百肋给价七分，淘净泥五十斤，曝得干土四十斤。又记"湖田石末"时，夹行小字批注谓："和官土造龙缸取其坚。"印证了麻仓土初步用于二元配方制瓷，可以减小瓷器烧制中的变形。明万历十一年（1583年）同知张化美见麻仓土膏已竭，掘挖其难，每百肋加银三分。万历中期以后文献中已不见麻仓土开采和使用的记载，取而代之的是高岭村的高岭土。

麻仓山口风光　　　　东埠码头规范运输秩序告示　　　东埠古街

高岭土的发现和制瓷二元配方的发明是世界瓷业发展的一个里程碑。1869年，德国著名地质学家李希霍芬到高岭考察，以高岭的字音造了英文单词 Kaolin 来称呼"高岭土"，高岭土逐渐成为世界制瓷黏土的通用名。学者费正清在《剑桥中国文明史》中写道："那些给欧洲人带来极大嫉妒和贪婪的瓷器，是960—1279年在景德镇生产的。宋代是中国古代瓷器生产的鼎盛时期，景德镇瓷器还通过东印度公司销往世界各地，蓝白相间的中国瓷器让欧洲人垂涎三尺。"但其生产技术是在中国使用了500年后，才被法国传教士昂特雷科莱（殷弘绪）于1712年传到欧洲，欧洲才生产出真正的瓷器。

麻仓山下游两千米处便是东埠古街，是浮梁四大古街之一，由古街、古桥、古码头等组成，是明清之际装运高岭土之地。街道两旁林立的店铺和青石板上独轮车辗出的凹痕，是古代东埠码头装运高岭土繁忙景象的真实记录。清乾隆四十五年（1780年）八月二十一日，浮梁县衙在此立碑规范水运秩序，告诫无论本地或外地的所有船户，装运高岭土必须听从商家的调遣，不得排挤其他船户，若有违令者，将披枷戴锁，罚站河边示众，可谓当时的反不正当竞争法。

高岭村《何氏宗谱》载：（召一公）初开高岭土，公开创高岭故业磁土者庙祀之。推算在宋绍兴十年（1140年）前后，但属民间开采。康熙版《浮梁县志》载：明万历三十二年（1904年），镇土牙戴良等赴内监，称高岭土为官业……"高岭土"一词首次出现，之后大量开采。此时，麻仓土已经枯竭。麻仓土是否就是高岭土，专家们依然在争论，学术上还没有一致研究结果。那些记载麻仓土、高岭土的古籍资料，吸引着世界各地陶瓷学者不断前往研究解读。

岁月悠悠，沧海桑田，南泊各处古瓷窑遗址、窑业遗存（物）都沉寂在茂密的草莽树丛中，来自泥土而又回归泥土，来回间已是千年沧桑，只有那些加工麻仓土的淘洗坑在人迹罕至的山涧里，默默述说着昨日的辉煌，昭示世人这里是瓷都景德镇的瓷业之源。

内瑶古瓷窑址

内瑶村位于窑里村东北约1千米，因在窑里村的上游，古称之，后更窑为瑶。西汉末年，汤、方、舒、张四姓聚居此地，数年后，詹氏由鄱阳迁入。宋代，窑兴村盛，清末窑迁村衰，随瑶里雅化改称内瑶。

徽饶古道经内瑶，过梅岭，上虎头岗，进入安徽休宁、屯溪，是古代徽州入赣的重要通道，全长百余千米，路面皆由麻石铺砌而成。它是旧时的"国道"，虎头岗是皖赣的省界，也是古吴国和古楚国的分水岭，饶州的瓷茶和徽州的砚墨经这里流向四海八方。踏着蜿蜒古朴的山道，观赏着苍劲古木，葱翠竹海，倾听着宁静之中的声声鸟鸣，便可领略"枯藤老树昏鸦，小桥流水人家，古道西风瘦马，夕阳西下，断肠人在天涯"的意境，别有一番情趣。

时光流淌在河水里，历史揉进了陶片中，山水陶源，古村老屋，处处弥漫着浓重的文化气息。早在五代时期，内瑶村窑业渐兴。到宋代，已经形成庞大规模，外来瓷工云集，成为景德镇早期重要的产瓷地。瑶河两岸人来人往，练泥晒坯，挑柴码垛，终日不息。到夜晚窑火熊熊，烟雾缭绕，映红了山间的夜色，窑工们添柴观火，通宵达旦。到明末，窑火渐歇，瑶河岸边的汪玉岭、舒家山、坳头、方家养山等处，留下了多处窑址。

内瑶村远眺　　　　　　　瑶河两岸到处是古窑遗址

屋前房后的瓷片　　　建在古窑遗址上的新房　　写有福、禄、寿的瓷片

汪玉岭窑业遗址在村西南200米处，北临瑶河，倚山坡堆积，面积约160平方米；舒家山遗址在村西侧，堆积面积约2600平方米；坳头在村西北侧，遗址由东向西倚山坡堆积，面积约120平方米；方家养山在村西靠近舒家山，遗址由东向西倚山坡堆积，长约26米，宽约22米，厚度约1米。四处堆积的遗物基本一致，属同一时期的窑业遗存。出土瓷片主要为青花碗、白瓷碗、盘。其胎质粗糙，釉色往往闪灰。胎釉呈肉红、瓦白等不雅色调，敲之作沙哑声，制品略显粗劣。产品造型有圈足撇口碗、圈足弧壁碗、圈足折腰盘和高足杯等。少数碗类绘有简单的青花纹饰，一般为云气与鱼纹，或碗心书一草体"六"字式样。

内瑶村古窑址仅发现涩圈叠烧法，装烧形式是以匣叠装6~8只器皿，同时用淘洗后的粗粒瓷矿渣混合稻谷壳灰作为器匣之间的支垫间隔物。从装烧形式和器物特征判断，其是明代中期烧造民间日用粗瓷的窑场。

元代，随着高岭土及二元配方制瓷技术的推广使用，景德镇瓷业迅速崛起，成为全国"窑业所聚"之地。瑶里的窑业在瓷土、运输、市场、技术、资金都不占优势，只剩下窑柴和瓷釉的便利而逐步萎缩，到明代中期最终停烧，瑶河两岸的窑业遗址渐渐淹没在草莽之中。内瑶村也窑火不再，窑工离去，村里也渐渐冷清下来。

宋代的内瑶村尽享交通之便，瓷器之利，村庄繁荣兴旺，清一色的徽派建筑，马头高翘，粉墙黛瓦，古色古香。进入21世纪，与徽饶古道同方向的省际公路，从村背后山坡上绕过，许多村民搬到公路两边建房，有的迁往瑶里镇政府所在地瑶里村，经营旅游业务。村里逐渐人去屋空，老屋拆走后宅基地上围成许多方块菜地，入眼的也是新建的楼房。年轻人大多外出务工，中老年人在田间劳作，重复着恬淡的农耕生活，只有在放学后，村里才多了孩子们嬉闹声。碧绿的群山、清澈的小溪、闲适的古树、淳朴的民风，无不显示出这方山水的灵秀古韵。内瑶古村已旧貌难寻。只有草莽中、菜地里随处可见匣钵、瓷片，诠释着村名中的窑字的含义。

清澈的瑶河悠悠流淌，河里瓷片不时反射出白光，雨后的山脚地头，常常露出宋瓷明砖。时光如水，轻轻荡去了曾经的喧嚣与繁华；大地无言，以瓷片为符号，留下历史印记。人类因使用火而告别蒙昧，又因融汇水土而创造了陶瓷艺术，瑶河两岸这片当年工业文明处在世界前列的地方，千年之后竟然恢复了青山绿水，回归了宁静安详。"村村陶埏，处处窑火"已是历史记忆。

绕南古瓷窑址

绕南村位于浮梁县瑶里镇东北3千米处，瑶河穿村而过，清澈见底，山上古木茂盛，翠竹摇曳。唐末，詹氏由内瑶村迁此建村，因村前小河绕南面大山而名。村庄依山傍水而建，错落有致，青石板铺就的古道连接着各家各户，文化休闲廊桥巧架于秀水之上。一棵棵古老的樟树如同巨伞，把徽派的民居遮掩得恰到好处，流动的溪水、洁净的河埠、浣洗其中的村妇，给人一种灵动的韵律，人与自然和谐相处着。

绕南古民居

绕南又称"瓷源仙境",是宋元时期景德镇重要的瓷器生产聚集地,村庄周边、瑶河两岸留下大量宋、元、明等时期的古窑遗址,以及大量的古矿洞、古水碓等瓷业遗迹。考古发掘的窑业堆积有3处:一是在村东北约400米东山㘭,面积约300平方米,出土产品种类有青花圈足撇口碗、白瓷折腰碗等。二是在村西南1千米窑岔㘭,遗物堆积面积150平方米,采集的瓷片有白瓷圈足撇口碗、圈足芒口碗(口沿外撇)、撇口折腰盘和碗心书青料"福"字圈足残器。装烧工艺为涩圈叠烧和支圈组合式复烧两种形式。明代,绕南为朱元璋建造皇宫烧制过琉璃瓦,开创了景德镇瓷业生产建筑用瓷的先河。三是最重要的一处瓷窑遗址,在村庄下游的栗树滩,堆积长约100米,纵深约40米,高11米,遗物较丰富,具有代表性的陶瓷生产断面特征。从遗存断面看,堆积下层是约2米厚的圈状复烧窑具及器物残片,窑具均分离为条状,一般为灰白、黄色。出土瓷片全是芒口碗残片,胎薄质佳,质地细腻,底足内旋平或有鸡心状凸起,釉质白中略带青灰透明,亦有闪黄者,绝大多数素白无饰,少量刻有简单

绕南村宋代制瓷原料加工作坊遗址

宋代绕南龙窑遗址

纹饰。在复烧层之上为一层0.4米厚度冲积黄土覆盖层,黄土之上为一层口径不一的素白透明釉涩圈叠烧折腰盘。在此之上为一层饰有球状云气纹或缠枝莲纹的青花深腹撇口碗,碗底心均有涩圈。此种碗有精粗两种,精者胎釉及料色均较佳,为酱釉口沿;粗者瓷质较粗,釉色闪灰,料色淡而带绿色,无酱釉口。该层之上至地表厚达数米,为涩圈叠烧浅腹圈足撇口碗、浅腹直口碗与桶式匣钵等残器遗物层。碗内或书有青料草体"福""寿"字样,碗底心或只画一法螺,产品胎质粗糙,料色不佳。据地层情况和器物特征与窑具分析,其底层的器物具有元代特征,窑具亦为景德镇宋后期至元中期窑址中所见,上层器物和窑具与瑶里窑址中相似。

龙窑在古代是一种较为先进的窑，沿山坡而建，成10°~20°斜角，最低一端的火膛为窑头，最高一端的为窑尾，前一段烧瓷的余热为后面的瓷坯预热，节约能源，生产效率高，是青瓷的摇篮。绕南栗树滩有八座宋元时期龙窑遗址，是瑶里境内已发现的烧造年代最长的瓷窑，烧制年代约在唐代中期至明代中晚期之间，对研究景德镇东河流域古代瓷业生产状况具有重要价值。

　　绕南也是重要的陶瓷原料加工基地。早在唐宋时期，这里加工瓷不（dǔn）和釉果供应景德镇，尤其是釉果质量上乘，民间流传有"高岭土、瑶里釉"的谚语。当年，加工瓷土、瓷釉的水碓在瑶河两岸数里相接，每当春夏季节，水流湍急，沿河两岸便车轮旋转，碓杆翻腾，响声隆隆，形成了"重重水碓夹江开，未雨殷传数里雷"的壮观场面。绕南村西栗树滩还保留一座宋代古水碓作坊，经历代不断修缮保存至今，是景德镇市现存不多古釉果作坊之一。作坊里面有四个长方形的池子，分别是陶洗坑、沉淀池、稠化池、和泥床。在这简陋的作坊里完成制作釉果的粉碎、淘洗、沉淀、稠化、踩泥、印不、阴干7道工序。

绕南宋代瓷土淘洗坑

绕南水碓

　　元代，随着高岭土推广应用于制瓷，浮梁县东河、南河流域的窑业逐步转移到景德镇。在明朝后期，绕南的瓷窑停烧，但水碓旋转依旧，继续为景德镇加工釉果，千年不歇。直到中华人民共和国成立后雷蒙机的出现，现代化的瓷石粉碎工艺，最终让水碓退出了历史舞台，栗树滩回归了远古的宁静。草木萋萋，默默遮盖了窑砖、瓷片、淘洗坑，呵护着那一段悠久辉煌历史。

　　绕南保存了多处宋、元、明等时期的古窑遗址，以及大量的古矿洞、古水碓等瓷业遗迹，集中反映了景德镇东河流域悠久灿烂的陶瓷文化，对研究景德镇古代瓷业生产状况具有重要价值。其中，栗树滩堆积物是世界上已发现的最具代表性的、具有陶瓷生产断面特征的遗址。近年来，栗树滩已经建成陶瓷历史文化主题公园，丰富的陶瓷文化体验活动让游客领略陶瓷文化悠久而迷人的魅力。修复起来的宋代水碓依然在加工釉果，只是缓缓转动水轮显得是那样的孤单。那曾经路上挑夫如织、坯坊陶女穿梭、窑工挥汗如雨的绕南，早已旧貌难寻。

　　绕南，属于那个遥远的年代。

瑶里古瓷窑址

瑶里村位于江西东北端，隶属浮梁县瑶里镇，与安徽休宁县毗邻，离景德镇市55千米，地处三大世界文化遗产（黄山、庐山、西递和宏村）的中心，拥有国家重

点风景名胜区、国家历史文化名镇、国家4A级风景区、国家矿山公园、国家森林公园、国家重点文物保护单位和国家自然与文化双遗产地等品牌，素有"瓷之源，茶之乡，林之海"的美称。瑶里镇四季气候宜人，森林茂密，覆盖率达94%以上，区内有南方红豆杉、银杏树、香榧树、金钱豹、娃娃鱼等国家珍稀动植物180多种。最高峰五谷尖海拔1618.4米，是景德镇最高峰，也是景德镇东河的源头。

瑶里村

瑶里，古名"窑里"，远在唐代中叶，这里就有生产陶瓷的手工作坊，并因瓷窑众多而得名。文献记载："麻仓为邑东村名。或讹麻村，或呼梅村窑，出官土，只可作不（dǔn）非釉也"（《景德镇陶录》卷十《陶录余篇》），"瓷土自来麻仓为著，俗呼麻村窑里，又呼洞里，属邑东乡，明末土竭，后复出，造成釉果"（同书卷四）。麻仓窑，原属浮梁县锦绣乡新正都，即今瑶里村一带，这里高山峻岭，林木茂密，山中蕴藏丰富的制瓷矿石，西南与著名的高岭矿区相距约10千米，昌江源头之一的瑶河（即东河上流）贯流该域，水流湍急，终年不息。

瑶里古街

远眺瑶里村

在唐宋时期，这里先后设置过众多的窑场，留下大量的窑业遗存。窑址遗物堆积主要集中在瑶里村西南的百笋丘、红薯湾、红薯湾河滩，瑶里村北侧樟树坞，瑶里村

西窑岭，瑶里村北侧刘家碓狮山、鹭鸶坞口。其分布特点是分布在瑶河两岸，大多背山近水，堆积范围狭小，遗物层次单纯，大多数仅是一个时期的堆积物，因而其窑具类型、产品的造型及装饰都较简单。

从采集到的较完整的瓷器残片来看，碗有三式：一式，撇口、圈足、宽厚、深腹，俗称墩式碗，无饰闪青灰透明白釉瓷。二式，撇口、弧壁，腹部深浅不同，装饰为青花，呈青翠色。这种碗为涩圈叠烧法装烧，碗心有一圈无釉的叠烧痕迹。三式，直口、弧壁、浅腹、矮圈足，装饰为青花。纹饰多为外壁满饰排点纹或口部二弦纹，也有饰青花缠枝莲纹、云气纹、海马、蕉叶，或只在碗心书以草体"福""寿"字样，逸笔草草。

瑶里古窑青花瓷与陶罐

从多数遗存的堆积特点以及百箩丘遗存中残留的窑炉遗迹分析，烧制瓷器的窑型应属龙窑。窑具均为漏斗式匣钵，有高壁和矮壁两种，高壁的为装烧涩圈叠烧折腰盘或浅腹碗时使用，矮壁为一匣一器装烧深腹碗或高足杯，窑址的烧造年代为明代早中期。明嘉靖《江西通志》载："瓷器，浮梁出，景德镇最佳，湖田市次之，麻仓洞为下。"其烧造下限当在明正德、嘉靖之间。该窑址烧造时间不长，产品较为粗陋，对考察研究景德镇东河流域明代早中期制瓷生产技术以及高岭土的使用有一定参考价值。

古徽饶大道

瑶里瓷茶古镇是江西省首批历史文化名镇。数百幢明清徽派古建筑依山傍水，错落有致地分布在瑶河两岸，飞檐翘角，粉墙黛瓦，掩映在青山绿水间，宛若一幅清丽的山水画。有展示徽派"三雕"艺术的狮冈胜览、程氏宗祠；有展现封建家族礼仪思想的进士第；有印证往日繁华景象的明清商业街、徽州古道；有反映瑶里风土人情的灯彩、地戏；有再现革命斗争历史的陈毅旧居、抗日动员大会会场、红军游击队驻址等。信步在古镇青石铺就的街巷中，仿佛走进了明清社会的历史画卷。

明清商业街是古徽州大道上最为繁华的商业街之一，全长一千多米，分为上街头、中街头、下街头三段。昔日有上百幢店铺分布在街道两旁，鳞次栉比，保存较好。其中以市级重点文物保护单位——明代商店最具特色。瑶里有民谣曰："上街头，下街头，街长不见头；丝绸缎，糖醋油，店面八百九。"

瓷业兴盛，商业发达，人员聚集，宗教也随之兴盛。始建于宋代重和元年（1118年）

的高际禅林寺，是赣东北著名寺庙，位于瑶里海拔1681.4米五股尖半山腰上，建筑面积最盛时期达9000多平方米，现存建筑面积1200多平方米。明代著名禅师静虚曾诗云："白云深入有僧庐，漏尽晨钟倚枕初。阅历林泉声隐隐，行回岩壑韵徐徐。驱除妄幻清平旦，领略春容见静虚。又听晓天鸡喔喔，共催人读五更书。"现存有高际禅林寺石刻寺碑及石墙遗址。高际山还建有关公庙、八仙庙、送子观音庙、龙王庙等7座寺庙，现在留有这些寺庙的遗址以及大量的摩崖石刻、弥陀柱、法老墓、佛塔等佛教遗址。

当年，正是因为过度地采矿伐木、烧窑制陶，导致水土流失，山洪肆虐，瑶里的先民就明白保护森林、爱护环境的道理。传说早在700多年前，为了保护村头的水口林，瑶里汪胡村的族长竟亲手处死了盗伐林木的孙子，一场悲剧自此成为村民心头永久的禁忌，这座山被村民们命名为"暓"山，"暓"是汪胡村民造的专用字。时至今日，瑶里还是全境封山，全镇禁渔。

中国共产党党史中的"瑶里改编"就发生在这里，1938年春节，陈毅到此主持红军游击队改编为江西抗日义勇军第一支队，后编入国民革命军新四军序列。2月，陈毅与其胞兄陈孟熙（国民党川军上校）在瑶里吴家祠堂召开的欢迎大会上，分别代表国共两党发表热情洋溢的讲话，阐述了"家庭不和外人欺"的道理。"度尽劫波兄弟在，相逢一笑泯恩仇"，陈家兄弟在瑶里的相遇成为国共两党合作的佳话。

瑶里物华天宝，人才辈出，是西汉长沙王吴芮、南宋开国侯李椿年、清朝工部员外侍郎吴从至等历史名人的故里和邻里。徜徉瑶河两岸，看瑶河肥硕锦鲤悠闲游弋；流连青石古街，观百年沧桑古建岁月印迹。这是一个可以触摸到历史的地方，她集自然与人文为一体，融历史与民俗为一身，具有深厚的文化积淀，是旅游休闲、访古修学、寻幽探奇的绝佳之地。

长明古瓷窑址

清澈的小溪

长明行政村坐落于瑶里镇西北约6千米的山沟里，一条窄窄的公路伴着小溪，串起几个自然村。依山邻水而建的房屋，掩映在大树下，粉墙黛瓦，时隐时现。山太陡，地太少，村委会蜷在山脚下，一条小溪横亘门前，左无邻，右无舍。河的对岸高坡上是长明村小学，站在溪边仰望陡坡上的校门，有种神圣、威严的感觉。溯溪而上，沿着一条小路翻过高山，便可跨皖赣的省界到达安徽。鸟鸣山幽，在城镇化的浪潮中，年轻人不断外出，长明村也越发偏僻、宁静，感觉是世外桃源。

白石塔釉果矿洞遗址

草丛中的古窑遗址

唐宋时期，这里就开始采石制陶，上游一条隐约可见的山沟，是古老的瓷土矿脉，它从山脚下开始，顺着瓷土的地质分布走向，一直延伸到山顶。到明清时期，这条小溪的两岸水碓棚密布，淘洗池云集，水轮悠悠，碓杵声声，成百上千的矿工在此开采、加工瓷土，供应下游景德镇的诸多窑场。因交通不便，长明瓷业烧造规模不大，但瓷土好，故瓷器质量也较好。

在山的背面瑶里镇白石塔村发现多处宋代矿洞遗址，现存4组矿坑道，露天40多处，暗洞8处。矿道深数十米到数百米不等。瑶里是景德镇瓷釉的重要生产基地，民间有"高岭土，瑶里釉"之称。

据考古调查，长明是瑶里地区最早生产瓷器的地方，而瑶里又是景德镇宋代瓷器的两大源头之一，这里堪称景德镇的瓷之源。长明发现的窑业遗存有两处，其中较大的一处在长明小学校内，面积达5000平方米，部分遗存被破坏；另一处在村西江家下，遗存东侧靠近小溪，遗物倚山坡堆积，面积约800平方米。两处遗存中出土的瓷片种类一致，应为同一时期的产品。

长明小学旁边的窑址

长明古窑遗址中的匣钵

该窑址的产品特征为：胎为灰白色，胎质略粗，但比内瑶窑址中的瓷质、釉色好。品种主要是青花和白瓷碗、盘、高足杯三类，其中以碗为大宗，亦有小量的瓷灯盏，当为一种副产品。碗类有弧壁、撇口、圈足碗，有深腹和浅腹两种，前者生产年代较早，后者稍晚，这种碗均为涩圈叠烧法装烧；有弧壁、直口、矮圈足、浅腹碗，与上述浅腹撇口碗同时生产；有平腹直壁直口碗，俗称罗汉式碗，底足有釉，底心无涩圈，胎釉较佳。上述碗、高足杯有素白瓷或饰青花。纹饰有蕉叶、跃鱼、云气、蝴蝶、菊花、草株等，亦有仅在碗心书一草体"福""寿"字样；杯身与足用釉烧接，瓷质较好，装饰得体，是该窑址较精细的产品。该窑址装烧工艺有涩圈叠烧或一器一匣仰烧，据此判断，该窑在明代中期前停烧，是东河流域生产民间日用瓷质量较好的一个窑场。

时光流逝，长明村古瓷窑堆积上早已被村民平整耕种，又荒废成草丛，又被填平成小学操场。这里的瓷土资源枯竭了，窑火熄灭，窑工散去。但和资源枯竭型矿山不同的是，这里没有废墟，只有满目青山，只有在树荫下潺潺流淌的溪水，只有瓷都人挥之不去的瓷源情结。

天宝龙窑

天宝现属浮梁县鹅湖镇辖。这里四面环山，盆地内地势平坦。据传，唐代黄巢起义时，两次由婺源途经此地，俯瞰盆地，见上空云雾弥漫，宛如水塘，便誉之天之宝塘，后人称天宝堂，简称天宝。自古天宝盛产水稻，产量高，品质好，在南安坦（今湘湖）米市上赢得"金天宝"的称誉。有赞天宝诗云："绿水眼前过，群山目中行。良田千顷香，盆地万物生。"

天宝龙窑内景

天宝龙窑外景

天宝乡有独特的制陶黏土，因此本地村民很早就有制作陶器习惯。1974 年，原天宝乡政府为了开发当地资源，在柳溪村建立天宝陶器厂，迁修了一条龙窑，窑长64 米，宽 6 米，高约 2.5 米，并从江苏省南通市邀请把桩师傅金跃安负责制陶。20 世纪八九十年代，一年要烧上八窑十窑，都是老百姓常用的陶瓦片、陶罐，特别是农民家里用来储水、储粮、酿酒的大缸很受欢迎。到了20世纪90年代中后期，随着人们生活水平的不断改善，自来水到户，铁皮粮仓推广，各种生产、生活所用的陶器需求变少，天宝龙窑也慢慢停烧，但窑体一直保护完好。

天宝龙窑沿山坡而建，呈30°左右的斜坡，头南尾北长约50米，窑身内壁以耐火砖砌成拱形，它的烧制原理是让火自下而上燃烧，下部在高温烧制时，上部利用余热烘烤升温。窑尾还在烧造时，窑头已可以出窑了，出空的窑位又放入新的泥坯，利用余热进行烘干加热。它烧造容量大，效率高，非常节能，特别适合烧造体积大的陶缸和数量多的陶瓦等。窑身左右设投柴孔（俗称鳞眼洞）42对，该洞是投放燃料和观察火焰温度的窗口。西侧设装窑用的壶口（窑门），是窑工进出取放陶制品的通道，窑身上方建有窑棚，上覆以木质梁架及小板瓦。燃料主要为煤、松、竹枝等，烧成温度在1150℃左右，所谓千度成陶。

坯房内景

20世纪70年代的土墙坯房

制陶生产场景

烧成的大缸

40多年过去了，当地人为了对非物质文化遗产进行传承和保护，决定复烧龙窑。已经是古稀之年的金师傅操起过去的手艺，开始手工练泥制陶，经过成型、利坯、晾晒、上釉等工序，制成了大陶缸、陶罐以及陶瓷雕塑作品。2014年9月26日，准备了一个多月的陶器泥坯开始装入龙窑。28日凌晨，金师傅带领他的传承人和学生举行祭拜仪式后，对龙窑进行加热暖窑。早上6点，龙窑正式点火烧制，龙窑83个窑火口依序燃烧，至晚上8:30点停烧，1270℃的窑火，从窑头烧到窑尾，历时18多个小时。10月1日，龙窑经闭火2天后开窑，搬出一件件烧成的陶罐、陶缸，烧造工作取得成功，圆满完成全套制陶工艺，真实再现了景德镇古陶瓷制作的全过程。

由于城市建设生产方式改变等原因，以陶瓷生产为特色的景德镇地区，原有的很多陶瓷生产遗址现已不复存在，这无疑是陶瓷历史文化保护过程中的一件憾事。天宝龙窑完好保存至今，是景德镇唯一能够烧造的龙窑，见证了景德镇陶瓷百年来的生产方式，是全国保存完好的龙窑之一。景德镇陶瓷学院把天宝龙窑厂作为教学实习基地，每年都有来自欧洲各国、日本、韩国及澳洲各地的陶瓷爱好者慕名前来参观、交流。天宝龙窑的历史虽不是很悠久，但其鲜明的地方特色和文化内涵，不仅对陶艺界专业人士有着极大的吸引力，也是国内外旅游者热爱的旅游景点之一，其烧造场景、烧造技术、制陶工艺作为非物质文化遗产，在陶瓷历史文化中具有重要的意义。

王港洞窑遗址

王港乡处在一户人家后院的瓷窑洞

景德镇陶瓷历史的起源及文化辉煌从何时开始，它的陶瓷又以什么窑烧造，这是陶瓷考古专家和学者都普遍关心而又无法释疑的问题。历史上，有关景德镇最早古窑的模样，文献中找不到详细记述，虽然史料记载"新平冶陶，始于汉世"，但它们早已在岁月的长河中无声无息地消失了，多数时候是以"历史之谜"的形象展示给世人，有时又不经意出现在人们面前。

浮梁县王港乡坑口村位于昌江支流东河东岸，明中期安徽黟县吴氏、邱氏等一些流动商贩在此建村，因地处一小溪与东河的交汇口，当地称溪为坑，故名。2010年11月3日，村民徐富年在西游山挖山坡建房时，挖土机挖出一个山洞，洞内外周围不均匀地散落和掩埋了许多黏有黄土的瓷片，其胎质呈灰青色，表面大体呈青色，器型有瓷碗、小盘、罐、壶类。其中以碗类居多，碗底瓷片里外都有白色支钉痕迹，还有烧瓷垫桩顶柱。从外观看，山洞呈半圆形，宽约2米，洞深约4米，高约1.5米。令人惊叹的是，洞内地面的泥土呈黄色，顶部烧结层有30厘米厚的黑色物质黏附着，最深处洞顶部有3个直径约20厘米的通风口。这是一处古窑遗址，整个洞内没有一块砖头，就连通往外面的通风口4~6米的地方也没有发现有砖头痕迹，历经两千年的风雨侵蚀依然保存较为完整,堪称奇迹。

经考古调查,王港洞窑有以下特点:发现的青瓷片及较为完整的盘、碟、壶、杯等器物基本上都用的是支烧方法,除少数壶类器物之外,其他器物都存在支烧痕迹,支烧点有五点、七点、九点、十一点、十二点之多,水平不一;青瓷釉色单一,胎体是瓷石和石灰石性质,没有瓷土的伴混痕迹,为一元配方;装饰有刻划、乳钉,以辘轳车拉坯成型,旋转痕迹非常均称、

专家考察窑洞

流畅,修坯严整,发现有辘轳车轴承的瓷质顶碗,可见辘轳车已广泛应用,成器率较高;以顶柱顶烧、支烧,用木炭作为燃料;瓷胎孔隙度为0.81%,推测当时的窑温可能达到1150~1200℃。

洞内挖出的瓷片与窑渣

王港洞窑出土的瓷片

据房基主人徐富年介绍,在发现窑洞前,这里是一座完整的山,山前是菜园地。原先经常能挖到古瓷片,没想到这里竟隐藏着一座古窑。村民喻水旺介绍,20年前村子里的人刚刚开始在西游山挖山建房时,曾在山的附近挖出过许多这样的瓷片。76岁村民邱义发介绍说,像这样的窑曾经被挖出过三四座,但因当时不晓得这是文物,西游山还有好几处这样的窑洞。

2010年11月5日,中国古陶瓷研究专家、景德镇市陶瓷科技博物馆(筹)馆长余希平和中国唐代陶瓷历史研究专家王升虎实地考察了坑口古窑址,两位专家对古窑址的断代发表了完全不同的看法。

余希平认为,景德镇地区瓷业在唐代(618—907年)有了长足的进步。发现了多处唐、五代时期的古瓷生产遗址。武德年间,第一次出现窑的专称。但唐、五代前并

无窑址记载，所以王港乡坑口村这一山洞类型窑址的首次发现，具有重大意义。根据他对资料的查阅和多年的经验，初步判断此窑应在龙窑之前，而据《中国陶瓷史》一书记载，我国使用龙窑已有三千年的历史，这样景德镇烧窑历史就往前推1000多年，约在商、周历史时期，为改写景德镇陶瓷历史提供了有力证据。洞穴内发现的瓷片有支钉原始瓷碗、小盘、罐、壶类，能够看出当时窑炉温度已经达到1100~1200℃，说明当时已经达到了很高的烧造工艺。关于坑口山洞类型窑址的断代，最终的结果还有待对瓷片进行 C_{14} 测定才能确定。

余希平还认为，在王港乡4千米河流中竟有4座古桥，这在中国境内十分罕见。从目前这里见到的河流、码头、出土的青铜器，众多新石器时代的石器、陶器，文物遗存如此密集，以及相关民间传说，一直到封建社会历史时期的跑马场来分析，说明这里曾经是景德镇周边百余里地的政治、经济、商贸、军事中心，繁荣过几千年。新平的崛起可能在王港之后，而后是浮梁县（旧城），到明清瓷业中心才迁移到景德镇。

而王升虎却对此提出了不同的看法，他从窑洞内瓷片的器型、釉面发色、窑炉形制和遗物堆积，还有相关的《纪年鉴》资料对照，都显示与唐、五代窑址的特点相吻合。因此，他肯定这是一处唐、五代时期保存较为完整的山洞型瓷窑。这在景德镇陶瓷考古史中尚属首次发现，填补了景德镇唐、五代陶瓷考古史上的一项空白，为研究景德镇唐、五代陶瓷发展历史提供了佐证。

站在王港坑口古窑遗址前，望着许多青瓷片仍静静地躺在地上和山丘上，感觉这些经雨水洗净的古瓷片在阳光的照耀下是多么温润、可爱。这些精美的瓷片似乎刚从历史的长河中徐徐浮出水面，不仅让封存已久的景德镇瓷业历史源头露出神秘的一角，或许还能够让我们窥视到远在新平（景德镇的前身）繁荣之前，王港区域的史前文明。

柳家湾古瓷窑址

位于景德镇市东南约20千米的浮梁县寿安乡柳家湾村，村西北有一条小溪流入小南河，四周山麓植被茂盛。唐朝中期，柳氏从河北迁此，建村在小南河拐弯处，称柳家湾。唐末，乐平张、何、刘、胡迁入，袭用原名。中华人民共和国成立之初改柳溪，1972年因与他村重名而仍用原名。柳家湾窑业遗存大小11处，面积近10万平方米。

村中水泥厂院内遗存，分布面积约1200平方米，堆积厚度1.5~2.5米，产品有影青高足碗、矮实足撇口碗、大小圈足弧壁划花碗等。瓷胎为白色，质地纯细，釉面滋润，釉色呈淡青色，有透明感。因基建，遗存被破坏。

村南侧兔儿望月山遗存，堆积面积达1万平方米，保存较好。产品有高足鼓腹撇口碗、圈足鼓腹撇口碗、圈足瓜棱碗、圈足撇口盘等，均为影青瓷，胎骨洁白，釉色呈湖绿色，有划花纹饰。村北侧匣钵墩遗存，堆积面积约2200平方米，保存较好，品种与水泥厂遗存中的一致。

柳家湾古窑遗址

柳家湾古瓷窑遗存

村东北油麦坞遗存，距村约500米，面积约3万平方米，遗物由南向北倚山坡堆积，部分被搅乱。产品有高足葵口碗、圈足葵口碗、斗笠碗等。胎质细腻，影青釉色纯正。村东侧供销社院内堆积，面积约1300平方米，大部分被破坏。产品有高足碗、实口撇口碗、小圈足弧壁敞口碗、高足杯等。其高足杯为深腹、直口、喇叭状高足。均为影青釉，釉层有透明感，多呈淡青，也有呈浅绿、湖绿色，胎质洁白细腻。村东北约200米处雷打坞堆积，面积约1000平方米，保存较好。产品有高足碗，圈足鼓腹撇口大、小碗等，均为影青釉白胎瓷。

柳家湾龙窑遗址

柳家湾遗存堆积物

村西北侧炮台山堆积，面积约6000平方米，遗存破坏严重。产品有高足碗、平足唇口小盏等，均为影青釉白胎瓷，胎釉质地较佳。村西约350米处金家坞附近有3处遗存，呈西北向一字排列分布。北面的一处，遗物由西向东倚山坡堆积，面积约8000平方米，产品有高足杯、注碗、注壶等；西面的一处，遗物由南向北倚山坡堆积，面积约1000平方米，产品有影青圈足鼓腹撇口大、小碗等，胎质细腻，釉面滋润光洁，呈淡青色；中间的一处，遗物由西向东倚山坡堆积，面积约1200平方米，产品有支钉叠烧白瓷碗、影青高足碗、圈足敞口盘等，胎质一般较粗，釉色偏灰，碗心底有9~16个支烧痕迹，影青瓷胎釉较佳。

该窑址装烧形式除在金家坞一处发现支钉叠烧法外，余皆采用一器一匣仰烧法。仰烧器的器底垫泥饼，饼径均小于器物圈足内径，所以器物圈足光洁而有釉。窑址的烧造年代，上限应在五代时期，大规模的烧造则是在北宋中晚期。该窑址影青瓷装饰技法主要是划花，纹饰有牡丹、莲瓣、百合及各种团花，纹饰集中在器心或分布在内壁，格局规则，线条流畅自如。它是景德镇北宋时期烧制影青瓷质量优异、规模较大的窑场之一，对研究北宋影青瓷的烧制提供了极为珍贵的资料。

南市街古瓷窑址

南市街位于景德镇市东南20千米的浮梁县寿安镇。北宋初，宁氏、余氏从安徽青阳县迁此，建村在小南河湾里，称余家湾。后因瓷窑多，商业贸易繁荣形成集市，以地处浮梁县南端而称南市。以后随着陶瓷业生产的发展，逐渐成为集镇，故称南市街。

南市街古瓷窑遗址东北距柳家湾约1.5千米，遗物分布范围较大，堆积层丰富，较大的遗存有4处：一处在村南约200米山涧中；一处在村后狮子山黄土岭北斜坡上；一处东起水库，西至小学，北邻公路；一处在西尽头。分布总面积约6万平方米。

南市街周边茂密的灌木下面都是古窑遗址

南市街古窑遗址远眺

南市街古窑匣钵片，农民用来铺地

南市街古窑出土的瓷片

该窑址未经清理与试掘，从采集的瓷片标本来看，烧造的是青瓷、白瓷、影青瓷和纯白釉瓷，大规模烧造的是影青瓷。

青瓷为灰胎，白瓷为白胎，产品有碗、盘、壶三类。碗、盘为大足唇口或花口，壶作瓜棱式。器物造型和胎釉与湖田窑五代产品相似，采用的装烧形式亦为支钉叠烧法，故该产品应为五代时烧造。影青瓷胎骨纯白细密，釉面光洁滋润，釉色有淡青、水绿、粉青、浅绿，均清幽淡雅，胎釉较之附近朱溪、西溪等窑址中的影青瓷略佳。尤其是黄土岭堆积的影青瓷片，胎骨极薄、轻巧，釉面晶莹，白里透绿，是优质影青瓷的烧造场地。影青瓷产品有碗、盘、壶、盏、茶托、洗盒等，器物造型与湖田窑宋代影青瓷产品相似。产品以瓜棱式碗和斗笠碗为多，成型规整，其中斗笠碗器壁平薄，可以透光。芒口碗较少，器物较粗劣。装饰技法主要是划花，亦有少量的印花。纹饰有牡丹、菊花、莲瓣及各种卷草团花，印纹多为双鱼。图案纹饰集中在器心或分布在内壁，格局规则，形象生动。早期产品多为素面，釉面多为开片，纹理均匀细密，有一种特殊的装饰效果。产品的装烧形式早期采用一器一匣仰烧法，后期采用垫匣履烧法和支圈履烧法。纯白釉瓷，产品多为折腰腕、盘。其瓷胎与影青瓷相同，釉层较乳浊而泛黄。产品均采用带沙渣的垫饼仰烧法烧成，所以器物圈足外沿的釉层都黏有几颗微小的砂粒。

该窑址兴烧于五代，终烧于元代。其烧造的影青瓷较精，居于景德镇宋代诸窑之上，属景德镇当时的最高制瓷水平。制品为青瓷和白瓷碗、盘、盏三类，其器型和胎釉与湖田窑同时期产品相似；鼎盛于宋代，制品主要有青白釉碗、盘、壶、盏、茶托等，其中以瓜棱式碗和斗笠碗为多，装饰手法主要是划花，也有少量的印花，纹样主要有牡丹、菊花、莲瓣及各种卷草团花，印花多为双鱼；终烧于元代。1983 年被公布为景德镇市级文物保护单位，是景德镇目前保护状况最好的一处窑址。

灵珠古瓷窑址

灵珠村位于景德镇市东南的浮梁县寿安镇。元中期，宁氏从福建迁此，建村在形似乌龟的山前，取名乌龟山。清光绪年间，认为乌龟山的村名过俗，根据乌龟成仙为"灵珠"的传说，而雅化为今名。村西与月山下相距约 2 千米，东南侧的白菜园水库有一条小溪经村南流入南河。灵珠古窑址群的遗存主要分布在邻近的 4 个自然小村庄，即义民、乌龟山、娘娘坞、凤凰咀，呈东西方向间隔分布。

义民村在灵珠西北约 500 米处，周围有 4 处遗存：村西北侧屋背山，遗物由北向南倚山坡堆积，面积达 600 平方米，大部分被毁坏；村西北约 400 米处为胶人坞，遗物由南向西傍山坡堆积，面积约 2500 平方米，保存较完好；村东北约 600 米处为井坞，遗物由西向东倚山坡堆积，面积约 1300 平方米，部分被破坏；村北约 250 米处有直坞花行山，遗物由东向西倚山坡堆积，面积约 1100 平方米。这 4 处遗存瓷片皆为影青瓷

灵珠村远眺   灵珠古窑遗址

碗残片，产品器型有高圈足瓜棱碗、高足大小碗、圈足弧壁唇口碗、圈足敞口大小碗、假圈足敛口小碗、圈足芒口碗等。瓷胎色白细腻，釉色多呈淡青。除井坞一处发现多级垫钵复烧窑具外，皆为一器一匣仰烧窑具。

乌龟山即灵珠村，附近有3处遗存：村东北120米处鸡鸣山，临近公路，堆积面积800平方米，保存较好；村东北约300米处雷打山，堆积面积约1200平方米，保存较好；村东约300米处老鼠咀，西临公路，堆积面积约300平方米。这3处遗存中的产品，除未发现影青芒口瓷外，其他与义民遗存中的相似，装烧形式采用一器一匣仰烧法。

娘娘坞村在灵珠东北约700米处，附近遗存有2处：村北约120米处为打铁坞口，东临公路，遗物由东向西倚山坡堆积，面积约3500平方米；村北约350米处老虎皮，遗物由南向北倚山坡堆积，面积约800平方米。两处遗存中的瓷片均为影青瓷，产品有碗、盘二类，器型为高足碗、实足大碗、圈足折沿花口碗、环足敞口盘、环足花口盘等。装饰有刻花牡丹、水波纹等。瓷胎洁白纯细，釉色青淡，但有刻花纹的瓷片釉色甚佳，釉面有一种晶莹透明的翠绿色调。

凤凰咀在灵珠东北约1.2千米处，附近有3处遗存：村西南400米处鸭舌坞，东临小水库，遗物堆积面积约500平方米，保存完好；村南约450米处下牛尿岭，遗物堆积面积约1200平方米，大部分在筑路时被破坏；村北侧为水井窑，东侧为公路，遗物由东向西倚山坡堆积，面积约500平方米，保存完好。这3处遗存，除在水井窑遗存中采集到青瓷和白瓷片外，余均为影青瓷。青瓷和白瓷产品为支钉叠烧的碗、盘类，属五代的产品，且叠压在影青瓷之下。影青瓷产品为碗、盘类，器物特征和娘娘坞村遗存中的相似，均采用一器一匣仰烧法装烧。

灵珠古窑址最早兴烧于五代，烧造地点仅有水井窑一处，大规模的烧造在宋代早中期，宋代后期只有义民村的井坞还在烧造。

寺前村古瓷窑址

　　寿安镇位于浮梁县，相传唐宋时这里有一百多个寺庙。明洪武五年（1372年），在原址又建一座"了了庵"，在其内发现一个大铜神，上有"寿安重兴寺"，"寿安"因此得名。寺前村，位于寿安镇西南面，宋代该地建有寺庙，名石门寺。宋中期，程氏从婺源县迁此，因建村于石门寺前面而名。

　　在寺前村东南的龙王山麓有一"龙池"，呈四方形，纵横数丈，池水碧绿，冬暖夏凉，龙池周边的花四季盛开。池周山石嵯峨，流水潺潺，如琴如瑟，令人心旷神怡。池后有一小岩洞，内有一圈井，井泉终年汩汩不息，渗入龙池。龙池常年有水，数十年一涸。旁有碑刻，篆刻浮梁知县陈安于民国六年（1917年）所作的《龙池三竭记》。龙池百米处又有一泉眼，称龙眼，又名间歇泉。龙眼约一米方圆，水深一米许，清澈可鉴眉须，龙眼每日早、中、晚分别涌泉一次，景象奇特。

寺前古窑址远眺

寺前村

　　村附近的8处遗存分别在村北侧凤凰山，村东北侧小沈家坞、灰窑坞、大坞口火龙岗、大湾田窑、大湾沈家坞、背后坞、灰窑坞口等处，堆积面积达2.5万平方米。采集的瓷片均是影青瓷残器。从残器标本来看，器物以碗居多，其次是盘。器物造型与丰旺村遗存中的基本一致，但有一种影青斗笠碗却是大湾田窑遗存中所独有的，胎骨洁白细薄，釉面光洁透明，呈淡青、淡绿色，器型规整，内壁有划花牡丹纹饰，线条流畅生动，是该窑址中发现的质地最佳的产品。从遗存的叠压关系观察，由于堆积在地层的表面，应属于该窑址的晚期产品。

　　该窑址未经清理和发掘，从采集的瓷片标本观察，器物与景德镇宋代早中期的影青瓷产品相似，且瓷器的装烧形式亦为宋代早中期普遍采用的仰烧法装烧，故该窑址烧造时期在宋代早中期，是当时生产民间日用瓷规模较大的窑场。

大屋下古瓷窑址

大屋下村位于浮梁县寿安镇。村东一条小溪连通小南河，东南侧距朱溪窑址约3千米。宋末，瓷商在此建窑烧瓷，并建有大屋（即大型的坯房、窑房和工人集体宿舍等厂房建筑）。清初，宁氏从朱溪迁入，因在大屋旁建房定居，村名为大屋下。

大屋下村古窑址遗存分别有东塘坞、新村窑坞、大屋下屋背山、新村屋背山、内小里李家坞、宁家山、黄土岭、虎山8处。

东塘坞在村北，窑业遗物由北向南倚山坡堆积，面积约400平方米，大部分被破坏。瓷片为影青釉高实足碗、小圈足敞口大碗、假圈足碗等残片。瓷胎一般都坚硬厚实，釉色多泛黄，有篦纹装饰，产品制作较粗。新村窑坞在村东北约250米处，遗物由南向北倚山坡堆积，面积约800平方米，大部分被破坏，瓷片为影青釉碗、壶残片，壶均为瓜棱式。胎、釉质地与东塘坞遗存中的相似。大屋下屋背山在村北侧，遗物由南向北倚山坡堆积，面积约7200平方米，大部分被破坏。瓷片为影青釉碗类残片，大多数是灰白色、水青色粗制厚胎。新村屋背山在村内，遗物堆积面积约10000平方米，全部被破坏。散见于地表的瓷片为影青釉碗、盘、杯等残片。内小里李家坞在村西

大屋下古窑业遗存堆积

大屋下村远眺

北约400米处，遗物由北向南倚山坡堆积，面积约2600平方米，保存较完好。采集的瓷片为影青釉圈足大碗、假圈足内壁篦纹碗、高足杯、高足鼓腹折沿小碗等残片。瓷胎洁白细腻，釉层均匀洁净，产品较为精巧。宁家山在村东北约400米处，遗物由南向北倚山坡堆积，面积达6000平方米，保存较完好。采集的瓷片有大足内壁篦纹碗（外壁下层有印棱）、环足撇口小碗、高足碗、小平足弧壁折沿碗等残片，均为影青釉白胎瓷。黄土岭在村东北约150米处，遗物由东向西倚山坡堆积，面积9500平方米，保存较完好。采集的瓷片有影青瓷碗、盘残片，胎骨浑厚，质地略粗，釉色淡青泛黄。虎山在村东北约150米处，遗物堆积在山脚，面积约8000平方米，保存较完好。采集的瓷片为影青釉碗类残片，胎质较黄。

大屋下古瓷窑产品较单一，几乎都是碗类，质量有粗精之分。瓷器的装烧均采用一器一匣仰烧法。其烧造年代在北宋时期，是景德镇北宋时期以烧制影青碗类瓷器为主的规模较大的窑场之一。

朱溪古瓷窑址

朱溪村位于景德镇市浮梁县东南23千米寿安镇，东北侧距南市街约1.3千米。明正德年间，宁氏从安徽青阳迁此居住，沿用石山嘴名。相传从前有一地仙从此经过，宁氏以客礼待之，地仙告知此地不宜居，劝搬至山脚下陡坡处（九猪下槽）建村。宁氏从之，搬迁后取名猪陂头，中华人民共和国成立后改称朱溪。

朱溪古瓷窑址的遗存分布在朱溪和牛棚两个相邻的自然村附近，共有4处。朱溪村北约400米处狮子墩遗物，堆积面积约1200平方米，保存较完好；朱溪村西北约250米处凤凰山口遗物，堆积面积约1600平方米，大部分被破坏；牛棚村西侧三丘窑遗物，堆积面积约2300平方米，大部分被破坏；牛棚村西侧板栗山遗物，堆积面积约800平方米，大部分被破坏。

朱溪古瓷窑遗址 　　　　朱溪古窑遗存匣钵

以上4处遗存中采集的瓷片，为一色的影青瓷。器物为碗、盘两类，以碗为大宗，盘类稀少。碗的造型多样，有圈足瓜棱碗、圈足斜壁花口碗、圈足弧壁敞口碗、圈足瓜棱折沿碗、假圈足撇口碗、高足碗、大足碗、圈足鼓腹折沿碗等。盘为假圈足唇口或花口盘等。瓷胎为白色，质地细腻，釉色呈淡青、淡绿，亦有小量闪灰泛黄。装饰有划花或简单的篦纹，纹饰有水波、草株、牡丹等。

4处遗存均采用一器一匣仰烧法装烧，器物和窑具特征与景德镇北宋早中期窑址中的相同，其烧造时期当在宋代早中期。

宁村古瓷窑址

宁村位于景德镇市浮梁县东南寿安镇，地处小南河河谷地，始称青溪村。东北与柳家湾相距约4千米，西南与寺前村相距约2千米，西北邻近山田坞水库，南临小南河，隔河与平旺村相望。唐代，宁氏、杨氏分别从安徽青阳和乐平迁此定居，改名宁村。

宁村古瓷窑遗址分布在宁村和平旺村附近，共有6处，即宁家坞、窑坞、宁村后背山、上汤坞西山、上汤坞东山、牛栏坞。

宁家坞在宁村西约100米处，遗存邻近公路，大部分被筑路夷平，已发现的遗物堆积面积约600平方米。遗物倚山坡堆积，通高数十米。窑坞在宁村东北约400米处，东南距小南河约220米，遗物堆积面积约3300平方米。宁村后背山在村北，遗物倚山坡堆积，面积约800平方米。上汤坞西山在平旺村西北约500米处，南临公路，遗物由南向北倚山坡堆积，面积约700平方米。上汤坞东山在平旺村西北，西距上汤坞西山约100米，遗物堆积面积约1800平方米。

该窑址未经清理发掘，故底层遗物不明，从暴露在遗存表层的遗物观察，均烧造影青瓷。影青器主要是碗类，胎质釉色和器物造型与平旺村内遗存中的相同，装烧形式采用一器一匣仰烧法。据此推断，该窑址的烧造年代下限在北宋时期，它是一个烧造民间日用粗瓷的窑场。

富坑古瓷窑址

富坑村位于景德镇市浮梁县东南16千米寿安乡，东侧隔小南河，与月山相距约1.5千米，西侧距三宝蓬古瓷矿区约2.5千米，巴草坞尖东麓峡谷中。明代，富氏从福建迁此定居，称富坑。清初，胡氏从婺源迁入，村名沿旧。

富坑窑业遗存有2处，一在村北谢家蓬，一在村南的何家蓬。谢家蓬遗存保存较好。遗物由南向西倚山坡堆积，面积约1200平方米。采集的瓷片均为影青瓷，器物为足底无釉的大、小碗类，装烧形式为一器一匣垫饼仰烧法。

何家蓬遗存物堆积在一个小山坡上，东西长约140米，南北长约63米，通高近10米。采集的瓷片、器物为高圈足小碗、假圈足撇口碗、假圈足大碗等，全属影青瓷，瓷胎洁白细腻，釉面晶莹透明，纹饰以简单的篦纹为多，亦见少量草株类刻花纹样。瓷器的装烧形式与谢家蓬遗存相同。

从器物特征和装烧形式判断，该窑址烧造年代在北宋早中期，以后废止停烧。

凉伞树下古瓷窑址

凉伞树下村位于景德镇市浮梁县东北寿安镇，西临小南河，东傍山丘，南接月山下，北接柳家湾，分别相距约2.5千米。元中期，乐氏从福建迁此建村，村旁有棵古槠树，枝叶繁茂，笼罩成荫，形似雨伞，故名。

凉伞树下古瓷窑遗存在村北侧水库坝，堆积面积约400平方米，厚度0.6~1.2米。因修建水库，有一部分遗存被毁坏。

该窑址未经发掘，从一暴露的遗存断面考察得知，遗物堆积可分两层：底层为支钉叠烧青瓷和白瓷，上层为一器一匣仰烧影青瓷。青瓷胎为灰色，质地粗疏，釉色偏灰；白瓷胎为白色，胎质较纯细，釉色闪灰或闪黄；影青瓷胎质较佳，釉面透明光亮，釉色淡青或泛白。根据采集的瓷片辨别，产品有青釉大圈足唇口或撇口碗、白釉圈足唇口或撇口碗、白釉大足折腰盘、影青釉圈足鼓腹撇口或唇口碗、影青釉高足壁碗、影青釉折腰撇口盘等。影青瓷碗外壁有刻花纹饰，纹样有简笔牡丹或卷草等。

根据上述考察资料，该窑址兴烧于五代，终烧于宋代中后期。该窑址遗物叠压关系清晰，这对考察研究景德镇五代、北宋制瓷工艺的演变过程，提供了具有重要参考价值的实物资料。

月山下古瓷窑址

月山村位于景德镇市东南的浮梁县寿安镇，村东南与柳家湾窑址相距约3千米，西面有小南河连通南河。元中叶，叶氏从建昌县迁此，建村在半月形的小山脚下而得名。

窑址遗存在村东南350米的小学校西南侧，遗物由西向东倚山坡堆积，宽约15米，纵深约45米，堆积物由坡脚到坡顶逐渐减少。从堆积物的分布状态可看出，当时窑身较长，从下而上恰好形成一平缓的坡度，窑头低，窑尾高，形状似龙，应属阶梯式龙窑。遗存小部分被辟为菜地，从暴露出的断层中，采集到大量影青瓷片，经辨别均为圈足撇口碗残器。瓷胎为白色，胎骨坚致细密。釉面滋润，釉层有透明感，呈浅绿色或米黄色，均清亮光洁、幽倩雅淡。瓷片多为素面器物，釉面有开片，纹理均匀细密，有一种特殊的装饰效果。

该窑址产品单一，主要是碗类，瓷器装烧采用一器一匣仰烧形式。从器物特征和装烧形式判断，该窑址烧造于北宋时期。现窑址保存较好。

西溪古瓷窑址

位于景德镇市东南浮梁县寿安乡西溪村，东侧与柳家湾相距约2千米，西临小南河，遗存分布在屋后山、窑间垄、背后坞口3处。

屋后山在村北侧，遗物由南向北倚山坡堆积，面积约10000平方米，大部分被破坏；窑间垄在村西100米处，东南侧临近小南河，遗物堆积面积4000平方米，大部分被开垦成菜地；背后坞口在村东南侧，遗物堆积在小山坡上，面积约2000平方米，遗存表层被辟为菜地。

该窑址未经发掘，从遗存中采集的瓷片来看，主要烧造影青瓷，产品为民间日用瓷大、小碗类。器物造型有高实足浅腹腕、圈足莲瓣花口撇沿碗、环足瓜棱折沿碗、圈足敛口小碗、圈足折腹敞口小碗、大足瓜棱碗、小足敞口碗、圈足花口碗。纹饰以篦纹为主，亦有少量的划花牡丹。碗的大小各异，一般口径为12~18厘米，足径为3~5.5厘米，高6~12厘米。瓷胎为白色，亦有呈灰白色的，胎质略粗。釉为青蓝、淡绿或泛黄色，釉面多见细裂纹，此类器物无装饰纹样，但有一种特殊的装饰效果。该窑址烧造瓷器采用的是一器一匣仰烧形式，窑具有矮壁、平底、漏斗式匣钵，陶质圆饼状垫饼。

丰旺古瓷窑址

丰旺村位于景德镇市浮梁县东南寿安乡，柳家湾西南8.5千米处。宋末，李氏从界田（今鹅湖）迁此凤凰山麓转弯处建村，名凤凰湾村。明末，陈氏从崇陵县迁此村定居。后因农作物一年比一年丰收而改称丰湾。中华人民共和国成立后仍称丰湾。1972年，改村名丰旺。

丰旺古瓷窑遗址东北距丰旺村约2.5千米，西面临小南河，周围是丘陵山峦，植被茂盛。窑业遗存均分布在山坡下，共有11处。

丰旺村内的3处遗存分别在村东北侧的凤凰山、村北侧的屋背山、村西侧的洋村坞，总面积达6000平方米。3处遗存中的遗物大体一致，应属同一时期制品。产品均为影青瓷，器物有碗、盘二类。碗的造型有圈足腹鼓唇口碗、平实足弧壁撇口碗、环足弧壁撇口碗、高足碗等。盘为圈足浅腹折沿或圈足宽边撇沿盘。胎瓷为白色或灰白色，胎质厚实粗劣，釉色淡青，但多数偏灰或泛黄，皆素面无纹，少量有篦纹装饰，器底足内皆无釉。

从采集的瓷片标本观察，器物与景德镇宋代早中期的影青瓷产品相似，装烧形式亦为宋代早中期普遍采用的仰烧装烧法，故该窑址烧造时期在宋代早中期，是当时生产民间日用粗瓷的窑场。

乐 平 市

南窑古瓷窑址

遗址位于乐平市接渡镇南窑村东北（原接渡乡南窑村东南侧）。1964 年，南窑遗址由江西省文物管理委员会调查发现，1983 年乐平县人民政府公布其为县级文物保护单位。2011 年、2013 年江西省文物考古研究所联合有关单位对其进行调查和考古发掘。2014 年 4 月唐代南窑遗址考古发掘被评为"2013 年度全国十大考古新发现"。

| 南窑古瓷窑出土瓷器 | 南窑遗址 |

考古发掘和研究表明，南窑烧造始烧于中唐，兴盛于中晚唐，衰落于晚唐，距今有 1200 多年的烧造历史，是瓷都景德镇境内目前已知最早的瓷业遗存，将瓷都景德镇的制瓷历史向前推进了 200 年。

南窑窑址文化层堆积厚度达 1~3 米，规模宏大，分布面积超出 3 万平方米，规模巨大，保存完好，在江西省境内同类窑址中属罕见。

南窑遗址的遗存丰富，包含了取土的白土塘，运输原料的江湖塘、溪坑、码头、陈腐池以及烧造产品的窑炉等反映制瓷工艺流程的作坊遗迹。这些遗迹保存较好，布局有序，无论从整体规模还是制瓷工艺流程等方面，都能够反映南窑唐代制瓷的真实面貌。这在以往景德镇古代瓷窑遗址考古发掘资料中也不多见，在南方地区也是罕见的，为研究唐代南窑的制瓷技术提供了实物资料。

在 3 万平方米的山头上（窑山）发现 12 条呈扇形分布的龙窑，长度均在 60 米以上，是我国迄今发现窑炉分布最密集的、布局最有规律的、瓷业生产组织最严密的唐代窑场。考古发掘的一条龙窑遗迹长达78.8米，推断为使用竹藤材料起拱，采用支座垫烧的中晚唐时期龙窑，由窑前工作面、火膛、窑室、窑壁等几部分组成，结构完整，北壁保留有十三处窑门，窑室中多处保留原始的支烧状态，是迄今我国考古发掘的最长的唐代龙窑遗迹。南窑发现了方形减火坑，表明南窑是我国最早使用减火坑技术的窑场，是晚期分室龙窑的发端。

南窑是唐代青瓷窑场的集大成者。窑业生产博采众长，勇于创新，以自身的工艺技术为基础，充分吸纳长沙窑、洪州窑、越窑、鲁山窑的优点。南窑所烧瓷器品种多样，有青釉瓷、酱黑釉瓷、青釉褐斑瓷、青釉褐色彩绘瓷以及素胎器，以青釉瓷器为主。器物造型典雅，胎质细腻，釉层均匀，釉色莹润，形成了独具特色、个性鲜明的、具有包容性与开创性的风格。

南窑器型丰富，以碗、盘、双系瓶居多。碗盘类器流行圆饼足、玉璧底，见少量的圈足碗。还发现了穿带壶、人面埙、茶碾、砚滴等罕见的器物。产品中腰鼓、夹耳盖罐和器型硕大的碗器，是唐代赣鄱与西域交流频繁的史实。夹耳盖罐是800年前后出现的新产品，是随着海上陶瓷之路的兴起而出现的，是海上陶瓷之路兴起的标志性产品，表明南窑还是唐代重要的外销瓷器生产基地之一。产品的烧造方式同南方地区流行的龙窑，多数采用明火烧造，少量高档产品采用匣钵先进工艺，烧制技法和装饰艺术富有特色，有的技术走在同时期窑场的前列。

从采集的标本观察，器物胎厚质粗，施蟹壳釉、酱褐釉和黄褐釉，釉均不及底。遗物以碗居多，次为盘、钵、壶、罐以及窑具、垫托等。

碗：可分二式，以Ⅰ式碗为多数，敞口，腹较深，假圈足，底心稍内凹，器内外施青褐色釉，腹下部至底部露素胎，釉不匀，有的呈泪痕状，碗及碗底有火烧痕迹。一件口径17.4厘米，底径7.6厘米，高7厘米。Ⅱ式碗为敞口，腹较浅，其釉色与Ⅰ式相同，一件口径20厘米，底径9厘米，高5.5厘米。

钵：器型都较大，敞口，深腹，小底，唇稍敛，假圈足。底内稍内凹，唇外边有一道弦状纹。器型内外施青褐釉或酱褐釉。腹下部至底部露素胎。釉不匀，有的呈泪痕状，一件口径23厘米，底径9厘米，高10.5厘米。

盘：底内外都有一道道圆的支钉痕，可分二式，以Ⅰ式盘居多，Ⅰ式器型一般较小，敞口，浅腹，小底，底心均向内凹，胎多呈灰红色，少数为红色，通体施酱褐釉，但多已剥落，采集到完整器物五件。口径12.5~15厘米，高1~2厘米。Ⅱ式器型特大，敞口，浅腹，唇沿外卷，小底内凹，胎质灰褐，均施青褐色釉。

罐：一般为短颈，口稍侈，底内凹，肩部多附双系，多为桥形，或横或竖，釉色多呈青褐或酱褐，且有细冰裂纹。此外，还有一种盘口罐。

壶：多为直口长颈，腹鼓而长，壁内外多施黑褐色或酱褐色釉，有细冰裂纹，肩部饰一道深弦纹，质地粗厚。

烧窑用具：只发现匣钵和垫托，匣钵均呈圆柱形，凹底，质地粗糙，多为粗红砂或灰砂质，表面呈红褐色或灰褐色，大小不一，可分三式。Ⅰ式：体大身高，一件高10.5厘米，厚1.5厘米，罐、壶、钵之类器物都装在此种匣钵中烧成。Ⅱ式：器型最小，用来装烧浅小碟之类的工具，垫托只发现有垫座一种，座面平，其下似喇叭形圈足，是坯与匣钵之间的间隔物。此外，还发现有一种喇叭形窑具，内空，下侧有一小孔，高14厘米，口径8.5厘米。

南窑窑场的兴起得益于当地丰富的烧瓷资源和地处环鄱阳湖以及东西南北大交通线等综合因素，是唐代多民族国家繁荣富强、多文化因素融合的结果，是瓷都景德镇"工匠来八方，器成天下走"的先声，为宋元时期景德镇瓷业一枝独秀，为明清景德镇瓷都的兴起奠定了坚实的技术基础。

华家青花瓷窑址

华家青花瓷窑址，位于乐平城东郊约4千米的接渡镇华家窑上村，乐安江水自东而西流经村侧，即处于乐安江北岸的冲积平原上，与翥山隔河相对。翥山盛产瓷土和瓷釉矿原料，瓷窑烧造原料取之该地。

华家村古称永靖镇，旧名上窑、下窑村，传说古代有十八大窑场，在上窑、下窑村后侧，现尚有大窑堆五座，地表瓷片、匣钵、陶垫饼以及其他窑具等物，遍地皆是，绵延长300米。窑堆中尚有窑墓埋藏。几年前，农民取土时发现一处大窑墓，外壁用砖石砌成，形呈圆形，现砖石虽已取去，但形迹仍存。

乐平明代青花瓷窑，《乐平县志》卷二"城池"的条目写道："永靖镇、嘉兴镇，府志以上二镇，因明嘉靖庚子，浮梁扰攘，奉上司创立。然求土不佳，嘉兴寻废，永靖虽存，瓷多粗恶，而岁亦渐替矣。今东门外沿河诸村，犹有窑上、匣厂等地，是其遗迹也。"1962年，江西省考古队在华家、匣厂、张家桥等地进行了调查，1982年景德镇市博物馆进行复查。

从拣选的瓷片标本观察，产品多为青花瓷。器型为民间日用器皿碗、盘、碟、盅类。外壁有人物、奔马、八卦、菊花、缠枝花卉、变形梵文等纹样。花纹无一定规律，其中以双鸟对飞于云彩中的纹饰最具特色。碗心写有"福""寿""善""光"等字，或画有鱼、蟹、兔纹、菊花、牡丹和竹枝花卉。碗心写有"万福攸同""钱形""长命富贵""双圆方框""高贵佳器""玉堂佳器"以及"福""寿""贵""春""正"等吉祥字。还常见"大明年造""大明宣德年造"等字样，少数碗底亦常见"南溪"字样以及"永靖镇造"款铭。

胎质分粗、细两种，粗胎质较厚重，釉汁呈青灰色，青花较淡；细胎质白而薄，釉色晶莹，青花色调清新明晰，在圈足靠外壁一面轻度削胎，为防止搭釉，垫烧时拌以细砂。

碗：可分二式，Ⅰ式口沿外撇，沿下收颌，腹壁弧度不大，矮圈足，高5.9厘米，口径13.9厘米，底径5厘米；Ⅱ式敞口，腹壁平直，矮圈足6.7厘米，口径13.7厘米，底径5厘米。

盘：宽边平斜外坦，浅腹，矮圈足，高3.2厘米，口径13.8厘米，底径9厘米，盘折沿，盘外边及腹间缠枝菊花。盘底写方框"福"字，另一件盘心绵松鹤纹，底部有"大明宣德年造"六字双排款。圈足，外边饰缠枝蔓草纹，胎有粗细两种，均全器满釉，仅圈足外露胎。

碟：口沿外撇，沿下收颌，浅腹，圈足，高2.3厘米，口径3.5厘米，底径7.5厘米。一般碟心饰折枝花卉，外壁饰缠枝花卉，有少数碟身为八瓣形，外壁饰蜜蜂，折枝花纹，内壁有的是"婴戏图"，有的是"逍遥图"，胎质亦分粗细两种，均全器满釉。

盅：敞口，深腹，圈足，腹外壁及盅心饰小朵花纹，全器满釉，窑具有灰砂匣钵和瓷胎扁垫。

《乐平县志》载：在县城东十里窑上华家，有窑址古迹。《中国陶瓷史》中亦有华家青花窑记载。根据文献记载和遗物的造型与釉色分析，华家窑当为明代嘉靖瓷窑遗址，1988年被公布为市级文物保护单位。

张家桥古瓷窑址

张家桥窑址坐落在乐平市城西南郊2千米的张家桥村边，其地西北石山耸立，乐安江从西侧流过，窑址位于近山临水的一个冲积平原上，又名潘家窑。张家桥古称嘉兴镇，旧名窑上村。窑场分布在近江约500米的条形地区内。由于烧造时间短，规模小，加之平整耕地关系，至今堆积物极少。从磁片观察，产品主要是青花，亦有青釉器，器型为碗、盘、盅、高足杯之类，以碗为主。青花磁胎分粗细两种，造型风格与华家、匣厂窑相同。青釉器多碗、高足杯之类，胎质较粗，釉色青黄，分粗细两种，与华家窑雷同。

碗：可分二式，与华家窑Ⅰ、Ⅱ式碗造型风格相同，碗外壁多变形梵文，碗心画折牡丹、折枝花等纹样，碗底常见"大明年造"四字双排款。

盘：宽边，浅腹，圈足，其装饰图案、胎质、釉色与华家窑、匣厂窑相同。

盅：口沿外撇，腹壁深直，圈足，高4.5厘米，口径6厘米，底径2.6厘米。盅外壁画折枝花鸟纹。盅心画四叶小花纹，盅底写"大明年造"四字双排款，胎质细腻，釉质光润，全器满釉，仅圈足外沿削胎外无釉。

高足杯：分青花、青釉两种，采青花残器两件，均为竹节形足，足中空，杯心画花草或写"福"字，全器满釉，仅足底削胎处无釉；青釉敞口杯，唇外坦，竹节形足，足底心内凹。全器满釉，仅足露胎，采集一件高9.8厘米，口径11厘米，底径3.3厘米。

窑具：有匣钵和垫饼，与华家窑、匣厂窑具相同。从遗物的造型特征与釉色来分析，张家桥窑与华家窑烧造时间相同，1983年被公布为市级文物保护单位。

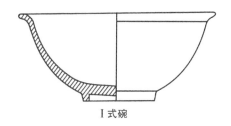
I 式碗

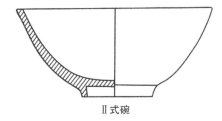
II 式碗

综上所述，匣厂、张家桥、华家三处青花瓷窑址，文献记载与实地调查相互印证。据此，可以断定三窑是躲避嘉靖十九年（1540年）景德镇的纷乱，窑工来乐平建窑，并将华家村一带改称永靖镇，张家桥一带改称嘉兴镇，两镇同时设置，缩其命名，拟取"嘉靖永兴"之意。这三处青花瓷遗址的资料，对于鉴定青花瓷的时代和窑口，均有参考价值。同时，这三处窑址的资料表明，除了与景德镇同时期民间青花瓷在造型、装饰和款记上具有的共同特征外，它还具有自己的地方特色。

丰源古瓷窑址

丰源古瓷窑址，位于离乐平市城区45千米的十里岗垦殖场丰源村东南侧灯盏下，西侧是"三八"水库，东侧是瓷土矿厂，再往东是长乐河。1981年丰源瓷土矿厂在勘察中，开掘土坑数处。1982年9月上旬乐平县博物馆在文物普查中发现该窑址烧造时间较长，自宋至明，鼎盛时为元代，属青瓷窑，面积达50000平方米，堆积层达2~3米。以烧造青、褐釉瓷为主，有少量黑釉器。器物有碗、盘、高足杯、盏、碟和罐等。采用印花装饰，有菊花、莲瓣花、缠枝叶花、铜钱花等。器物胎釉肥厚，瓷质纯细。匣钵多呈圆桶状。1983年10月被公布为乐平县文物保护单位。

窑址未经发掘，从瓷片标本观察，以烧造青釉瓷器为主，兼烧酱褐釉及少量黑釉瓷。青釉瓷绝大多数呈豆青色，器物以碗、盘、高足杯、盅、碟、灯油盏、罐为大宗。青釉瓷器物普遍胎浑厚，瓷质纯细。酱褐釉瓷器物在制作上较为粗糙，釉色晦暗。丰源瓷的装饰手法是印花，图案严谨，布局对称。

青釉瓷碗可分五式。

I式：敞口，卷沿外侈，弧腹，浅圈足，胎骨浑厚，呈豆青色，内外壁及底素面，内底有一涩圈，口径14厘米，高6.5厘米。

Ⅱ式：敞口，厚圆唇，斜腹，矮圈足，足内敛，内外施青釉及底，呈豆青色，内底有一涩圈，素面，口径 13 厘米，高 5 厘米。

Ⅲ式：敞口，沿外卷，斜壁，敛圈足，厚底，胎骨平薄，内外壁施青釉不及底，内底有一涩圈，素面，口径 16 厘米，高 6.8 厘米。

Ⅳ式：敞口，厚圆唇，弧腹，胎骨浑厚，内外壁满釉及底，呈豆青色，内壁饰印菊花、莲瓣花、缠枝叶花纹，内底有一涩圈，口径 7 厘米，高 7 厘米。

Ⅴ式：敞口，圆唇，斜腹，厚圈足，外壁施青釉不及底，内壁满釉，呈土黄色。釉下有棕眼及泪痕状，开细冰裂纹，素面，器物完整，口径 16 厘米，高 7.5 厘米。

盘可分二式。

Ⅰ式：宽沿外折，敞口，浅腹，厚圈足。内外壁满釉及底，呈豆青色，釉面平滑，晶莹发亮，开细冰裂纹。内壁印有菊、莲花卉、缠枝花叶、铜钱等纹样，胎骨厚重，切削规整，口径 20 厘米，高 4 厘米。

Ⅱ式：宽圆唇外折，敞口，浅斜壁，矮圈足，内外壁满釉及底，呈豆青色，素面，器物完整，口径 17 厘米，高 5 厘米。

盅：直口微内敛，鼓腹，腹下骤收，小平底，内外壁施青釉，外壁不及底，呈豆青色，口径 3 厘米，高 4 厘米。

高足杯：直腹，口微内敛，腹下骤收，足外撇，呈喇叭状，足柄中部有二道凸弦纹，足底内凹，内外壁施青釉及底，呈豆青色，釉色晶莹润亮，口径 8 厘米，高 9 厘米。

碟：规格大小不一，器型相仿，圆唇外撇，壁微鼓，矮圈足，胎骨浑厚，内外壁无釉，口径 11~13.5 厘米，高 2~3 厘米。

碗：敞口，斜壁，圈足，内外壁满釉及底，器壁平滑，内底有一涩圈，口径 15 厘米，高 6 厘米。

灯盏：分有耳与无耳二式，器型相仿，大小不一，敞口，直唇外侈，斜壁。内壁满釉，外壁无釉，器型纤小，口径 6~8.5 厘米，高 2 厘米。

罐：规格大小不一，器型相仿，矮径直沿，鼓状腹，高圈足，内壁满釉，外壁施半釉不及底，胎骨薄，釉面有平行擦痕与泪状痕，口径 7.5~8.5 厘米，高 6.5~10 厘米。

黑釉器物瓷片少许，瓷片破碎，很难识别器型。器壁平滑，色泽润亮，胎骨薄而纯细，呈白灰色。

窑具可分二式。

Ⅰ式：匣钵，呈圆筒状，直壁，胎质为夹砂粗泥，土黄色，无釉，轮制，口径 20 厘米，高 25 厘米，厚 3 厘米。

Ⅱ式：匣钵盖（底），锅底形，敞口、斜壁、胎质与Ⅰ式相同，粗泥轮制，口径 20 厘米，高 12 厘米。

丰源窑址是一处青釉瓷窑址，历史没有文献记载，当地有一段正德皇帝下巡江南途经此地制瓷的故事传说。从窑址遗物的造型和装饰手法来分析，该窑址始烧于元代，终烧于明代，故列为元明瓷窑遗址。此窑址为研究我市元明时期的制瓷业及社会历史面貌提供了珍贵的史料。1988年被公布为市级文物保护单位。

闵口古瓷窑址

闵口窑遗址位于乐平市涌山镇之北3千米许，上距15千米接景德镇市，下距33千米接乐平市城区。此地古为浮乐通衢，历代都有市面，故有"闵口街"之称。1982年乐平市博物馆在文物普查中被发现。闵口村坐落于涌山河东岸，村后"五幢庙山"即窑址地，面积1800平方米。坡面平缓，林木茂密，山南麓因修筑公路被挖掘，断面上可见遗物堆积层，厚处可达1.5米。

窑址未经发掘，从拣选的部分遗物标本来看，器物以碗、盘、碟、盏为大宗，其中尤以碗最多，全属青白瓷，胎质洁白、纯细。

碗可分六式。

Ⅰ式：敞口，唇外卷，直壁，鼓腹，高圈足，内外满釉及底，釉薄处泛白，积釉处带水绿色，光泽度强，胎薄而纯细，器内底宽而微外凸，圈底有垫饼痕迹，高9厘米，口径15厘米，底径6.5厘米。

Ⅱ式：敞口，唇外卷，弧腹，中圈足，内外壁满釉及底，内底平釉面开细冰裂纹。圈底有垫饼痕迹，高7.5厘米，口径14.5厘米，底径7厘米。

Ⅲ式：敞口，沿外侈，斜壁，高圈足，倒置呈"斗笠形"，足小，体型小，胎薄，器壁平滑，釉面开细冰裂纹，圈底有垫饼痕迹，器型有大小之异，Ⅰ式高5厘米，口径9厘米，底径3.2厘米；Ⅱ式高4.3厘米，口径3厘米；Ⅲ式底径3厘米。

Ⅳ式：直唇，口微内敛，弧腹，内外壁满釉及底，釉色润亮，开细冰裂纹，胎极薄，纯细，低圈足，体型小，圈底有垫饼痕迹，高4.3厘米，口径9厘米，底径3.5厘米。

Ⅴ式：敞口，直沿，斜壁，内外壁满釉及底，釉面开细冰裂纹，低圈足，圈底有垫饼痕迹，高8厘米，口径13厘米，底径6厘米。

Ⅵ式：敞口，唇外卷，鼓腹，高圈足，足外撇，呈喇叭状，内外壁满釉及底，釉面开细冰裂纹，胎薄，圈底有垫饼痕迹，高8厘米，口径13厘米，底径6.2厘米。

碟可分二式。

Ⅰ式：敞口，直沿，浅弧壁，胎极薄，小圈足，釉内略呈豆青色，开细冰裂纹，圈沿有垫饼痕迹，高3.5厘米，口径10.5厘米，底径3厘米。

Ⅱ式：敞口，直沿，浅弧壁，无足，底部微内凹，凹处有垫饼痕迹，胎极薄，纯细，内外壁满釉及底，釉色极光亮，釉内有小气泡，高1.8厘米，口径3.5厘米。

高足盏：敞口，弧壁，高圈足，底宽而平，内底沿折，釉面开细冰裂纹，圈底有垫饼痕迹，口径约9厘米，足高3厘米，足径5厘米。

窑具：分匣钵、垫饼二式。

匣钵：用黏土、细沙混合烧成，内壁斜，呈锅形，外壁上半部为厚直沿，下半部骤折而收成小平底，上重下轻，器型大小因装烧的器物而异。

垫饼：用黏土烧成，部分混合有细砂，有环形，亦有圆形，规格大小因器物而异，烧制时一般嵌入圈底，故小于圈足。

此窑器皿系采用单体装匣钵的仰烧法装烧，瓷片上均不见任何纹饰，具有明显的宋代早期青白瓷特征，应属宋代青白瓷窑址。此外，在当地还流传一段宋徽宗下令烧制御床的故事传说。这一窑址为研究乐平市宋代制瓷业提供了资料。

涌山窑群

在江西省乐平市涌山鸡公山山腰，有一处鲜为人知的岩洞遗址——涌山仙岩洞遗址。这些承载着深厚的古陶瓷历史文化内涵的古岩洞，像一颗颗价值连城的耀眼明珠，镶嵌在涌山河边广袤的土地上，把人们心灵引向远古时代。

记者在采访中了解到，徐裕溪今年68岁，其中有20多年是陪着仙岩洞一起度过的。尽管每个月只有200元的津贴，但他仍然乐此不疲。

20年前，徐裕溪到庐山仙人洞游览时，看到络绎不绝的一拨拨游客，他就突发奇想，庐山的仙人洞远不及家乡的鸡公山仙岩洞有韵味，却有这么大的魅力。如果把涌山鸡公山仙岩洞保护起来，进行合理开发利用，保准今后前景不可估量。

涌山新旧石器时代遗址的发现，标志着景德镇不仅是千年瓷都，也是万年瓷邑。以涌山为中心的周边遗址群，有很多制陶、制瓷的遗址，如商周时期的原始遗址、唐代瓷业的南窑遗址、元明时期的丰源窑遗址、明代的华家窑遗址、南北朝时期的闵口窑遗址等。同时，在涌山周边，塔前镇的界首村是出产瓷土的地方。南宋时期陶瓷学家蒋祈所著的《陶记》中提到了界首的瓷石，这是中国第一部陶瓷专著。与此同时，涌山周边出土了盛产瓷石、石灰等瓷的胎釉原料，从新石器时代的陶器到商周时期的原始瓷，再到唐宋时期的瓷业生产，在乐平涌山周边都有遗址、窑口、出土器物，这说明涌山所保护的石器时代遗址所标志的人类制陶的历史到现在已有1万多年的历史，在景德镇地区从来没有间断过，经久不息地传承、发展着。涌山的石器时代遗址，就是中国陶瓷的活化石。

中国是陶器母邦，陶器的发明，使得古陶成为当时社会重要的生产力工具，方

徐裕溪老人向来访者介绍涌
山仙岩洞古陶瓷历史文化

便人们储藏、存水、煮食、运输。也正因为这些古陶器，才孕育了千年瓷都。在景德镇南河流域，以涌山、寿安为中心，辐射浮梁县的静坑、湘湖等地域，在唐宋时期兴起了大规模的陶瓷生产和陶瓷贸易，遍及大江南北，漂洋出海运销到中南亚、中东等地区，对人类文明史的发展产生了深远影响。因此，涌山是江西省旧石器时代遗址最早发现地。在涌山石器时代遗址、商周墓葬遗址，战国、西汉、南北朝时期的青铜器、陶器等遗存遗物，这里应有尽有。

　　像这样的陶碎片和泥制陶器俯拾皆是，我们看见的破碗，是涌山先民用过的陶器。一个裸露在洞穴上万年、具有国家雏形的原始文明社会就藏在这方圆几平方千米的鸡公山腰。现发现这块古旧遗址已有 50 多年时间，这些化石流落野外，已有一万多年的历史，常年风雨剥蚀，部分有破损痕迹。

窑上青花窑址

　　窑上青花瓷窑址，位于乐平市东南 4 千米接渡镇窑上、窑下和华家村。《乐平县志》记载为明代嘉靖青花瓷窑，民间传说当时有 18 座大窑，1962 年调查时尚存 5 座窑包。1982 年复查时仅在窑上村见到 2 座。窑址分布在乐安江河北岸的冲积平原上，产品主要有碗、盘、碟、杯、壶等民间日用器皿。青花彩绘有人物、动物、花卉、庭院和八卦铜钱、变形梵文等纹样。碗心多写"福""寿""善""光""高贵佳器""玉堂佳器""永靖镇造""南溪"及"大明年造"等款名。胎质有粗有细，粗胎质地较厚重，釉汁青灰色，青花较淡；细胎质地白而薄，釉色晶莹，色调明朗。此外，也有少量单色釉，如粉青釉瓷器。历史上与该窑同窑口的尚有匣厂、张家桥窑。1983 年 10 月被公布为乐平县文物保护单位。

古 窑 简 介

旸府滩古瓷窑址

　　旸府滩窑址位于景德镇市昌江区西郊街道旸府滩村村口南侧，因当地农民开荒种菜，现已看不到堆积包，只是在河畔和菜地可以看到少量零星的匣钵和青花瓷片。出

土有漏斗形匣钵和青花花卉纹碗等残片，分布面积约1500平方米，对研究景德镇明代窑业有很高的科学价值。

吊脚楼古瓷窑址

吊脚楼古窑遗址位于景德镇市老城区，南临浙江路，北临玉路弄，西临沿江东路，面积约7600平方米，为清至民国时期废弃的窑业堆积，出土瓷片均为粗糙的青花碗（俗称渣胎碗）。该窑址年代跨度长，堆积丰厚，因未发掘，没能揭示其神秘的面纱。2006年12月被公布为景德镇市重点文物保护单位。

焦坑坞水库古瓷窑址

焦坑坞水库古窑遗址位于浮梁县湘湖镇焦坑坞水库东西两侧，主要为五代、北宋时期遗存，窑址面积有3000多平方米。主要器物为碗、盘。靠西北处有支钉青釉碗盘，由此可以推断为五代时期器物。东南处为一器一匣仰烧装烧青白釉碗盘，产品较为单一。该遗存的遗迹可以清晰地看出窑业的时代延续性。

坎上匣厂古瓷窑址

坝上匣厂窑址坐落在乐平市城东郊约4千米的坎上乡匣厂村，村后岗峦起伏，乐安江自东而西流经村前，窑址就位于乐安江南岸的冲积平原上，隔河与华家窑对望。据当地群众说，该地名之所以名为匣厂，是因当年主要生产为烧窑制匣钵之地，供应对岸华家瓷窑之窑具。当年窑场分布于乐安江南岸杨家村与匣厂村之间约300米的条形地区内，匣钵堆积较多，瓷片遗存较少。据调查，几年前在平整耕地时，发现有数座圆形窑址。

从遗物的造型特征与釉色来观察，当属华家窑的产品，1983年被公布为乐平市级文物保护单位。

黄老大古瓷窑址

黄老大古瓷窑遗址位于景德镇市珠山区珠山街道龙珠阁社区彭家上弄南侧，窑炉遗迹位于遗址东侧，可隐约看见残存窑炉护墙，最高处约 80 厘米。窑房及窑棚均已倒塌，仅可见部分窑砖砌筑的外墙。

黄老大古瓷窑窑房遗址

窑炉护墙

黄老大古瓷窑遗址

该窑建于清代，且处于御窑厂附近，对研究景德镇城区镇窑的发展历史及窑炉形制的演变等有重要价值。

洪家坞古瓷窑址

洪家坞村位于浮梁县王港乡，在童家畈东偏北 5 千米，东河南岸。唐初，洪氏在婺源洲地建村。唐中，闵氏从山东迁入，袭用原名。古窑遗址面积达 300 平方米，采集的标本有宋元影青，元代青花、釉里红，明代青花、仿龙泉釉等。器型有碗、盘、高足碗和杯等，留存有元代龙窑遗址、明代早期葫芦窑址两处。1994 年 6 月被公布为浮梁县文物保护单位。该窑址对宋、元、明景德镇瓷器研究提供了重要的实物资料，对研究传世的影青瓷、青花瓷以及仿龙泉釉等品种瓷器具有重要意义。

洪家古瓷窑址

洪家古瓷窑遗址位于景德镇市昌江区鲇鱼山镇洪家村南面蛇山西坡上，面积约 1000 平方米。2005 年 7—11 月，故宫博物院、江西省文物考古研究所和景德镇陶瓷考古研究所组成的考古队曾采集了大量五代时期的壶、碗等青瓷器标本。该窑址对研究景德镇周边地区民窑生产历史和建立民窑瓷器的编年具有重要意义，为市级文物保护单位。

洪家古瓷窑遗存标本　　　　　　　　　　洪家蛇山古瓷窑遗址

灵安古瓷窑址

灵安村隶属浮梁县湘湖镇，中华人民共和国成立前曾分别为寿安乡灵珠和湘湖乡南安所辖，中华人民共和国成立后又曾为灵安乡，故名灵安。灵安古瓷窑址位于灵安村附近，该窑址有占家坞、塘坞、余家坞、吴冲坞4处遗存，总面积8000平方米。该窑址烧造影青瓷，产品单一，以碗、盘类为主，胎质闪灰，器物少有纹饰装饰。产品以一器一匣仰烧装烧，根据以上特征判断窑址时代为北宋中期。

汪家村古瓷窑址

汪家村属浮梁县湘湖镇进坑行政村，宋代汪氏在此定居，故名。元初，曾氏由建昌迁入，李、曹、刘氏从万年迁入，袭用原名。汪家村古窑遗址位于山后，窑址面积约有1000平方米。窑址堆积主要为影青器物，主要以碗、盘类为主，胎质偏白，釉色偏青，器物有简单的装饰纹样，以一器一匣仰烧装烧。根据以上特征判断窑址时代上限到北宋早中期。

南门坞古瓷窑址

南门坞村位于浮梁县王港乡高沙村，距景德镇市5千米。唐末，朱氏在此建村，因背靠高山，村前是大面积河滩，沙石丰富，故名高沙。南门坞窑址南北长200米，东西宽100米，总面积20000平方米。地表上堆积很多瓷器残片，主要器类有碗、盘、小碟等，采用支钉叠烧法。胎呈灰色，釉色偏青灰，据此推测是景德镇东河流域五代时期较早烧制陶瓷的遗址。

白庙下古瓷窑址

白庙下古瓷窑址位于景德镇市珠山区竟成镇银坑行政村白庙下自然村、枫树山林场南山分场宿舍西侧，因建房有部分被破坏，房后残留的350平方堆积保存尚好。裸露堆积的最厚处有1米。遗物可见漏斗式匣钵、平底匣钵、垫饼等窑具，遗物残片可见白釉矮足小碗、唇口小盏等，为宋早期遗物。距村东约1千米的碓家坞有1处堆积，保存较好，因与山相连而不易辨别。

南昌市

南 昌 县

蚕石窑遗址

蚕石窑遗址位于南昌县冈上镇蚕石村西的焦瓦潭。窑床入抚河水中，河岸上百米处有青瓷杯、碗、钵残片及瓷土、窑渣等。古窑面积约1000平方米。器物的造型、釉色与丰城市罗湖窑瓷相同，风格一致，应同属洪州窑系，时代属东晋。1983年被列为南昌县县级文物保护单位。

胡陶城砖窑遗址

胡陶城砖窑遗址位于南昌县幽兰镇胡陶窑头村。窑床埋于堤内，堤外有大块城砖可见，系明代城砖窑遗址。

九江市

修 水 县

山背古窑址

山背古窑址位于九江市修水县上奉乡山背村。从山背考古发掘43处遗址中，有陶窑3座，其中有1处古窑址，东西长1.75米，南北宽2.5米，为椭圆形袋状竖坑，由火腔、窑室、烟囱三部分组成，窑底呈锅底形，表面呈灰黑色。窑内堆积分三层，均含印线硕陶片，特别是薄的胎磨光黑陶，象征着制陶技术已达到高潮，超过了以往的原始人。另外在山背遗址中，还出现了温度高达900~1000℃烧成的硬陶，反映了陶窑的结构已相当进步。从发掘的古窑址和古陶器分析，陶器以红沙陶为主，有夹粗沙和泥质红陶、夹细沙和泥质灰陶、黑陶3种，以夹沙红陶最多。尚有极少数薄胎黑陶，厚0.1~0.2厘米，几乎可与山东龙山文化的蛋壳黑陶媲美。

陶器造型多为三足器和圆足器，也有少数圜底器和小凹底器，三足器多数敞口折唇，鼓腹圆底的罐形鼎，鼎腿有侧扁、扁平、圆锥、羊角式诸种，以侧扁式罐形鼎足为多。鬶直细长颈稍捏扁带底，无腹。圈足器以侈口腰瘦圜底高足杯形豆。直唇浅盘，喇叭形高圈足盖豆。浅盘圈足豆、侈口高颈鼓腹圈足壶、直口高颈扁圆腹圈足壶以及矮圈足簋为最普遍，其中杯形豆独具一格，在江南其他地区尚未发现。圜底器多为侈口圜腹圆底罐、敞口短颈深腹圜底罐。小凹底器，有直口高颈鼓腹罐，这些陶器组成山背文化特有的器物群。器物为手制，少数器物的口沿或局部有轮修痕迹，表面粗糙或挂一层红陶衣，通体磨光。90%的器身唇外或腹部饰一二道凹弦纹，极少数器物拍印有方格、纺织纹及圆圈等花纹。

山背遗址出土的陶制纺轮，多数为夹沙红陶，也有泥质灰陶，有圆饼式、算珠式等，剖面多呈梯形，也有鼓形和半月形。有些纺轮上有戳印或刻划的螺旋纹、叶形纹、弧形纹和八角纹等。山背人使用的陶质纺轮，不但生产效率高，而且器物规整，表面光滑，表明山背原始居民不仅能制陶器，还能以自制的陶质纺轮，用野生葛麻和竹藤纤维纺织作衣。纺轮是原始纺织中的重要工具，其中心有孔，孔中置以两端削尖的直杆，称为纺坠。它在人力的启动下，纺坠通过自身的重力产生连续旋转而较快地完成搓转和捻合工序。安装众多的纺坠就相当于一架原始的机器，大大提高了工作效率。

山背文化遗存中，有刻划在陶器上的文字符号。尽管与商代的甲骨文相比简单一些，但作为原始文字是应该成立的，证明山背原始文化已在向文明方面发展。

2006年7—9月，为配合大广高速公路建设，江西省文物考古研究所会同九江市博物馆和修水县博物馆对公路所穿越的山背古文化遗址沿线进行为期3个月的考古调查。在该遗址沿线2千米范围内新发现狮坳山、风形岭上、大岭上、月光坳、狮形坳、风形坳等6处遗址，清理汉晋时期墓葬3座，出土了大量的石器与陶器。陶器有软陶和硬陶之分。软陶多为素面红沙陶，纹饰仅见方格纹。硬陶均为几何印纹陶，有方格纹、回纹、绳纹、蓝纹、水波纹、编织纹、云雷纹、"S"形纹、米字纹、叶脉纹等，以方格纹和回纹居多。完整和可复原器有罐、壶、盆、豆、尊和瓿形器等。大岭上东汉墓有陶器2件，其中软陶盆、釉陶罐各1件；风形岭上东汉墓有陶器4件，其中罐、双唇罐、盆、钵各1件，青瓷罐1件；太平山东晋墓有陶器5件，其中钵3件，罐1件，铫1件，青瓷器2件。

瑞 昌 市

铜岭青铜冶炼古窑遗址

铜岭青铜冶炼古窑遗址位于瑞昌市夏畈镇铜岭山。铜岭遗址是我国迄今发现的年代最早、保存最完整、内涵最丰富的大型铜矿青铜冶炼炉窑遗址，所属时代为商代中期至战国早期，距今约有3300年。据考古资料记载，铜岭铜矿冶炼技术采用炉窑火炼，冶炼区的炼渣堆积六七十万吨，是中国青铜时代青铜器铸造原料来源的重要基地之一。

1988年春，当地修筑公路发现铜岭遗址，经江西省九江市瑞昌县三级有关部门组成的专门机构发掘和国家有关权威机构专家调查，铜岭遗址是一处集采矿、冶炼于一地的矿冶遗址。1988—1991年，考古工作者连续4年对铜岭遗址进行科学发掘，发现矿井103口，巷道19条，露采坑3处，深矿槽坑2处，工棚6处，选矿场1处，共出土遗物468件，其中商代128件，西周108件，春秋214件，战国18件，分别为青铜器、木器、陶器、石器。同时发掘有不同时代、不同式样的选矿器具——木溜槽，因此，中国用于矿山生产的轮轴机械装置历史提到3000余年前。

全国重点文物保护单位
——铜岭，即古代铜岭冶炼炉窑遗址

铜岭建设工地

铜岭青铜冶炼炉窑遗址博物馆效果图

铜岭青铜冶炼炉窑遗址博物馆全景图

　　铜岭遗址分采矿和冶炼两个区：采矿区，东西长径约385米，南北短径为190米，集中分布范围约7万平方米，采矿区以地下开采为主，地下开采的井巷采用木头作为支护，并采用井巷联合开采方法，是世界上最早使用木支护深入地层深部开矿的地点，采矿区大型选矿场是世界选矿史上的重要发现；冶炼区，分布在矿山脚下，面积约20万平方米。据专家考证，铜岭铜矿采用火法炼铜，当时建有大型炉窑，所采选的铜矿原料通过炉窑火炼，经过化学和物理方法提取金属，其烧成温度、配矿技术、工艺流程非常成熟，在世界青铜冶炼史上独树一帜。

　　铜岭遗址，先后被评为"七五"期间全国十大考古新发现之一和20世纪中国重大考古发现之一，1996年被列入全国重点文物保护单位，2001年被列入中国申报世界文化遗产预备名单，2011年被列入国家"十二五"重点大遗址保护规划纲要。

　　进入21世纪，瑞昌市委、市政府为开展铜岭遗址保护、利用和建设，打造青铜文化，先后制定《江西省瑞昌市铜岭古矿冶遗址安防系统工程设计方案》《铜岭铜矿遗址防护围墙勘察设计方案》《江西省瑞昌市铜岭铜矿冶遗址发掘区抢险加固保护工程

古代铜岭青铜冶炼炉窑遗址

设计方案》《铜岭遗址考古发掘三年规划方案》，并获国家有关部门批复实施。同时，决定在铜岭遗址上建造国家铜岭考古遗址公园和国家铜岭矿山遗址公园（简称为铜岭国家双遗址公园），并被国家规划为重点建设项目。2013年5月7日，铜岭国家双遗址公园开工仪式在夏畈镇禁地村举行。项目一期总投资为1.7亿元，总用地800余亩，主要建设内容为：遗址博物馆土建工程、博物馆陈展工程、公园大门工程、绿化等配套工程。其中，遗址博物馆建设总投资6000万元，占地面积4500平方米，建筑面积约8000平方米，桩基础及地下室工程已全部完工，地面部分正在建设中。

铜岭遗址，按照"国内一流、国内领先"的标准，建设为集考古遗址公园与矿山公园于一体的国家双遗址公园。它将成为展示中国千年青铜文化的重要窗口，成为国内外游客寻根的文化圣地。

九 江 县

城子镇窑遗址

城子镇窑遗址位于九江县城子镇政府驻地北隅江滨。20世纪80年代，九江县文物普查时，考古队员曾两次到实地考察，发现残窑址3座和可辨窑迹多处。随即发掘，采集到青灰色残砖多块，砖表光滑，质坚硬，规格为长40厘米，宽20厘米，厚10厘米。两侧分别拍印楷书阳文"九江府提调官知事张懋华司吏杨亨 瑞昌县提调官县丞于盟司吏但显""总甲张荣轻甲首□小甲□□□ 窑匠彭□造砖人夫王信"。

20世纪90年代末，因修长江大堤城子镇段建设堤，在窑址边取土，火龙村村民王贞兵捡到一块大型残砖，上拍印楷书阳文"□显□程祥轻□匠彭受砖人夫胡良轻"等字样。根据形制和铭文考析，此砖与南京现存古城砖相似。经研究，此为明初官府为建南京都城，吩咐各地提供建筑材料。九江府德化县县衙，考虑城子镇临长江边，水运方便，所以指派专人在此建窑烧砖，为南京营造城墙提调城砖。

城子镇古砖窑址，历经数百年风雨侵蚀，特别是数十次大洪水冲洗，修长江建设堤占用窑址地面，加之在此取土等，如今仅留有废窑土及少量窑砖（无字）。文物普查发现掘取的窑砖，由九江县博物馆存藏。

古窑简介

古市陶窑

古市陶窑位于九江市修水县古市镇杨田村境内，制陶可追溯到战国时期，厂址最早在蛤蟆塘，后迁到杨田村黄大塘。旧时由私人开办小作坊，手工操作，主要生产陶缸、坛、罐、钵等品种，20世纪50年代逐步扩大到陶棺生产，现已废。

石门瓷窑

石门瓷窑位于修水县渣津镇石门村，清道光年间由湖北通山张正列始创，以传统手工方式生产日用瓷器，畅销修水县城乡及湖北通城。1931年成立石门赤色瓷业工会，曾制作"工农专政"瓷器对外销售。1949年12月成立石门瓷厂工会，1955年建立石门瓷器生产合作社，1958年转为地方国营，有技工20多人。1970年与汤桥瓷厂合并，迁址走马岗。1970年产值15万元，1984年企业改制停产。

黄港沙窝里窑

黄港沙窝里窑位于修水县黄港镇月山村境内，清代由邱姓客家人创建。瓷器生产为手工操作，主要过程有取土、做坯、绘画、装窑、烧制等，全封闭式生产。产品主

要为碗、杯、壶、坛之类的蓝花日用瓷。清末，产品畅销本县和武宁、铜鼓、宜丰及湖南平江、浏阳，湖北通城等地，现已废。

泉源窑

泉源窑位于修水县黄沙镇泉源村窑里，原名化泉窑，制陶始自清代，该村廖姓人家曾在此创办陶器作坊。从外地引进制陶技术，建场筑窑，烧制各种器皿，主要生产家用生活用品，如钵、坛、缸、瓮等，当地人称其产品为"化泉"，现已废。

雅雀坡窑址

雅雀坡窑址位于瑞昌市桂林街道洪源村程家河西南800米，西北为程家河，南为杨家垅。窑址采集的标本有罐执壶、执壶、盘、钵、碗、碟等，瓷质粗糙，釉式酱褐色，有些碗有支烧痕迹，此处还有窑具，如大小支垫，均为陶质，圆柱形，平底，直径8.5~8.7厘米。经鉴定为唐至五代时期的青瓷窑址。

周官嘴窑址

周官嘴窑址位于九江市都昌县周溪镇黄湖村南，东北距张七房村500米，南距岩头坎约300米，西南紧靠周溪大港。窑坐落在紧靠鄱阳湖的陆地，水路交通极为便利。窑址堆积面积约240平方米，高3米。采集标本多数为碗、盆、坛罐、钵、瓶、壶、盅等日常生活用品，器物釉色晶亮，施釉不及底，大部分为蟹壳釉和黑色釉，也有少量浅黄釉。出土窑具有陶质碾轮、圆筒式空心垫底、轮轴帽等。经鉴定为唐代窑址。1968年，因修建上坝圩堤，遗址地貌遭到破坏。

共青古窑

共青古窑位于共青城市江益镇增垅村涂家汊，有古窑遗址99座。相传在古代，有一风水先生预言，此地会出帝王，但必须在鸡叫之前一夜之间造出100座瓷窑，在造好99座窑后，被人窥破，学起了鸡叫，所以只能停止。窑址在鄱阳湖的湖汊内，背靠连绵的丘陵，水上交通非常便利，燃料非常丰富。该遗址现存部分窑址，有大量的瓦砾。

蔡家垅瓷窑遗址

　　蔡家垅瓷窑遗址位于九江县城沙河街青锋村张家湖畔。1977年兴修水利时，新开引水渠道发现瓷窑痕迹，九江县文物部门立即进行抢救性发掘。开挖探方3个，揭露面积280余平方米，发现文化堆积厚0.3~1米。出土大小不等、直口折腹瓷钵56件，多施酱褐釉，划纹白瓷碗和青釉陶罐各1种；还出土多件盘、杯、碟、碗残瓷片，同时出土少量窑具，可辨器型有铁质刮削器。经江西省文物部门鉴定为唐代地方烧造瓷质器皿窑址。出土文物均存于九江县博物馆。古窑旧址因水利建设等原因，现已难辨其原形。

萍乡市

芦 溪 县

南坑古窑址

南坑古窑址位于芦溪县南坑镇窑下村至坪村公路、萍莲公路一带。窑包堆积分布在横江两岸山丘坡地。西北有东冲窑,沿横江南下,至老窑下对岸有凤凰坡窑,至遥进村,东去坪村水库一线有易家岭窑、垅壁台窑;南至大坳方向,沿公路有山下窑、瓦子坳窑和炉下窑等堆积。始烧于南宋,兴盛于元代,明代有短期烧造。在1983年文物普查中被发现,1984年被列为萍乡市文物保护单位。

南坑窑地处半山区,各处窑包堆积大都依山傍水,大小不一。境内有渌水支流——横江流经,春夏水盛时,可通木舟,顺流入湘江,可远达长江各地,在古代应为该窑的一条主要运输线。这里丛山环抱,广有杂木柴草,燃料充足,地下有丰富的瓷土资源,是制瓷的良好基地。据1965年江西省陶瓷研究所关于萍乡上埠至南坑一带瓷土调查,该地段有高岭土地质储量950万吨(自南坑至上埠一线一直是古人取土埏陶的场所,南坑窑于明代日渐衰落,至清初南坑瓷业逐渐移至上埠)。20世纪80年代仍有许多瓷厂在主烧工业电瓷。由于瓷土资源丰盛,境内一般的日用砖瓦也是用瓷土烧制的。

南坑窑产品以芒口覆烧青白瓷为主。凤凰坡与山下两地还发现有青瓷,其时代

萍乡市文物保护单位——南坑古窑址

均相差不远。上述各窑以凤凰坡窑场较为有名,当地称"老窑下",其地因依凤凰山而得名。窑场范围南北长约150米,东西宽约100米。出土窑用工具有荡箍、火照、支圈、筒形匣钵、覆烧垫钵等。出土器物可分为青白瓷和青釉瓷两大类,也有部分青绿釉和黑釉瓷。地表还发现有少数明代青花瓷。

青白瓷器型有盏、碗、钵、盘、粉盒等。胎壁多坚致白净,釉色淡青。盏口有敞口、斜壁、圆饼实足或芒口、弧壁、喇叭形圈足之分。碟多芒口。钵多圆唇,束颈,鼓腹,圆饼形实足。另有部分为敞口,折腹,口沿下塑有一道凸边棱。粉盒为子母口,盖面有印花图案。碗有敞口、弧腹、圈足或芒口、侈唇、斜腹、圆饼形实足等不同形制。各类盘的内底有划花、印花纹样装饰。花纹多盘边沿缀衬菊瓣,内底铺饰花蕊。有的内底印卷曲飘带纹,四边作菊瓣形。

青瓷类器型有碟、盏、高足杯、钵、碗、瓶、盘和皈依瓶等。此类器物胎壁较青白瓷厚重,胎土白中泛青灰,偶见小气孔。釉色多豆青,釉厚处呈青绿色。又有一类深青绿釉,釉面不甚均匀。其中一种敞口、弧壁、圆饼形实足青瓷盏,外壁切削成菊瓣状。釉色青翠,釉汁莹润,内底有一圈刮釉涩胎。高足杯多敞口,弧腹,高实足。施仿龙泉豆青色釉。所出皈依瓶更属该窑典型产品,敛口,圆唇,溜肩,鼓腹,矮圈足。颈部设一对称小圆系。外壁有划花,上部作卷曲纹,下部为复线仰瓷莲纹,施青色釉。

从出土的各类窑用工具和瓷器的装烧工艺及器型特征分析,芒口覆烧是南坑各窑场青白瓷的主要炼制方法,多流行于宋元间。南坑窑各窑场青釉瓷一般采用涩圈叠烧法,各窑场制瓷技法娴熟,器壁及底足切削简练,装饰手法可分为印花和划花两类,在构图和布局上具有地方特色。印花多见于青白瓷内底。常见花纹有牡丹、菊花、莲瓣等。精细瓷有梅花纹碗,线条工整、流畅。多见于江西元墓。划花普遍运用于青白瓷和青瓷器之上。图案有牡丹、卷草、仰莲、游鱼等。其中划花鱼纹盘,寥寥数笔即勾勒出一栩栩如生的鲤鱼。

萍乡在宋时为上县,地下多瓷土矿源,开矿烧瓷事属自然。《昭萍志略》载:"元至元十九年隶江西行省,定为上路,成宗元贞元年升萍乡为中州。"自宋至元,萍乡随着行政治所级别的上升,经济、文化日益集中,作为生活必需品的瓷器,在数量和质量上有所增进。南坑古窑址的发现为考察萍乡乃至赣西地区制瓷工艺与窑场概况提供了可靠的例证,对研究萍乡地区瓷业史有重大意义。

上 栗 县

赤山院背大宝山陶窑址

　　大宝山陶窑遗址位于萍乡市上栗县赤山镇院背村大宝山。该遗址沿着连绵起伏的杨岐山脉向南伸展，两边有宽阔的农田，一条北来的周江水围绕遗址山坡向西南流去。总面积约4500平方米。发现有窑床5座，三大袋足台痕、黑陶壶、白瓷鬶、火道等，烧造于宋朝至清朝年间。

赤山幕冲陶窑址

　　该遗址位于萍乡市上栗县赤山镇幕冲村。发现有陶床、陶器废品堆积物，元代高足杯等遗物，属于元明时期。现仅见遍地破损瓦片。

新余市

分宜县

芦塘砖窑遗址

当人们从四面八方，甚至不远万里，络绎不绝地来到有六朝古都之称的著名石头城南京旅游时，一定会登上雄伟壮观的明城墙，一睹古城的美丽风光。然而，就在你踏上城墙之际，你怎会想到，脚下一块一块的砖头，竟然来自千里之外的江西省分宜县分宜镇芦塘村岭背自然村！

2006年的清明节，在为先人扫墓时，分宜县城管大队的卢小平在祖山上偶尔拾到一块大白砖，长40厘米，宽19厘米，厚10.5厘米，质地坚硬。其规格、质量与其他烧造砖明显不同，特别是两侧有阳刻楷书字迹，出于好奇，将其带回家，清洗后仔细观察。因年代久远，有些字虽有残缺，但总体字迹较为清楚。在拓印了砖上的文字后，读出了"分宜县提调官典史刑初司吏张用韶，袁州府提调官通判隋赞司吏任俊，总甲陈文彬甲首黄南英小甲中敬存窑匠袁尚造砖人中吝十"。文字均为阳文楷书，他记得自己在南京当兵时在南京城墙上看到过类似的文字，经与书籍资料比照，卢小平发现铭文特征与古籍《明·南京城墙砖图文释》完全吻合。

大白砖可能是皇城城墙砖！既然发现城墙砖，那必定会有烧砖的窑，为证实这一推测，卢小平多次上山寻找，功夫不负有心人，终于在拣到大白砖不远处发现了保存完好的窑洞。此窑洞，形似水缸，直径约2.5米，高约2米，后经考证，确为烧制城墙砖的官窑。砖窑内有3个烟囱，虽被泥土遮盖了小部分，但依旧棱角分明，清晰可见，窑壁上的火烧土仍然鲜红、结实。在附近另一个毁坏的窑址处，发现不少已断裂但字迹仍清晰的明城墙残砖。事后，卢小平与省、市、县文物部门联系，经省文物鉴定专家李科友确定，大白砖为明代初期专为南京修城墙而烧制。

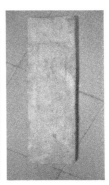

保存完好的窑洞，形似水缸，
为烧制城墙砖的官窑

位于分宜县一个小山坡的古砖窑，
东西宽约200米，南北长约300米，
中部是练泥塘，呈长方形

南京明城墙大白砖

　　几经周折，卢小平与南京市博物馆城墙研究所考古专家杨国庆取得联系。得悉这一重要信息后，2007年10月31日，杨国庆等人赶赴分宜，前往发现明城墙砖的山地，顺利找到生产城墙砖的窑址，当场确定此处即为明代初期烧造南京城墙砖的官窑，并确认这是江西省境内发现的唯一一个保存最完整的明代城墙砖官窑。考古专家们顺着袁河岸边考察，发现了更多古窑址，据初测判断，袁河北面沿岸的明代砖窑至少分布3千米，主要生产地位于芦塘村，向北延绵至宜春市境内的宋家村，虽然地势高低不平，却散布着数百个城墙砖窑。在岭背村东北面岭背山东西长约300米、南北宽约250米的范围内，分别发现5个窑炉遗迹和1个晒坪，窑址面积约10万平方米。窑炉都是馒头窑，底直径约2.5米，高1米，窑壁结实，厚0.2~0.6米，后壁有3个烟囱，平面呈半圆形，宽约0.33米。窑址附近发现大量白色碎瓦片和城墙砖，城墙砖质坚如石，白净光滑。

　　据史料记载，明代开国皇帝朱元璋在南京建造城墙时，动用了20万工匠，仅烧造城墙砖一项便由全国125个县承担，江西的分宜、宜春、萍乡、万载便是其中的一部分。

　　南京明城墙长达30余千米，洪武十七年（1384年）后，为了尽快修好南京城墙，朱元璋下令"定军士筑城，不得役民"。当年在建造都城城墙时，为什么要舍近求远到相隔千里之遥的赣西地区来制砖？经研究发现，正是袁河两岸优质制砖原料及便利的运输条件，使数百个砖窑设立于此。专家对土质研究发现，分宜生产的城墙砖是由烧制瓷器的高岭土烧造的，而且就地分布，就近取材，是货真价实的上等制砖材料，用其烧制的城砖无异于瓷砖。

　　在发现古砖窑的同时，古窑厂也清晰地呈现于世人眼前。古窑厂位于小山坡平面，东西宽约200米，南北长约300米，中部是练泥塘，呈长方形，东部为待烧制砖坯区，北为废料和残砖及窑体清出物区，南为凉胚区，一条人工水渠贯穿作业区，其主要工艺是采泥、练泥、洗泥、制坯、凉坯、压模、干坯后送窑用柴火烧制后窨水，成品由驿道运至河边码头，装船后顺袁河而下，入赣江，过鄱阳湖，再顺长江至南京。

　　发现古城墙砖官窑遗址后，在靠近袁河岸边，还发现一个古码头遗址。据考证，这就是当年运送城墙砖至水路的码头之一。可惜因袁河水长久冲刷,河道变宽,古码头已沉入水中。但码头旁不少的残砖表明,这就是与官窑相连的古驿道终点。

分宜古城墙砖官窑遗址的发现,在社会上引起强烈反响,包括新浪网、搜狐网、人民网、凤凰网在内的50多家国内影响较大网站转载报道。芦塘明代城墙砖窑址是迄今为止国内唯一一个保存完整的明代城墙砖窑址,这为研究分宜县、古代袁州乃至江西砖瓦技术以及明代江西地方经济提供了珍贵的实物资料,对研究明代建筑史,明代砖瓦手工业史,南京城墙砖的烧造管理制度,明代的摊派、检验制度以及交通运输路线等具有非常重要的历史价值。为保护、展示古窑文化,古窑发现人卢小平在窑址所在村庄兴建了一座明城墙砖贡烧窑址地纪念馆,其馆藏文物加上周边遗存的窑口、残砖、高岭白泥土、练泥塘、晒砖坪等大量遗迹,可以展示当时制作明城墙砖的全部工序,具有较高的研究和保存价值。分宜县已正式申请将明城墙砖制作工艺列入市级第二批非物质文化遗产项目简介。

渝 水 区

赵家山窑炉

赵家山窑炉位于新余市渝水区南安乡哲山村东面赵家山。境内北面袁河水由西向东流经,境外东南面赣江水由西南向东北流经,两江河水在樟树境内汇合。横亘在赵家山东南面的百丈峰山成为新干、峡江与渝水三县区境界。

2001年8月,为配合赣粤高速昌泰段公路建设,江西省文物考古研究所与新余市博物馆联合对赵家山西周遗址进行抢救性发掘,考古工作者在遗址周边调查,新发现东汉窑炉3座。经勘探考证,三座窑炉的结构、特点、形制、大小基本相同,分别散落在赵家山遗址东面或东南面。2001年9月中旬,对赵家山遗址东坡处的一座较完整窑炉(编号2001XNY1)进行考古发掘。经清理揭露,窑炉坐西朝东,为半倒焰马蹄形,全长3.70米,宽0.50~2.82米,残高0.48~0.80米,窑顶部已垮塌损毁。从揭露窑炉平面由西向东看,窑炉形似一座长方体形上加堆形的粮仓或北方内蒙古草原之蒙古包建筑。窑炉由四部分组成,东向西依次排列为窑门、燃烧室、烧成室、吸烟孔。窑门形似盘口,宽0.50~0.70米,入口处用规格大小不一的砖铺砌,窑门比燃烧室底面高出0.36米。燃烧室位于窑门与烧成室之间,比烧成室底面低0.22米,燃烧室呈等腰梯形,边长1.64米左右,底宽2.62米,残高0.48~0.80米。烧成室平面大体为长方形，长 2.00 米，两边宽分别为 2.62 和 2.82 米，残高约 0.68 米。在烧成室的西部外，即窑炉室的后端，设有 3 个大小近等、形状略同的吸烟孔，从横截面看，吸烟孔呈喇叭状，长 0.22~0.30 米，宽 0.20~0.22 米；从纵截面看，吸烟孔可分上下两部分，上部分比下部分略显宽，上下形状有异，上部大体呈长方形，下部似喇叭形。窑内底面填有坚硬的黄土，由于窑炉多次使用，窑壁和窑底已呈坚硬的暗红色。从发掘窑炉的残余情况分析，窑炉顶部应为软泥土做成的堆体状。经清理，在窑炉燃烧室底部发现残余木炭，出土器物有同心圆和车轮纹青砖，砖规格长 30 厘米，宽 22 厘米，厚 6 厘米。

赵家山窑炉属于半倒焰窑炉，根据目前考古资料，这种窑炉结构在商代中晚期就有发现，其烧造年代一直延续到明清时期，至近现代有些地方还保留使用。半倒焰窑与馒头窑的不同之处在于：半倒焰窑是以火焰的流动情况命名的，燃烧室在窑床的前面，烟囱设立在窑后，燃烧时，火焰自火膛喷向窑顶，因窑顶为封闭式，没有出路，倒向窑床，流经制品，烟气从排烟口、竖烟道向窑外排出，半倒焰窑自商至明清时期以木柴为主要燃料；馒头窑亦名圆窑，始于战国时期，馒头窑的烟囱设在烧成室的顶部，宋以后以煤为炉料。两种窑的特点是结构简单，易于建筑，取材方便，耗资较少。赵家山半倒焰窑炉是以烧造墓葬青砖产品为主，赵家山四周方圆百里属山地，丘陵连绵，森林茂密，山的南面与北面有南安江由西向东流经，水土资源丰富，境内土质多系红壤酸性黏土，黏土是某些铝硅酸矿物长时间风化的产物，具有极强的黏性。经初步考证，赵家山窑炉就地取材，所生产的青砖就是用本地黏土烧成的，制作与烧制过程比较简单。首先，选好优质黏土，将黏土用水调和然后用模具制成砖坯，经晾晒后放入窑炉中煅烧（约 1000℃）便制成砖。黏土中因含有铁，烧制过程中完全氧化时生成三氧化二铁呈红色，即最常用的红砖。而如果在烧制过程中加水冷却，使黏土中的铁不完全氧化而生成低价铁，则呈青色，成为青砖制品。考古工作者在赵家山西周遗址及附近调查发现有多处半倒焰窑炉，与同时发掘清理的几座东汉墓葬出土的车轮纹和同心圆纹青砖相同。经查阅 20 世纪 80—90 年代文物调查资料，在赵家山西南面的哲山汉墓群发现的汉墓青砖以及在哲山村内的牛栏猪舍、茅厕等建筑用汉墓青砖砌置的砖墙，其汉墓砖无论是纹饰还是规格上都与赵家山马蹄形半倒焰窑炉出土青砖完全一致，此类墓砖在新余地区亦为东汉常见墓砖。根据考古调查与发掘清理资料和出土器物综合考证结论，赵家山发现的马蹄形半倒焰窑应为东汉时期的窑炉，新余地区在东汉时期烧造墓砖专用窑应为还原窑。据此，赵家山东汉窑炉的发现与考古发掘，为研究半倒焰窑炉的发展提供了重要实物资料。

鹰潭市

贵 溪 市

天禄镇艾门古窑址

艾门古窑址又名坝上窑，位于贵溪天禄镇坝上村艾门村东黄土岗上，古窑群以艾门村为中心，南北跨域5千米，东西长2千米，有瓦子岭、后龙山和乌鹰塘数十个窑包堆积。艾门古窑地处丘陵，山势起伏，坡地绵亘，窑堆依坡而筑。附近有孟清河，流经信江，过鄱阳湖入长江，是该窑的水上运输线。周围山色苍翠，广有杂树丛林，柴源丰盛。地质资料表明，这里与邻近的弋阳、横峰等地连成一片，系凝灰岩地层，有丰富的瓷土矿藏。这些都是制瓷的必备条件。

瓦子岭在艾门村东面，堆积高度在五六米上下，在堆积面上有一南北向的凹槽，槽头朝北，槽长约20米，疑为龙窑遗址。该窑产品以青釉为主，器型多碗、盘、罐、壶等。窑具有桶形匣钵、复烧支圈、垫柱等，均较粗糙。后龙山与乌鹰塘两个堆积相连接，位于艾门村的西北角，堆积面积比瓦子岭大。这两地以产淡青釉和青白釉为主，器胎较薄，器物基本一致，器型有碗、瓶、罐等。

艾门古窑出土的碗、盘、罐、壶等

艾门古窑产品的形制和装饰风格比较简朴，釉色以青绿、青白为主，还有黑釉、酱褐等色。该窑的褐釉茶盏与吉州窑器非常接近，青绿釉碗的形制与龙泉窑元代产品相类似。其中有碗、盘、杯等生活用器,盘有折腰,形如北宋时期的北方用具;碗盖有子母扣,与广丰窑瓷相似,而有异于景德镇瓷片。该窑出土的瓯依瓶形制比较简单,当属南宋时期产品。此处废墟堆积很多,分布面积其广,应该有较长的烧制时间。鉴于器型、釉色及制作特色,艾门古窑的烧瓷时间当在宋元之间。这里出土的瓯依瓶,过去在窑址中发现极少,为江西省宋元墓葬中常见的瓯依瓶找到了一个产地。

月 湖 区

角山商代窑址

三千年奔腾不息的童家河,冲刷不掉一层层商周文化的色彩。稻田下沉睡着的片片土地,躺着无数精美绝伦的陶罐和青瓷,让我们在三千年后的今天依然能感受到当年连片窑火的温度。这就是角山商代窑址,是商代全国规模最大的窑场。2013年5月,被国务院列为第七批全国重点文物保护单位。

角山板栗山遗址位于鹰潭市月湖区以东7千米的童家镇徐家村。童家河由东南流经角山徐家向西北注入信江。河南岸即为角山坡地,河北岸为河傍台地,俗称板栗山。窑址即坐落在角山西北坡及河傍台地上,面积达3万平方米,年代约在距今3500年的商代晚期,甚至更早。窑场之内陶瓷窑炉成群,在小范围发掘中已发现了烧成坑、马蹄形圆窑、龙窑近20座,已取得完整和可复原陶瓷器3000余件,陶瓷碎片几十万片。陶片成堆堆积,虽历经几千年风雨侵蚀和人为改变,仍留存有高达四五米的陶片堆积。角山窑址面积之大,遗物之丰富,特别是制陶工具和刻符大量出土,废次品堆积和品种之多是同时期文化遗址中罕见的。

出土遗物主要为陶器和石器,获得印纹陶片数十万片,其中既有生产、生活用具,还有非实用器,可能为祭器。陶器器型有甑、罐、钵、杯、纺轮以及陶拍、陶垫、陶支座等。石器有锛、穿孔刀、镞等。最具特色的是鼎,扁凹足,由高大到低矮成一系列。另外一件甑底部有七个孔。流行圜底器和三足器,少见平底器,不少器物带。装饰纹样最多的是篮纹和云雷纹,二者的组合纹样也很普遍,其他还有方格纹、叶脉纹等。有相当数量的陶拍和陶垫,陶拍一种为扁长方形、圆柱状把手,两面均有纹样,或一面为云雷纹,一面为篮纹,或一面为方格纹,一面为篮纹;一种为伞形拍面,圆柱状把手,拍面上刻叶脉纹。这些陶拍均用于陶器表面,根据不同器物或不同部位拍印或滚印纹样。陶垫呈蘑菇形,圆锥状把手。陶拍与陶垫的结合既具有装饰纹样之用,还起着压实坯体的作用，不少器物内壁凹凸不平，普遍留有垫窝。初步观察，角山陶器采用泥条盘筑与轮制结合成型，部分器物泥条盘筑与贴塑结合，先用泥条盘筑让中下部成型，然后用贴塑法制作口沿部分。

最早的专业性生产窑场和商业性窑厂

全国已经发现不少夏商时期的制陶作坊，但多系单个窑炉，由农业生产者兼而制之。角山窑场则不同，这里的生产者是从农业中分离出来的独立的手工业工匠，他们劳作在窑场，吃住在窑区，以制陶为业。角山窑址出土的陶拍十分考究，用于拍打器身的是正反两面刻着几何形花纹的、带柄的长方形陶拍；用于器物肩部推滚压饰花纹的是圆锥形伞状陶拍；陶垫的形状则与半开蕾的蘑菇相似。因为窑场制陶工匠人数众多，为了使自己的用具不与他人互相混淆，陶拍、陶垫的把手上都刻有专用标识符号。陶工们运用这些工具，采用泥条盘筑和快轮制作的方法，巧妙、熟练地制作出各种形状的陶器坯件，并在陶坯的不同部位刻画着属于自己所做的标识符号和计算产品数量的记数符号。这些坯件经过窑炉的烧制，件件端庄朴实，美观实用，充分展现了角山专业陶工手艺的精湛和技术的高超。

产品交换在商代已经有了显著的发展，不过这种交换往往以自产自销为目的，在方国之中进行。角山窑场突破了方国的约束，他们不仅近距离交换，还远销他乡。这里生产的陶瓷制品数量巨大，品种齐全，如烹饪器、饮食器、盛贮器等日常生活用器，大至瓮、缸、尊、壶，小至碗、杯、纺轮、网坠，应有尽有，还有为数不少的祭器。这些产品不但销往信江、赣江两地以及鄱阳湖周围，而且影响远波及福建、安徽、河南、河北、湖南、湖北，已发展成为商品生产的民窑基地。这是其他商周遗址所不见的。

最先进的马蹄形圆窑和最早的龙窑

陶瓷是泥土与火相结合的产物，自从知道泥土经过火的焙烧可以变成盛器以来，历朝历代的陶工们都为提高陶坯的烧结温度而绞尽脑汁，经过七千多年的努力，好不容易从敞口坑穴进步到了圆形窑炉，角山窑址中的"烧成坑"被废弃成垃圾坑就是敞口窑穴退出历史舞台的物证。不过，普通型圆窑的火候仍然十分有限，角山先民在它的基础上进行改造，创造出了马蹄形圆窑，并在吸火孔上下功夫，开设了三个吸火孔，提高了对火焰的抽拉力量，使窑内火焰呈半倒焰状运行，窑温上升到1100~1200℃，烧造出了不少原始青瓷，把圆窑烧制原始青瓷的发生期从东汉提前到了商代，向前推移了一千多年。更加可贵的是，角山先民在马蹄形圆窑取得卓越成就的同时，用全新的理念，彻底摆脱了七千多年圆形坑穴和圆形窑炉的束缚，创造出了全国第一条长形斜坡式隧道窑——龙窑，为中华龙窑的起源提供了确切的物证。角山龙窑是继樟树吴城商代龙窑之后在江西第二次发现的龙窑。吴城龙窑设多个投柴孔，

处于龙窑发展的较高阶段。而角山窑场所出窑炉遗址和各类遗物，为研究江南地区商代遗址烧造陶器、釉陶器和原始青瓷器提供了确切的窑口依据。

最完整展示陶瓷生产流程的作坊

迄今为止，角山窑是全国夏商陶瓷生产作坊遗址中唯一可以表现古代陶瓷生产完全过程的窑场。角山已发掘作坊遗迹5处。它们包含陈腐池、练泥池、蓄泥池、排水沟、蓄水沟、烧成坑、马蹄窑、成品库、工棚等。这些遗存清晰地展现了陶瓷生产从取土陈腐、练泥、淘洗沉淀到制坯成型、入窑烧制、成品入库存放的全部过程，全面揭示了角山陶瓷生产的工艺流程，为研究我国早期窑业技术提供了宝贵的实物资料。

最多的刻划符号

角山窑址出土的许多陶瓷器刻划着多种多样的刻划符号，比全国其他商周遗址出土的刻划符号总和还多，实属罕见。这些符号或文字，大多刻划在罐、瓮类器的口沿上和口沿内，三足盘、钵、豆类器的内壁上，陶拍、陶垫的把手上，以及盂、带把罐、献形器、壶、尊、器盖、杯、盖碗、鼎类器的口部、肩部、底部。专家们将这些符号初步划分为表数类、标识名号类、文字类、其他类，并对它们进行了比较深入的考证和研究，取得了良好的研究成果。这些刻划符号是当时社会最底层的劳动者汗水和心血的印证，是研究中国文明起源弥足珍贵的资料。

角山窑是江西首次发现的有地层叠压关系的，烧造商代陶器、釉陶器和原始青瓷器的珍贵窑坊。从角山窑坊的产品可以勾画出中国早期陶瓷器烧造与发展的概貌。它是我国原始青瓷器的最早烧造地之一。

礼村古窑址

礼村古窑址位于月湖区童家镇礼村与岱宝山之间的丘陵地带，长约1000米，宽750米，总面积约75万平方米。古窑群共分七个群，30余窑，均发掘有大小碗、盏、高足杯、碟子等器皿。其中有个别的烧制壶罐等陶器，器物胎质青白，较粗糙。据礼村古窑址附近乡村的老人介绍，当年整片古窑群在兴盛时，大大小小的古窑有100多座。烧制方法除去个别窑为匣钵复烧法外，均为用垫柱、支垫叠渣伸烧法。经鉴定其为明代的民窑，并命名为礼村古窑址。

关于礼村古窑址，流传着一个倒墙与礼村窑场的民间传说。在月湖岩后有一条小溪叫"白鹭港"，岩洞临水，夏天自然凉爽，但冬天北风呼啸，寒冷刺骨。月岩寺的僧人便雇请当地石匠在岩后砌上一堵墙，谁知石墙白天砌好，晚上竟倒了。僧人责怪石工做事马虎,石工只好重新将石墙砌好,白天砌好,晚上又倒了。如是几次,寺内僧人觉得蹊跷,却又找不到墙倒的原因。

一天,寺里来了四五个香客,见僧人们正在议论石墙屡砌屡倒的事,一个来自礼村的香客说:"总不是窑场的一条龙到这里来饮水冲开的吧?"僧人们一听,觉得有点道理,忙请来寺内的主持,主持细问香客情况。香客告诉主持,礼村有个窑场,晚上烧窑时,窑火通明,映照夜空。当地人为了知道到底有多少座窑,晚上便去点数,每座窑前插一根香为记号,结果统计共有100座窑,但白天去点数,只有99座,总也数不到100座窑。等到傍晚火烧窑时再去点数,100座窑一座不少。村人发现,其中一座窑直到半夜后才熄灯,这时整个窑场窑内的瓷器火候已到。当地人觉得奇怪,莫不是这座窑是条火龙,专门帮助火候不够的窑吧?烧窑以松柴为燃料,火力大小不均衡,火龙等到100座窑的瓷器完全烧好才去饮水吧。主持一听,点头相信这便是石墙屡砌屡倒的缘故。

建于宋代的月岩寺,寺后的一堵石墙保留一处豁口,此豁口至今尚存。当地还流传一首民谣:"祖师童宾传手艺,烧窑辛苦不容易。一件瓷器百人手,火龙帮忙助火力。晚上能数一百座,白天只有九十九。"

古窑简介

滨江仰潭毛家古窑址

滨江仰潭毛家古窑址位于贵溪市滨江镇江南村内。龙窑窑床东西走向,长约35米,宽5米,从残片、窑具、器物的造型及烧制方法看,为晚唐至五代古窑。

库里塘窑址

库里塘窑址位于龙虎山风景旅游区龙虎山镇圩上村库里塘丘陵地带。1973年4月和1981年12月先后进行了两次发掘,出土的古瓷多为民间生活用具。经鉴定为元代瓷窑。

蔡坊元代窑址

蔡坊元代窑址位于鱼塘乡蔡坊村（1990 年 10 月 22 日同意贵溪县撤销鱼塘乡，设立龙虎山镇），为贵溪县文物保护单位。

窑铺岗窑址

窑铺岗窑址位于余江县石港乡东南 1 千米的詹家与李家一带。文物普查时，调查发现有古窑 21 处，两村之间丘陵地的古窑连成一片，呈龙窑形，长约 46 米，宽 15 米，外露有三处，全是碗、罐碎片及残次品与残窑具少许。碗厚而大，青瓷质，碗内有五个支点的痕迹，釉不及底，为蟹壳青色。经鉴定为晚唐青瓷窑。1987 年被列为第一批县级文物保护单位。

东岸孔家窑址

东岸孔家窑址位于月湖区童家镇东岸孔家村之东约 500 米处的山丘上，名为瓦子山，现存龙窑两条，一条烧制时间不长，一条堆积物较多。采集物有碗、盏、四系罐、注子、谷仓等，并有残辗轮一个。窑具有圆筒柱状垫柱、圆饼状垫柱。器物胎色呈青灰及灰白，胎质较粗糙，器型有的厚重，如碗等，釉色黄褐。其烧制方法为支钉垫柱仰烧法，器物支钉 5 个到 7 个不等。经鉴定为晚唐至五代窑址。

东川窑址

东川窑址位于月湖区童家镇东川詹家村以东，在通往七家山村道路两旁，有窑床 10 余个，堆积丰富，有的断面可见堆积厚 1 米以上。当年修东川至七家山机耕路时，用出土的破碗渣填路约 200 米，除个别窑受到一些破坏外，其余保护都较完好。所采集到的器物主要是碗、盏、碟等，胎质较粗糙，呈青白色，器物厚重，釉色青绿灰白。采集到的数片划花、刻花残片有元代遗风和明代风格，可以认为这里自元代开始烧造，明时仍有继续，故定为元明窑址。

赣州市

章 贡 区

　　章贡区已发现隋、唐至清各代大型窑址共70余处,主要有15处。赣州市的七里(古名七鲤),会昌的林岗坝,龙南的象莲,于都的东坑、窑塘,瑞金的青龙,大余的三口窑、窑下和石城的丰山,共9处瓷窑,为唐窑;瑞金的迳桥,宁都的山堂、大布和寻乌的上甲,共4处瓷窑,为宋窑;宁都的小洋吴,为元窑;安远的半天塘,为明窑。其中赣州市七里镇窑址为江西省文物保护单位。七里镇窑,坐落在赣州市水东乡七里村,贡江东岸,是赣南规模最大、烧造时间最长的瓷窑,也是江西古代的一大窑场。它始于唐末五代,盛于宋代,废于元代。1956年4月,江西省文物局赣南文物普查工作组在实地调查发现了此处窑址。1957年,被列为江西省文物保护单位。1960年3月,江西省博物馆派员复查此窑。1985年,江西省文物工作队又在沙子岭进行发掘,发现了一对并列的砖砌龙窑,长达30余米。根据多次调查,该窑分布面广,沿贡江河边至梅林公路干线附近,南北、东西直径均有千余米之长。七里村有上窑、中窑、下窑之称。尽管窑区已成街道、村庄,破坏甚重,但仍见16座瓷片堆,高度大小不等,有的高达二三十米,占地面积7.6万多平方米。村民用瓷片、窑具铺路砌墙,比比皆是。清同治十一年(1872年)重修的《赣县志》载:"郡东南七鲤镇,七山排列状如鱼,故名。镇旧为东关务,又为窑场。""附近皆瓦砾层累,盖先瓷窑旧镇也。"七里镇窑产品种类很多,釉色丰富,有黑釉、青釉、影青釉、褐釉等。影青瓷有刻花和印花两种。生产器物主要是餐具和家庭实用器具,如碗、杯、盏、碟、钵、壶、罐、瓶等。釉色大多不会脱落,器物均是轮作,烧时均套有粗砂泥质匣钵,钵内放一陶土垫饼。鼓钉纹罐是宋、元时期的出口产品。黄褐釉瓷器造型精美,远销日本。

七里镇窑

七里镇窑位于赣州市章贡区东郊水东镇七里村，距城区约3千米，又称七鲤镇古瓷窑遗址。1957年由江西省人民政府公布为第一批省级文物保护单位、省级重点风景名胜景点。瓷窑始烧于唐末，盛烧于宋代，是江西省目前发现的一处规模最大、烧制历史最长的宋元古窑场，为宋代江西四大窑场之一。窑址沿贡江右岸的沿坝村至七里村一线分布，约2千米。唐末时的七里镇开始烧瓷，

七里镇窑遗址

清乾隆二十一年（1756年）《赣县志》载："唐末常官设瓷窑于七里镇。"宋代，七里镇的日用瓷烧制技术已经有了相当高的水平（如青白釉瓷的出现），七里镇流传甚广的"烧龙床""将军潭"的故事背景或许就是宋朝。元代，由于战乱，元朝初期的汉人人口锐减，导致整个社会经济严重倒退，七里镇窑瓷器也开始走下坡路。七里窑前后延续三百多年。

今存有砂子岭、罗屋岭、赖家岭、周屋坞、周家岭、张屋岭、袁屋岭、高岭、刘家岭、木梓岭、殷屋背、殷屋对门、郭屋岭、殷屋、杨家岭、梧桐16处大型窑址堆积，面积达三千多平方米。赣州窑的瓷器釉色有青釉、白釉、影青釉和黑釉等品种。青釉胎质坚细，胎色灰暗，釉呈蟹壳青，有细小开片，带有砂粒。白釉，影青瓷胎质细腻，火候甚高，叩之声脆；釉厚，呈乳白色，釉面光泽晶莹。黑瓷制品较复杂，有黑釉、酱红釉、酱褐釉、茶青釉、黑釉窑变等。但真正乌黑发亮的黑釉不多，窑兔毫、玳瑁等斑纹也不太成功，胎呈暗红或紫灰色。产品有壶、罐、碗、盘、碟、钵、盒、盏、砚、盂、炉、鼎、明器等日常生活用具。器体厚重，大多为实圈足，施釉不及底，足部露胎。装饰上以刻划为主，还使用印、雕、戳、捏等做法。常见花鸟、人物、动物等装饰图案。以柳斗纹点釉鼓钉罐、仿漆器赭色釉薄胎瓷、仿古陶为典型风格产品。当年七里窑产品不仅销向赣南及其周边和江西的其他地区，褐釉乳钉柳斗纹罐等产品还外销至日本、朝鲜等地。烧造工艺有支钉叠烧法和匣钵仰烧法两种。

1985—1987年，江西省、赣州地区、赣州市（现章贡区）三级考古部门组成联合队伍，对七里镇上坊的砂子岭、中坊的周屋坞、中坊的张屋岭三处宋代古窑址进行了考古发掘，在张屋岭发现两座30多米长的龙窑。砂子岭在窑包顶部和底部揭示龙窑各一座，层位清晰。其中顶端一座残破不全，结构不明。张屋岭两座平行窑床是目前江西境内所仅见的，东侧龙窑窑头、火膛和窑壁等各部位结构清晰，砌造精细，保存较完好。1992年，江西省文物考古研究所、江西市博物馆又对木梓岭堆积进行抢救性

发掘，获一批标本。2013年3月，七里镇窑址被国务院公布为第七批全国重点文物保护单位。

2014年12月29日，七里镇窑考古又取得重大成果，此次考古共发掘出土3座龙窑和近3万件各种釉色的宋元瓷器，其中周屋坞龙窑的砖砌窑壁最高处通高3.6米，是目前全国所见窑室最大的龙窑。在周屋坞窑包发掘的龙窑，保存了高达3米多的窑壁和8个层次的完整窑尾，对破解长期困扰古窑址考古界的唐宋龙窑砌筑技术带来了希望。这些龙窑保留的筑窑技术信息，具有非常重要的考古价值。

大　余　县

三口窑（壶头窑）

三口窑，又名壶头窑，位于大余县南安镇新余村壶头山脚下的一缓冲台地，是大余发现的两处唐代古窑之一。在壶头山下沿近600米的山脚地带，分布有5座龙形陶瓷窑，总面积约3800平方米，堆积层厚约3米。1983年发现时有3座古窑的遗址保存较好，其余2座已全被毁，故称之为"三口窑"。文物考古人员对古窑遗址地表层挖掘采集，出土了唐代烧制的罐、壶、钵、杯、瓮、缸等陶制器物（碎片）。其中罐可分两式：一式为卷唇罐，矮颈，圆腹，平底微敞，肩设二系作横穿，酱褐色釉，釉薄而不及底；另一式为卷唇罐，束颈，圆腹平底，酱褐色釉，釉不及底。钵也有两式：一式为敛口钵，厚唇，腹浅，假圈足，施酱褐色釉，釉不及底；另一式为敞口钵，平唇外侈，腹较深，假圈足，腹内壁刻划数条篦纹，施青绿色釉，釉不及底。炉器为广口炉，宽唇平折，直腹，梯形底座，腹外壁中部设弦纹二道，腹底部设弦纹一周，施青绿釉。壶作直口中，圆锥形流，扁平把手相接于肩与口之间，肩设二系作直穿。碗为圆饼形实足碗。另采集有皈依瓶、竹节形匣钵、直口双唇双耳罐等器物残片。从出土的陶瓷片可以看出，这里应该是当时烧制生活用具的场所。

三口窑地处章江航运（老河道）及梅岭驿道的交汇处。唐中晚时期，梅岭驿道作为"新道"已开通，大余古城已成为南北货物转运的聚散地，人口聚集，商贸繁荣。尽管三口窑生产的陶制器物不属珍贵物品，但已成为当时大余民间百姓喜爱使用的一些日常生活用具，从一定程度体现了唐代本地区手工业生产及商业贸易活跃的状况。1984年被列为县级重点文物保护单位。

于 都 县

梅江河窑——上窑古窑址

　　于都县在第三次全国文物普查工作中，发现一处3千米连片古窑址群。该窑址群位于距离于都县城北面约5千米的贡江镇上窑村，濒临梅江河，在南北长约3千米、宽约1千米的范围内，分布有古窑址20多座。经文物专家现场勘察，这是目前赣州发现的最大唐宋窑址群，距今已有千年之久。

　　窑址呈馒头形，缓坡堆积，陶瓷片堆积达6米之厚。古窑主要烧造青瓷和陶器，遗存极为丰富，物器品种繁多。青瓷器器型有罐、钵、壶、盂等，其中以罐类居多，有双系罐、四系罐、直筒罐等。陶器器型主要有缸、瓮、罐、钵等，其中以缸为多。瓷器釉色主要有青褐色、黄褐色、酱褐色等几种，窑具大多为直筒状支柱，另有少许支托。上窑唐宋古窑址数量多，分布密集，堆积层丰富。据当地村民相传，古时候村里陶瓷业非常红火，鼎盛时有99座窑，许多村民在打井、建房子时都挖出了大量大小不一的古陶片，也曾见到过完整无缺的瓷罐、陶钵等。上窑村濒临梅江河，水运方便，境内瓷土极为丰富，在20世纪70年代仍有部分窑址在生产日用陶瓷器。

　　从窑址出土的窑具和瓷器本身所显示的工艺特征可以判断，这些古窑址群的年代为唐宋时期，距今已有千年之久。根据历史记载，唐代后期，藩镇割据，战争连年，而当时的赣州地处大山长谷，优越的自然条件和相对安宁的环境，吸引了许多流民，使唐末五代赣南人口快速增长。而这一时期，正是客家先民大量向南迁移进入赣南的移民高潮时期。这一窑址的发现，可以证明在当时就有相当数量的客家先民已经进入于都。人口增加导致对日常陶瓷用具的需求增加，便开始在此地烧造瓷器。

安 远 县

里田瓷窑遗址

里田瓷窑遗址位于安远县新龙乡里田村石嘴头山坡上。这里地处丘陵，周围坡地起伏，山峦重叠，荆棘丛生，杂草遍地，瓷窑分布东西长50余米，南北宽约60米。境内有河道流经，流入濂江河，是古代水上运输线，瓷器由此装船外运。该窑址于1998年被发现，1998年5月中旬，新龙里田一村民到安远县博物馆报告，说在开公路的石嘴头山坡上，发现古瓷窑址和专烧匣钵的窑场，并在地表上、断层上发现很多碎瓷片和碎匣钵残片及断窑砖节。经文物专家鉴定，初步确认该处古瓷窑址属晚唐至宋代窑址。6月初，安远县博物馆派出人员到现场进行实地查勘，因年久荒芜，蒿草覆盖，未能找到窑场，也无法确认窑式，但在现场采集到了甚多残瓷器、匣钵、垫饼、间隔具及碎瓷片等标本。这些标本皆为青釉、黄绿釉产品，产品可分为两大类：一类是用匣钵套烧的精瓷，产品有碗、盘、碟、杯、壶等；另一类是用泥点间隔具烧制的粗瓷，产品以碗为大宗，兼有碟、杯瓷器，精品的碗、碟的口做成花口状，大部分器物有纹饰，如花草、莲瓣等，还有剔、划花纹饰，特别是盘、碗内的凸印变形牡丹缠枝花纹图案，构图严谨饱满，笔法娴熟流畅，加上釉色光亮滋润，具有很高的艺术价值。粗瓷产品外壁下部或圈足无釉，器外壁轮修痕迹明显，釉色多为青灰色，器物均为素面。

（1）葵碗：已残，敞口，斜弧壁，葵口六弧，圈足，淡青釉，细开片，除足部外，全器施釉，灰黄胎，器壁较薄。高5.8厘米，口径13厘米，足径3.8厘米。

（2）折唇碗：已残，敞口，折唇，斜壁，矮圈足，青釉，细开片，内底有涩圈，外壁釉不及底，灰黄胎。高4.3厘米，口径10.3厘米，足径3厘米。

（3）印花纹瓷盘：已残，折沿，内底平，圈足，内外施青绿釉，圈足、底内无釉，盘内凸印变形牡丹缠枝花纹图案。盘外壁划有斜线纹，笔法娴熟流畅，釉色晶莹透亮，胎、釉均佳，若不是已残，在赣南可算得一件难得的精品。口径15厘米，足径4.6厘米，高3厘米。

（4）印花纹小瓷盘：已残，折沿，内底平，圈足，内外施黄绿釉，釉色光亮滋润，圈足、内外无釉。沿内凸印变形牡丹缠枝花纹图案，构图繁密严谨，盘外壁划有斜线

纹。口径 14 厘米，足径 4.2 厘米，高 3.7 厘米。

（5）匣钵：1件，完整，盘口、斜腹、平底、无足，口径 19.2 厘米，底径 6.6 厘米，高 10.5 厘米。

半天塘瓷窑遗址

半天塘瓷窑遗址位于安远县镇岗乡原高峰村境内的半天塘山坡上。杨梅溪、晒禾坪、架子背（即笔架山）各1座，碗窑下2座，总共5座。这5座瓷窑的窑址均设在山丘中，窑头在山坡下端，窑尾在山坡上部，窑的两侧是遗物堆积层，每处堆积层长、宽都在20米以上，厚达1~2米。从采集的标本看，半天塘古瓷窑生产的产品种类较单纯，3座窑都生产以碗、钵、盘、碟为主的日用瓷器。晒禾坪窑为明代瓷窑物，碗都是敛口、矮圈足、浅腹，腹下部圆鼓，斜壁，口径与足径的比例是2∶1，胎骨轻薄，胎质坚硬，有玻璃质感。釉有青色、褐红色两种。青色釉是一种白中泛青，属于影青系列的青色瓷。褐红色釉，釉不到足，有叠烧痕迹。盘多敛口，斜壁，鼓腹，矮圈足；杯是撇口，圈足。其产品一般无纹饰，唯有钵的腹下部有道蓝圈纹或其内壁上、下沿各有一道蓝圈纹，显得朴素洁净。

架子背和杨梅溪窑为清代瓷窑，碗和杯有敞口的，也有撇口的盘；盏是敞口，假圈足，平实底；钵是撇口，卷沿，碟是敛口。所有器物均胎质坚硬，胎骨厚重，釉呈灰青色，光泽度差，纹饰有水草纹、螺旋纹。

碗窑下2个窑也是清代瓷窑，不过产品形态增多。碗是撇口，折腰，腹如喇叭状，大圈足，形态瘦长，胎质坚硬，胎骨厚重，釉呈青褐色，也有淡青色，釉不均匀，多有泪状，釉不到足，腹下部外壁无釉，有叠烧痕迹，件件有纹饰。盘为敞口，浅腹。钵有敛口，也有敞口，都是鼓腹，圈足，全釉，有玻璃质感，有铭纹或如意云纹，有的内外壁都饰有水草纹、连枝水草纹、菊花纹、梅花纹、铭纹多是"福""寿"两字或"福""禄""寿"，如福寿壶、福禄寿碗，也有碗内底中央单独一个"福"字。

半天塘5座古瓷窑的发现，对研究安远县明、清瓷业生产史和制瓷工艺提供了宝贵的实物资料。1983年，安远县人民政府公布其为县级第一批重点文物保护单位。

寻 乌 县

上甲古窑址

上甲古窑址位于寻乌县文峰乡上甲村。窑址东面和南面分别有寻乌水及其支流上甲河流经,河水自北而南汇入广东东江。窑址周围丘陵起伏,岗峦重叠,山上瓷土丰富,柴草充足。

1987年12月,上甲古窑址被公布为省级文物保护单位。1990年6月,原赣州地区博物馆和寻乌县革命历史纪念馆对窑址进行发掘调查。

上甲古窑遗存

宋上甲窑青白釉九瓣葵口碟

宋上甲窑青釉双系罐

上甲古窑为小龙窑,分布在方圆约25平方千米范围内,有瓷窑址44处,按地理划分为上甲、圆墩背、塘肚里、高桥头4个区域。上甲窑区以上甲村为中心,周围散缀堆积6处,器物有碗、盏、碟、罐、壶、四系罐及油灯等,其中以敞口深腹碗、直口瓜棱腹碗、金鸡纽花系罐及陀螺纽双系罐为多。胎体厚薄适中,质地粗细不一,釉色青中闪白或闪黄,多数不开片。圆墩背窑区在上甲村北面,有石子圹、圆墩背、打罗石、小汾等13处堆积。产品有高足器、镂孔堆花高足碗、菱花高足盘、瓜棱腹高足杯、唇口碗、五瓣花口碗、花口碟、喇叭口瓜棱腹长流壶等,以高足杯居多。一般胎体较厚,结构较粗松,胎色灰白,施玻璃质釉,釉色青绿或青中闪黄,聚釉处晶莹如翠玉,有开片。高桥头、塘肚里窑区分别在上甲村的西面及西北面,两区共有23处堆积。除个别堆积产品另有特征外,其余堆积所出器物以敞口碗、敛口深腹碗,卷沿弧腹碗,折沿碟,十瓣、十四花口碟及喇叭口长流錾把壶为多。胎体平薄,胎釉纯净。釉色有淡青、粉青、葱绿、深黄等多种，有的开冰裂细片。

上甲古瓷窑址堆积多，分布广，产品各有特色。上甲及圆墩背窑烧制时代较早，上甲以烧制不开片的青黄釉矮圈足瓷器为主，而圆墩背窑则以烧制青绿袖的高足器居多，釉色光亮的产品有开片。两窑均采用了刻花、镂花、堆贴花及葵口、花口等装饰技法，其中圆墩背所产的缕孔莲瓣纹高足碗、上甲所产的金鸡纽三瓣（四瓣）花系罐造型新颖独特，装饰美观、大方，是不可多得的珍品。塘肚里、高桥头窑址，虽然烧制时代较晚，但产品造型规整，胎釉纯净，胎质坚硬，色泽光润。尤其是38号堆积所出土的粉青釉盘，制作精细，釉色润泽，几乎可与同时期的龙泉窑、吉州窑、七里镇窑产品相媲美。

宋上甲窑青白釉浅腹碗

上甲古窑址

寻乌上甲古瓷窑不见于史籍记载，现场也未发现有纪年款的实物。从各类瓷器型制与釉色分析，其中唇口宽圈足碗、竖纽短流壶、高足杯、唇口折沿四系罐，尚保留了晚唐五代的风格，这类器物的造型与江西吉州窑、七里镇窑的同类产品基本相似。其余各式碗、盘、杯、罐等亦多具两宋时期的风格，也是江西宋墓常见器型。其他如敞口厚胎青褐釉碗、撇口青褐釉盏及平底小钵等，胎体厚重，制作草率，器壁旋削刀痕明显，底足心有脐突，釉色暗涩，釉面及胎体有胎釉氧化痕迹，均具元代器物的特征。据此推断，寻乌上甲窑当始烧于晚唐、五代，盛于两宋，至元末衰退终烧。上甲古窑址的发掘为研究江西五代至宋朝的陶瓷发展史提供了依据。

上甲窑采集的瓷器和窑用工具有许多刻划款铭，其中有姓氏"李"、文记"好""生""大"、数码"一""三"等，这些款铭在七里镇窑中都能全部找到，甚至有些字的书写方法都基本相同。这为探讨七里镇窑与上甲窑关系是十分有用的线索。

上甲窑生产的各色瓷器普遍采用了晚唐五代流行的垫块支烧技法，不同的是，其他各窑址所用垫块，少则4块，多至7块，垫块均直接放置在上下层器物之间，故垫块极易粘连在器物釉面上。而寻乌上甲窑则一概采用四支垫叠烧，且在垫块位置上使用了刮釉，故碗、碟内底有十字形露胎。这种方法既保证了器物装烧数量，又避免粘釉，它与北方金代首先采用的中心刮釉河圈烧法作用相同，但时代更早。故寻乌上甲窑这一独创技法，为江西陶瓷史的研究提供了又一新的实物资料。

古窑简介

湖江窑

湖江窑位于赣县湖江镇新富村和上碗棚村，南距县城约55千米。明代洪武年间开始搭棚烧瓷碗。湖江明代瓷业的发展，不但因该处有优质瓷土和釉料以及充裕的薪柴资源，而且有来自元朝战乱而衰败的七里镇瓷窑的窑工。此窑址的堆积瓷片和窑具，除青花瓷外，均与七里镇古窑的宋元堆积物有渊源。中华人民共和国成立后，在古窑址的基础上建筑新窑场，创建赣县瓷厂，生产壶、炉、碗、碟、杯等瓷器。20世纪80年代初，窑场及窑工合并到赣县江口赣南瓷厂。

上碗棚窑

上碗棚窑位于赣县湖江镇新富村上碗棚村左侧的陡坡上，窑基属于斜坡式长条形龙窑。新富村原有墟场，名曰湖新墟。村东北部的山坳里，有密集的村落，居民大多以制瓷为业，故被称为碗窑街。碗窑街东约1千米处为上碗棚，明代开始搭棚烧瓷碗，故得名。上碗棚窑的产品种类繁多，其釉色可分为黑釉、青釉、黄绿釉、青白釉（包括影青）和青色等。器型有壶、炉、碗、碟、杯、盏、豆、灯、器盖、窑具等。瓷器主要通过赣江水路，销往南京、上海等地。上碗棚窑址所出土的清一式青瓷三足炉，曾在日本冲绳县玉城村和那霸市的古墓中发现（东京日立博物馆，《日本出土的中国陶瓷》）。20世纪70年代末，该地社办企业还在小规模生产。20世纪80年代初，窑场及窑工合并到赣县江口赣南瓷厂。

碗窑街窑

碗窑街窑位于赣县湖江镇碗窑村的左侧山坡上。明代洪武年间开始搭棚烧瓷碗。窑址瓷片堆积较厚，全部为青白瓷和明代早期青花瓷，质地较为精良。20世纪70年

代末，该地社办企业还在小规模生产。20 世纪 80 年代初，窑场及窑工合并到赣县江口赣南瓷厂。

象莲窑遗址

象莲窑遗址位于龙南县渡江镇象莲渡头山脚边，为唐代古窑址，离县城 4 千米。全线长约 700 米。此处有陶器残片堆积层。1982 年挖出比较完整的陶制器皿 5 个和"网坠子"[1] 2 个。该遗址地段还曾显出龙窑遗址。龙窑形似长龙，两壁立墙连接半弧拱圈，高约 1.70 米，宽约 1.50 米，长约 15 米。窑头低，窑尾高，顺着 45° 斜坡向上伸延。两侧各开有 2 处洞门，用于装入和取出陶制品。今已被毁。

黄泥坳窑址

黄泥坳窑址位于全南县陂头镇黄塘村杨溪村小组黄泥坳的山坡上。

2008 年 11 月 1 日，赣州市文物局专家现场勘查，根据出土的窑具和瓷器所显示的工艺特征，推断该窑址修建烧制始于五代而终止于宋代，烧制时间延续上百年。

窑址遗物分布面积近千平方米，遗物堆积的厚度在 50 厘米以上。从现存的遗迹分析，窑址最少有两座龙窑，分别坐落在毗邻的两条山脊之上，长度在 25 米左右，均

黄泥坳窑址　　　　黄泥坳窑址出土物

呈南北方向，以借助山脊坡度的抽风原理和自然风力增强窑膛内的火势，从而提高窑温，达到烧造瓷器所需要的温度。

据采集的瓷器残片分析，该窑址出产的瓷器胎质呈灰白色，釉色以青白色为主，属介于青瓷与白瓷之间的青白釉瓷器，是一座生产碗、盏、壶、罐、擂钵等日用瓷的典型民窑。

---

[1]　网坠子：指捆在渔网下边避免渔网浮起来的陶器，只有手指头大小，上面有凹槽。

渡田坑窑址

渡田坑窑址位于全南县金龙镇东风村老纸厂临街路口左侧约50米处。在1982年第二次全国文物普查中，从窑内采集了匣钵、陶片，器型有碗、壶、盘、碟等。据专家鉴定，该窑址建于宋代，以烧制青釉日用品为主，兼烧黑瓷和白瓷。现窑址已损毁为平地，仅留下堆积层，占地面积约900平方米。

上洞明窑址

上洞明窑址位于全南县南迳镇古家营村上洞林场西4千米。根据其式样及叠烧工艺，推断为明代初期的古窑址。

窑址共五级，全长11米，宽度各级不一，从下往上形成由小到大的倒梯形，面积约27平方米。最下一级宽1.8米，最上一级宽3.2米，其余各级长约2.3米，各级尾部高约1米。堆积层厚1~2米，约有140平方米。每节右下方有一个50厘米正方形的烧火口，各节间隔的砖墙下均有15个64平方厘米的上火小孔。砌窑采用厚10厘米、宽20厘米、长30厘米的泥砖。从窑内采集了白瓷盘、碗、碟、杯等生活用瓷器，

全南县南迳镇古家营村上洞林场
上洞明窑址

瓷面多画有圆圈和"福""禄"等吉祥文字图案，釉色系淡蓝和淡绿。

上洞银矿遗址

上洞银矿遗址

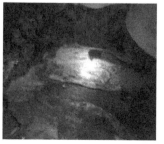

上洞银矿遗址内部

上洞银矿遗址位于全南县南迳镇古家营村上洞林场西北2千米的丛林中。

遗址井深10.2米，宽1.5米，平向5.28米，斜井3米。根据1982年实地调查和当地村民反映，

从开采现状推测，此遗址为清代中期当地居民开采冶炼银矿所形成的，是全南县境内最早的采矿遗址。

东山坝窑址

东山坝窑址位于宁都县东山坝镇大布村和里村附近。1979年8月被发现，遗址南临下西江水，北依丘陵山坡。在方圆一华里范围内发现窑岭堆积两处。一号堆积在和里村西约50米，断面上发现许多厚胎青瓷碗碟、壶盏等残片及匣钵、釉碾槽等制瓷工具，经考证，均为唐代遗物；二号堆积在一号堆积的西北面，暴露出无数黑釉茶盏罐、汤瓶、擂碗、涩圈碗及白釉汤盏等残器。瓷窑烧造年代为唐至南宋。产品胎壁厚重，釉质肥润，表面常饰以兔毫等窑变纹饰。它的发现，为唐宋制瓷业的研究提供了资料。1982年被公布为宁都县文物保护单位。

山堂古窑址

山堂古窑址位于宁都县黄陂镇山堂村窑前排后山。1979年6月被发现，黄陂山堂窑岭由4个长条形堆积组成，平面作"山"字形排列。曾从窑岭中发掘出各式青白瓷碗、盘、钵、罐、杯、瓶、壶及器盖等残片和粗大石钵、垫饼、垫柱、组合支圈、转轮釉臼等瓷器制作工具。其产品胎质坚薄，色泽光洁，造型别致，制作精巧。器物外壁常有流云、树叶、花卉、波涛、龙虎等生动活泼的刻划纹饰，技艺之高超可与景德镇湖田窑宋元时期的产品相媲美。当地群众口头流传"先有窑岭（黄陂窑），后有窑州（景德镇）"之说。1982年被批准为省级文物保护单位。

梅江河窑——东坑古窑址

东坑古窑址位于于都县岭背镇东坑村梅江边，窑址分布范围3万平方米，现暴露在地面的有窑基2座和窑墩堆积7个，窑墩堆积层厚8~10米。从采集的标本来看，有青瓷器和陶器，青瓷器主要有罐、钵、壶、盂等，陶器有缸、瓮、罐、钵等，属唐代古窑。罐有檐口和直口，壶流嘴较短，胎质较硬，釉色有褐色、青黄色、黑色等几种。窑具最多见的是筒状支柱，另有少量支座。东坑古窑址是目前于都发现的唯一一座保存较完好的古代窑址，对研究赣南地方文化和经济的发展有着重要的参考价值。

梅江河窑——窑塘古窑址

窑塘古窑址位于于都县城西北 4 千米处梅江下游的窑塘村，今隶属于都县贡江镇。村南侧尚存一口古时烧窑取土而成的大水塘，窑塘村由此得名。窑址呈长方形缓坡堆积，面积约 260 平方米，南侧露出厚约 3 米的陶瓷片堆积面。从采集的标本推断，此窑古时是以烧制青瓷器为主，陶器为次。釉多为青褐色，属唐代古窑。

银坑炼银古窑址

银坑炼银古窑址位于于都县银坑镇圩东南柳木坑河边，建于宋代。1982 年发现大量炉渣堆积和 2 个竖式炉坑，炉渣堆积面积 3 万多平方米，厚约 10 米。银冶炼产品种类和纯度目前尚无史料记载，据推断应是银冶炼的初级产品。现遗址尚存，1982 年被列为县级文物保护单位。

青龙窑址

青龙窑址位于瑞金市壬田镇青龙村五工岭下。窑址长约 25 米，宽约 11 米，面积 275 平方米，坐西北向东南，呈牛背形。采集的陶片为瓶、盆、罐、钵等各种生活器皿的残缺部分，表面饰纹较少，且多为弦纹，施褐青、褐黄色釉，个别施黑褐色釉，釉色较亮，会脱落。在文化堆积层断壁中挖出完整双耳罐一只，高 17 厘米，口径 7.6 厘米，底径 8.6 厘米，施淡青褐釉，饰双耳，有提把及嘴，口部有弦纹，嘴短，与会昌县城郊的林岗坝唐窑址出土的器物相似，故定为唐代窑址。

径桥窑址

径桥窑址位于瑞金市谢坊镇迳桥村石角组，属龙泉窑系青瓷，年代为南宋。窑址为依山而筑的龙窑，长约 60 米，宽约 3 米。该窑生产日用青瓷器，采集的标本主要有残器、碎瓷片、漏斗状匣钵、盘状匣钵、环形或饼状垫圈、烧结釉块等，器物里外均挂青釉，釉不及底，釉层较薄，其色或为豆青，或为粉青，晶莹透亮，开片成冰裂纹，状若玻璃。其胎质灰白而坚致，火候高，器物多敞口，圆唇外侈，弧腹，圈足。

林岗坝古窑址

林岗坝古窑址位于会昌县城南约2千米的林岗坝村，东临湘水，西侧有条古道，水陆交通甚为方便。窑址西侧方圆一华里，今有鱼塘8口，总面积20多亩，塘底均为具有黏性的白泥，据说此地为当年烧窑取土的遗址。经勘查，窑址面积为16400平方米，有窑堆四处，残留窑门、窑壁的破窑两座。四个窑堆总面积约9200平方米，堆积物约45900立方米。从采集的100多件标本发现，有缸、碗、壶、杯、炉、盏、皈依瓶、模具、垫品、碾轮等主要器物，其颜色一般为素面青、黑釉，也有褐色的，但少有花纹。器型胎质精细，造型古朴，经鉴定为唐代窑址。

民范古窑

民范古窑位于会昌县筠门岭镇民范村的月形（小地名为箬范坳）。古窑建于山坡上，背山面田，右边为民房，左侧为206国道，当地人称之为"月形窑"。窑长约20米，窑外露面陶片不少，比较集中的陶片堆积约180平方米。主要产品有大、小号银锅，还有罐、缸、盆、擂钵、砂锅等。其胎质大多呈灰黑色，质地坚硬，耐高温。

月形窑原为宋代银场烧制银锅的窑场，因此地泥质优良，烧窑条件好，所以后来在废窑附近先后兴建了十余座陶窑。这些窑烧制的罂、砂锅，质地良好，用来炖鱼煮肉，喷香可口，饶有风味。

小营窑址

小营窑址位于寻乌县桂竹帽镇小营林场山林中，共有窑址两座。南窑坐西南朝东北，北窑坐东北朝西南，均为龙窑。两窑占地面积约450平方米，均建于小山坡底的凸出部，下临小溪，窑床简单。窑址附近有匣钵、枝钉、碎瓷片等堆积层，厚约40厘米。采集的标本有碗、盘、盆、壶、瓶等，造型奇特，花纹简朴、美观，釉色隐青，属青花瓷。该窑址经鉴定为明代青花窑址，是该县目前发现的唯一一处青花窑址，为研究寻乌古瓷业的发展史提供了实物依据。

丰山窑

丰山窑位于石城县丰山乡丰山村窑里村小组。当地一直流传着有"东边岭36窑,西边岭36窑,共有72窑"之说。1983年第二次文物普查中发现环绕村庄的低矮山岭上,遍布陶片、窑具、烧渣等遗物,并拾得陶片或较完整器皿多件。此窑址陶器多为黄、青、灰、褐色泥胎,素面无釉,造型古朴,制作粗放。从屋背岭至桔

丰山晚唐陶窑遗址

山,对门里至彩垅里、沙排里、瓷窝岭,面积1.5平方千米的地下均有窑层堆积。从采集标本的形制、制作工艺、施釉特点等断定为晚唐至五代时期的陶窑遗址。古窑址的发现和保存,为研究石城古代陶制业的形成发展提供了实物依据,具有历史和科学研究价值。2005年8月,其被列入县级重点文物保护单位。

丰山窑址堆积

丰山窑址堆积

宜春市

袁 州 区

袁州明城墙砖官窑

　　袁州明城墙砖官窑又名高塘城砖窑址，位于袁州区彬江镇，是目前中国唯一一个保存完整、规模最大的明城墙砖官窑遗址群。《彬江镇志》记载："位彬江街东偏北3千米，小小坡上，袁河边有明洪武年间南京城墙砖窑遗址。"这些砖窑遗址分布于高塘里、石梅垅、箭仔口、磨背、炭院、台立上、杨家垅、罗家、坛背、黄泥垅、峨眉垅等10多个山丘，以及宋家村等数个村组。窑址分布在彬江街以北、袁河东宋家村以西数华里范围内，总面积30万平方米，现存49座。早在1984年1月，宋家村的城砖官窑遗址就已被列为宜春县（袁州区）文物保护单位。

袁州府用白泥土或高岭土

袁州府用白泥土和高岭土烧造的明城墙砖

　　据南京市明城墙垣史博物馆专家介绍，在长期的研究当中，他们发现现存的南京市明城墙经过600多年的日晒、雨淋、风蚀，有七八成的古城砖已呈风化状，有些开始剥落，唯有产自江西省袁州府的城砖，仍然质地坚硬，棱角分明，表面光滑，色泽亮丽。据史料记载，明朝开国皇帝朱元璋攻占南京后，即对原长达36千米的南京城墙进行了大规模的改建，1366—1388年，共动用工匠20多万人，仅烧造城墙砖一项便由全国5个省125个县承担，其中江西有55个县，袁州府宜春县就在其中。据说朱元璋对城墙砖的质量要求很严，砖文一律实行实名制，奖惩分明。对质量有问题者，轻则鞭打、坐牢，重则罢官、杀头。为此，袁州府宜春县负责制造城墙砖的官员不敢掉以轻心，对制砖工艺均做了严格的规定。要求取土必须用上好的白泥土或高岭土，取土后要用

烧好的城砖在袁河边被搬上运输船后，顺水而下，进入赣江，途经鄱阳湖，进入长江，一路东流到南京

筛子筛去杂质，然后放入水塘浸泡，再把水牛赶入塘内踩踏、踩熟、浸透后取中间土质细腻的部分制坯，砖坯晾干后入窑。烧窑时要用柴草，有人日夜监守掌握火候，做到恰到好处。为防止因质量问题互相扯皮，烧砖实行责任制，即先在砖坯上刻上名字，谁烧制的砖谁负责。袁州窑砖最多时刻有61个字，由于年代久远，又经风雨侵蚀，不能逐字列出，但清晰可见的文字有袁州府提调官通判隋贽、司吏任俊，袁州府宜春县提调官主簿高亨、司吏陈廷玉等。现存的南京明城墙上的很多白瓷城砖上有陈廷玉的名字。由于落实了责任制抓质量，因此袁州烧造的城砖质地洁白如玉，铭文清秀工整，坚实近于瓷砖，这种独特的白色明城墙砖被誉为"玉砖"，成为中国城砖中的极品。袁州府的提调官通判隋贽也因此连升三级，被提升为广东按察史。

随着城墙建造工程的停止，袁州明城墙砖官窑也逐渐销声匿迹。现在发现的官窑址一直埋没在袁河北岸茂密的树林草丛中，呈"馒头"状。这种"馒头窑"直径约2.5米，高2米，窑壁结实，有三个烟囱，窑洞里还发现了不少白色残砖。据专家分析，这种"馒头窑"每一窑的烧砖量为百余块，这些烧好的城砖在袁河边被搬上运输船后，就一路顺水而下进入赣江，通过鄱阳湖再进入长江，然后一路东流到南京。

据彬江宋家村的老人说，从小就听祖辈说过，这里原先有100多座砖窑，呈三排分布，绵延长达6里，明代时有几万人在此烧砖，场面十分壮观。宋家村的城砖官窑虽然早已成为遗址，但宋家村人没有丢掉老祖宗的制砖工艺，直至20世纪的七八十年代，宋家村烧制的白砖白瓦具有光滑、色泽好，不用粉刷，从两层楼高丢下来都不易碎等优点，在宜春、分宜、新余一带的名气很大，是农家建屋用材的首选。

樟 树 市

吴城商代遗址陶窑遗迹

　　吴城遗址位于樟树市城区西南约44千米的吴城乡吴城村的丘陵山地,北依古萧江。1973年秋,清江县(现樟树市)博物馆配合兴修吴城水库进行考古调查时发现,并以当地地名命名为"吴城商代遗址"。其分布面积有4平方千米,遗址中心是一座61.3万平方米的商代中晚期方国都邑,考古发现了商代房基、道路、水井、墓葬、灰坑,还有制陶、铸铜、祭祀广场等重要遗迹,出土了青铜器、石器、陶器、原始瓷器、玉器、陶文等遗物。2001年4月,吴城遗址被评选为"中国20世纪100项考古大发现之一"。

　　吴城遗址历次发掘出土的制陶遗迹有窑炉。从清理出土的窑炉遗迹看,其分布相对有一定规律,一般集中分布于于高地岭西北的丘陵坡地上,表明当时吴城遗址的手工业内部分工,制陶成为一个独立的手工业部门并已达到相当高的水平。根据陶窑分布特征,专家分析吴城城址西北部,应为制陶区。

　　吴城遗址共发掘清理陶窑14座,依其平面形状可分为圆形、圆角三角形、圆角方形和长方形4类。其中圆形窑2座,圆角三角形窑6座,圆角方形窑5座,长方形窑(龙窑)4座,多分布在萧江南岸数千平方米范围内的丘陵山坡上,形成一个大型窑区。

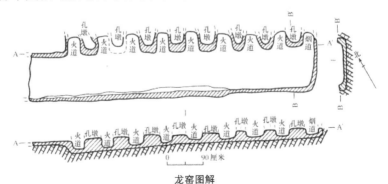

龙窑图解

　　以吴城遗址长方形窑(龙窑)为例,其位于高地岭西北一丘陵坡地上。开口于耕土层下,窑西北头烧土暴露于地表而发现。窑头在西北,窑尾在东南,窑头在修建水库时已遭破坏。残存窑床长7.5米,窑尾南北宽1.07米,窑头断残处宽1.01米,墙残高0.10~0.22米，厚0.6~0.28米。北壁设有小孔9个（应为火道），呈一字形，排列有序，由西向东各宽0.36米、0.32米、0.4米、0.32米、0.42米、0.42、0.42米、0.32米、0.28米，孔内堆积物均为陶片碎粒、烧土粒、炭屑、灰土之混合物，孔底红烧土硬面与窑床之烧结面处于同一平面，且连为一体，孔间的红烧土墩残损，呈半环状，皆因受温不均而使然。而尾端近窑尾处之小孔，呈弧形凹进东壁，与其他孔有明显区别，可能兼有排烟的功能。窑头至窑尾，水平高差为0.13米，倾斜不明显，坡度为1.7°。窑床与窑墙烧结面坚硬，呈砖红色，窑尾部分呈青灰色。烧结程度的差异表明窑尾温度高于窑头，并能产生一定的抽力。窑南墙内近中段，在原烧土壁上加抹一层泥，长1.1米，厚0.1米，烧结程度也较高，表明此窑曾多次修补使用。窑床内红烧土堆积相当零乱，无从判断窑顶的结构，但依据窑头发现的4块黄色土坯砖分析，可能设置封门和火膛。同时，根据残存窑壁较直之现象判断，此窑不是从窑底开始起拱，应有一定的高度。窑床直接挖建于生土层中，以生土壁和底做窑壁、窑底。从窑尾保存完好，投柴孔均排列有序之现象分析，此窑基本保存完整，长度不会超过8米。窑床内堆积主要为塌落的红烧土和炭屑的混合物，且板结坚硬，其中包含物有50块陶片和1件残石器。可辨器型有原始瓷罐、夹砂陶罐、圜凹底灰色硬陶罐等，陶质有软陶、硬陶和原始瓷，陶器纹饰有粗绳纹、细绳纹、圈点纹、叶脉纹等。

吴城陶器制造已经进入规范化阶段，器型、纹饰都非常精美。这个时期，陶器制法以模制、轮制和轮模合制为主。制造陶器的工具种类繁多，有陶刀、纺轮、网坠、垫和研磨棒等。陶刀系模制，硬陶者居多，但也有釉陶和原始瓷质的。形制上，直背弧刃、长方形、新月形者为少数，大多数为马鞍形，双孔，单面刃，两面印方格纹，或叶脉纹、网结纹，或刻划文字符号。陶器工具上二、三期主要装饰圈点纹或细绳纹。其中，陶制纺轮有扁平形、扁凸腹形、扁凹形、算珠形等，以算珠形最为常见。纺轮上装饰圈点纹、锯齿纹、篦纹等。也有少量施釉，或釉陶质、原始瓷质的。陶网坠以扁长方体居多，扁椭圆体少见，而橄榄形网坠只在一期出土过。陶垫也有原始瓷质的，有柄，多呈蘑菇状，但也有三角形和扁管状垫。

吴城遗址发现有4座商代"龙窑"，当时在全国尚属首次发现。吴城遗址商代龙窑自下而上，似一条火龙，焙烧温度可达1200℃，可成功烧制原始瓷器，把中国瓷器烧造的开始时间，推前了800~1000年。

营盘里遗址古窑遗迹

营盘里遗址古窑遗迹位于樟树市区东南约4千米的丘陵坡地上。1956年，江西省文物管理委员会在中国科学院考古研究所派员指导下进行发掘。该遗址遗迹有灰坑4处，窑址3处，灶坑1处。1982年复查时，仅存少量遗迹。

在已发掘的窑址中，有1处保存较好，窑膛平面呈圆形，窑长约1.4米，残高约0.4米。窑四壁直下，窑膛内充填大块红烧土，应为窑顶和窑壁坍塌所致。窑膛内出土方格纹陶罐和纺轮各一件。窑膛下端向内收缩，直径约0.4米。窑底内凹。窑膛残深约0.8米。在第一土层中所出凸的灰质陶片，与该窑所出陶罐的质、色相同。窑址附近灰坑内，发现满贮黄色粉末状陶泥料。

五处遗址陶器以第一、三土层所出较为丰富，尤以红砂陶居多。陶质可分为粗砂红陶、泥质红陶、泥质灰陶、夹砂或泥质黄陶、黑陶等。泥质灰陶、泥质红陶和黄陶，大部分都有几何纹印。主要器物有鼎、鬲、簋、钵、豆、碗、盂、盆、罐、器盖、陶鸡和纺轮、网坠、拍子等。其中，鼎的胎质可分为夹砂红陶与灰砂灰陶。鼎足有鸭嘴式、圆柱式、圆锥式、扁平式和扁管式五种形式。陶鬲均出自上层，可分为空心高档鬲和空心矮档鬲两种，部分压印绳纹。陶塑屋顶呈悬山式顶，脊长11.5厘米。前坡檐口长9.5厘米。前后坡中间有山花板封闭，上穿一圆孔，山花板下有一枋，枋下构成一个斗拱，斗口作方形，斗口以下残缺。残高约13厘米。通体各部分饰小凹点组成的线纹、同心圆纹、三角形和长条形镂孔等。陶鸡体扁平空心，背部有三镂孔，头昂起作鸣叫状，尾钝圆微翘，腹平无脚，腿由小圆圈压成。陶拍形如菌状，拍端呈饼形，直柄，柄上有直线纹，拍部还穿有一孔。在圆饼的内面，划刻有菌丝状凹线，大小不一。

陶器纹饰可分为印纹、划压纹、镂孔等，其中以印纹最普遍。夹砂或泥质软陶所饰花纹有绳纹、绳纹附加堆纹、曲折纹、格纹、回子格纹、编织纹、叶纹、圆圈纹与"S"形纹等。夹砂或泥质软陶所饰划压纹有指甲纹、凹点、附加堆纹、弦纹、短线、点纹、圈纹与直线纹等。夹砂或泥质硬陶的纹饰有格纹、回子格纹、曲折纹、绳纹、席纹、羽状纹、云雷纹、几何格纹、圈纹等。

丰 城 市

洪州窑

洪州窑是个大窑场，由数十个小窑场组成。它位于江西丰城曲江、剑南、石滩、梅林等乡镇（街道），从最南边的剑南街道罗坊窑址至最北边的同田乡牛岗山窑址直线距离约20千米，其中最宽处的曲江镇罗湖窑址群宽约1千米，涉及6个乡镇，现已发现32个窑场，总面积超过50万平方米，遗物丰富。唐时丰城属洪州辖地，故曰洪州窑。洪州窑是唐代六大青瓷名窑之一，最早见载于唐代复州竟陵人陆羽（733—

804 年）著的《茶经》。除《茶经》外，历代文献对洪州窑罕有载录，野史笔记难见其踪。1993 年，洪州窑遗址的考古调查发掘被列为当年全国十大考古新发现之一；1996 年，洪州窑遗址被列为全国重点文物保护单位。

1977 年 11 月，考古工作者首次发现洪州窑窑址。1979 年秋冬，江西省博物馆考古工作队对其进行首次考古发掘。1992—1995 年，江西省文物考古研究所、北京大学考古系和丰城市博物馆联合对洪州窑遗址进行全面、细致的复查，先后进行 3 次考古发掘，基本探明洪州窑遗址的分布范围。同时，在调查的基础上重点选择了 7 处不同地域不同时期的窑址进行考古发掘。2004 年，江西省文物考古研究所和丰城市博物馆联合对地处清丰山河畔的丰城市石滩镇港塘村陈家山洪州窑遗址进行考古发掘，进一步了解了洪州窑早期东汉、三国时的瓷业面貌，澄清了印纹硬陶、原始青釉瓷、褐釉瓷与青釉瓷之间的关系，为洪州窑早期历史的研究提供了丰富且珍贵的实物资料。

全国重点文物保护单位——洪州窑遗址

丰城洪州窑的龙窑

考古工作者先后在曲江镇罗湖村的象山、狮子山、寺前山、管家、外宋、南坪、对门山、乌龟山，曲江镇郭桥村的缺口城，曲江镇曲江村的窑仔岗、孟家山，同田乡龙风村的李子岗、乌龟山、白鹭山、牛岗山，同田乡钞塘村的蛇头山、蛇尾山、交椅山，尚庄镇石上村的黄金城，剑南街道罗坊村的罗坊、窑里，石滩镇港塘村的清丰河床第一地点、第二地点、第三地点、第四地点、陈家山、港塘小学前、油坊山、老虎山、神庙山、龙头山，石滩镇故县村庙前山、拳头山、寺背山、寺背村、渡口，梅林镇鹅头山等 6 个乡镇，发现洪州窑不同时期的窑业堆积，这些村庄发现的窑址数量不等，少则 1 处，多则 10 处。

根据考古资料和对资料的研究表明，洪州窑遗址均分布在江西省丰城市境内赣江流域或与赣江流域相通的药湖岸畔的山坡、丘陵冈埠以及清丰山溪河底及东岸的缓坡地带，地理上以赣江为纽带，基本连成一体。从各窑址发掘采集出土的遗物看，同时期的风格相同，特征大体相同，不同时期的具有明显的继承和发展演变关系。各遗存的烧瓷时间有先有后，总体上看，从赣江东岸的清丰山溪一带向赣江西岸发展，由赣江西岸向药湖及内河支流发展，但都与赣江相通。

丰城洪州窑历经东晋、南朝直到隋唐，是一处延续烧造时间较长的瓷窑。罐、壶、钵、盘、碗等各个时期都有烧制，其基本形制也延续下来。遗物中盘是该窑最具特色的一种器物，敞口，有大有小，均为小平底足，足稍内凹，盘心施弦纹数道，内刻莲实纹，这类盘在江西曾有不少出土，都是该窑的产品。只有一类盘心印以蔷薇花、梅花、宝相花等穿插组成的圆形图案，这种盘南北各地的隋墓中常有出土，是隋代具有代表性的器物之一。盏托的形制与盘相同，唯盘心凸起一圈，以承托茶杯。碗的形制多样，一种深腹碗，口微敛，平底足，器体呈大半球形，有的器身刻划莲瓣纹，纹饰凸起，分单层、双层，或仰覆莲瓣等，刻法各异。它与刻莲实纹盘一样，具有南朝至隋代时期瓷器的特征。瓷砚为圆形，周有水槽，砚面凸起或下凹，下承以三五个蹄足，具有南朝至隋代瓷器的风格。隋代典型器物之一的高足盘，浅形，下承以喇叭高圈足，丰城窑中也有大量烧制。高足杯为浅碗式，下承以高喇叭形圈足，杯心印有兰花纹，也应与高足盘一样，具有隋瓷的特征。另一种深腹高足杯，下承以细喇叭圈足，杯口沿施凹弦纹两道，此种器物在江西清江隋墓中曾有出土，形制、釉色也十分近似。唾壶的足径一般均大于口径，器型稳重，也是隋代瓷器中的常见之物。窑瓷器釉色有青绿、黄褐或酱紫等色。由于胎质比较粗糙，因而在坯胎上先上一层白色化妆土，然后施釉，烧成后瓷釉一般明亮，青中泛白，玻璃状透明。多数器物釉层开细小纹片，有垂釉现象。

丰城洪州窑的窑炉是依山而建的龙窑，窑床倾斜度为150°~190°，窑向北偏东30°，长18米，宽1.8米。出窑瓷器的青绿釉色尚在还原焰中烧成，釉色不稳定。

丰城洪州窑瓷器的装饰，有褐色斑点排列成连珠状装饰以及刻划花、印花和捏塑等多种手法。常见的纹样有莲瓣纹、莲实纹、梅花、水波、篦纹、弦纹等，还有柏树、蔷薇、宝相花等，莲瓣有单瓣、重瓣之分，有时与莲实纹同时装饰一件器物，有时各种花纹穿插组成各种图案。

洪州窑遗址的发现，极大地丰富了中国陶瓷文化的内容，对于研究唐代名窑的烧造历史、制瓷工艺，尤其是进一步探讨匣钵装烧、玲珑瓷和芝口瓷等烧造工艺的产生与发展，提供了宝贵的实物资料，具有很高的科学艺术价值和历史价值。

洪州窑主要窑址（1998年列入丰城市市级文物保护单位）有：

港塘与寺背窑　在石滩乡港塘和寺背村所在地，烧于东汉中晚期。此地是丰水入赣江主要干渠要道，又是槎水、秀水的汇集地带，水源丰富。土质多黄白色胶质泥，适宜烧制陶瓷。港塘窑地面保留窑包土墩和残基6处，寺背地面堆积大量青褐釉和青黄釉两类陶器。器类有罐、壶、缸、盆、釜、钵、碗、杯、盅等，窑具有斜筒状、平钵、匣状具等。它们为丰城最早创烧的两座古窑。

龙雾洲青瓷窑　在同田乡龙雾洲赣江西渡口，建于南北朝时期。窑场广袤，南起李氏岗，中延松树山，北至竹山岗一带，面积达1.5万平方米。地面散布和出土陶瓷器物有青绿釉瓷，釉色青绿莹亮，多开小冰裂纹，胎质灰白。器类有罐、钵、壶、瓶、盘、碗、盏、盂、盅、杯等，其中鸡首壶、盖钵、唾壶、分格果盘、莲瓣碗、莲盏托、茶盏等独有创格，制造精细。窑具有匣钵和圈饼形、锯齿形瓷泥垫具等。该窑址为当时丰城规模较大的瓷窑之一。

蛇头山青瓷窑　在同田乡钞塘村西北 2 千米的万家桥边，建于东晋至南北朝时期。窑包沿湖岸山丘构筑，顶部隆陷，面积 300 平方米。台地中心有填筑作坊基地，地表层散布有青绿釉和深黄釉两类瓷。器型有盘口圆组四系罐，圈饼底圆碗钵，矮足豆盘、盅、杯等。

曲江罗湖窑址（群）　在曲江镇罗湖村一带丘陵地区，是南北朝至唐朝时闻名全国的六大青瓷名窑之一，创建于南朝，停产于唐代晚期。主要分布在罗湖寺前斜坡山、象山、管家、狮山、文龙包、南坪、下坊、对门山、鹅公包、尚山，北沿至龙凤洲一带，面积 3 万余平方米，地面堆积瓷片达 4~5 米厚。1979 年已挖掘两座龙窑基址，揭露面积 439 平方米，出土青瓷器和窑具 2917 件。其中，产品有青釉和褐釉两大类，器类有罐、壶、钵、盆、盘、碗、盏、碟、杯、砚等多种，图案有莲花、牡丹、蔷薇、柏树、宝相花等，水波纹居多。唐代陆羽在《茶经》中称之"洪州瓷褐"。1994 年 12 月，国家文物局一次性下拨洪州窑遗址保护经费 50 万元，兴建曲江罗湖寺前山大型隋代窑遗址保护房。

曲江郭桥缺口城窑址　缺口城位于曲江镇郭桥村"螺丝拴岭"一带，紧靠赣江西岸，东与南昌县广福乡隔江相望，北面毗邻同田乡李子岗窑址，南距曲江寺前窑约 2 千米。窑址东西长 250 米，南北宽约 200 米，窑包高约 20 米。两座窑包堆积丰富且保存较好。出土的窑用工具有各类支具、锯齿形支圈、匣钵，青瓷器有罐、盘口壶、盆、钵、碗、高足盘、杯、盏、多足圆砚等。各类青瓷器胎质细白，青泛黄色釉，釉面莹亮，开冰裂细片，凝釉处呈碧绿色，玻璃质感强。螺丝拴岭南端暴露一座依山坡走势砌建的龙窑横断面遗迹，窑床宽 2.35 米，残高 0.25 米，窑底烧结面厚 5 厘米。窑近旁遗物有钵、碗、杯等。该窑址的烧造年代当为两晋至隋唐。

窑仔岗窑　在曲江镇街西面，建于晚唐时期。地面有完整的窑包两座，出土器物有褐釉、青绿釉两类，胎灰白色，质粗糙厚重。器类有碗、罐、杯、高足盅等。

罗坊窑　在河洲乡罗坊、窑里村后，建于晚唐至五代时期。出土器物有青黄、青绿釉两类。器物多为瓜棱壶，颈腹部有数圈弦纹，短流，扁条执耳。此外有钵、碗、碟、矮足盅等生活用品。现可见窑包残基。

黄金城窑　在丰城西赣江岸边的尚庄镇石上陵地，建于晚唐时期，现有大小窑土陵窑包可见。地面散存青黄绿釉瓷，有瓜棱壶、假圈足浅腹碗等。

碗泥岭窑　在丰城东南部铁路乡和石江乡邻界地的高岭山陵地区，属宋元时期窑址，在下窑坑和钳石村枫树下一带仍有数座窑包残基。地面瓷片堆积层 4~5 米厚，有青白釉和黑釉瓷两类。器物有缸、钵、碗、碟、杯等残件，并有压印莲瓣、花草纹、

双鱼水浪纹等图饰。窑具有圆柱状垫烧具、碗坯模、研料钵、芒口覆烧器等。在钳石村碗泥岭附近还有一块瓷土场，土质黄色和灰白色，面积广阔，是当时烧瓷原料规模较大的名窑场地之一。

古窑简介

上窑陶遗址

上窑陶遗址位于袁州新城东北面约2.5千米的下浦街道原大塘村（该村现划归宜阳新区管辖）西南500米南临袁河的平野上。据20世纪80年代考证，旧时古窑陶器的码头依稀可辨。窑址上土质除30厘米的黑色黏土外，余下皆为2米厚的白胶泥。窑址分布面横直在1000米以上。残存的窑床长12米，宽5米，高2.5米，窑口前有3米多厚的灰烬，残破的器物、匣钵等物，堆积厚度达1.2米。窑床附近的农家房屋前后，以及菜园、路面等地，俯拾皆是残留的陶片。裸露的陶瓷有壶、杯、罐、盘、碗、研轮、研钵等器物，其外表全都涂抹上色了黄褐釉并稍有滴流，内部均为素面。烧制时间为唐至五代十国时期，1984年被列为市重点文物保护单位。今毁。

渥江古窑

渥江古窑又称店下陶窑址，创建于唐代，位于袁州城东北8千米的渥江乡渥江村店下组一台地上。东面是约1米深的开阔稻田，南、西、北三面是地势较高的水田和旱地，古窑距袁河仅200米，便于水运。窑址范围长约150米，宽为40米，总面积在6000平方米以上。1983年4月，原宜春县（现袁州区）文物普查工作队考察之时，陶片堆积丰富，最厚的叠叠有3~4米，且散布较广，从店下组延伸到200多米远的胡家社，采集到陶瓶、钵、罐、壶、碗、碟、缸、双唇罐、双系罐等残片以及石碾轮、碾砣、碾钵等制陶工具。挖掘出的陶器瓷质细嫩、色白。该窑主要烧制日用陶瓷。从初烧的素面逐渐发展到施釉，釉色以米黄、酱褐色居多，次为黑釉，青绿极少。此窑延续时间较长。今毁。

栖梧山隋唐窑址

栖梧山隋唐窑址遗址位于樟树市昌傅镇太平村委丰溪陈家村西南约600米处，分布面积约25000平方米，窑址坐落在丘陵山地的边缘地带，呈东西向（东西长约500米，南北宽约50米）排列，丘陵山地边露出一馒头形窑址。从地表采集的青瓷残片来看，主要有钵、碗、罐、碟及大量窑具匣钵等；从实物标本分析，该窑址的烧造年代为隋唐时期，属洪州窑系列，具有重要的史料价值。

踱口城遗址古窑遗迹

踱口城遗址古窑遗迹位于丰城市河西郭桥村江岸。2002年，考古人员继续考察发现该城址内垣有东汉、三国—隋窑址连绵密布。2006年6月，又在该内城发现东汉马蹄形窑1座，东晋、南朝—隋代延烧窑包五六座。

丫髻山古窑址

丫髻山古窑址位于靖安县中源乡三坪村以西3千米处，距县城80余千米，由西向东蜿蜒，面积约为2万平方米，1987年被列为省级文物保护单位。1984年8月省、县考古工作者对该窑址进行了考察，见这里层峦叠嶂，柴草丛生。从山形看，窑形有龙窑和包子窑两种，但未找到窑口。窑址有上山和下山两处，上山多为覆烧组合瓷器与芒口瓷器残片遗存，下山有覆烧堆积与叠烧遗存。挖开表土可见碎瓷

省级文物保护单位——靖安县中源乡三坪村
丫髻山古窑址

瓦钵，原始堆积厚度1~3米。该窑主烧青白瓷，也有部分青瓷。产品为民间日用器皿，主要有杯、盏、盅、碗、碟、罐、盆等。瓷器胎土细腻坚实，釉面光洁明亮。器物细粗兼有，釉面细洁，叠烧器胎土厚重而现旋切刀痕。有部分规则的开片瓷，纹丝呈紫褐色或青绿色，纹饰多见菊瓣纹。该窑器物，多与江西省元代墓葬出土的器物相类似，高足杯具有显著时代特征。当地保存的民国三年（1914年）七修《胡氏宗谱》记载："文靖公居靖安堉上是也，历居清白传家，耕读为务。乃一日，子侄重九登高，过丫髻山，

见其土白如玉,归而告诸父,父曰:'土色洁白,堪作瓷器。'遂命筑室兴窑。越数寒暑,家道昌隆。"该谱又云:"胡氏祖行远公于宋理宗朝迁靖邑之丫髻山。"据宗谱记载,行远之父为大祥,大祥之父为文靖,可见行远一代在丫髻山建窑是南宋中期。实地主要是元代器物,或是压在堆积下层不易见的早期器物。由此认定,该窑创建于南宋,兴盛于元代,后因河流淤塞,山道崎岖,运输不便,再加上其他地方瓷业的冲击,至明代衰落。现被列为省、县两级重点文物保护单位,亦为当代编纂的《中国名胜词典》所收录。

丫髻山古窑在古代为解决当地人民的日常用瓷和提高陶瓷生产质量做出努力。作为瓷业基地,其有得天独厚的瓷土和柴薪资源,它为这里一两百年的瓷业生产提供了最大的方便。该窑址对于研究我国古代窑的发展,以及研究当时瓷器工艺、生产方式都有十分重大的作用,是十分珍贵的实物证据。

九仙古窑

九仙古窑位于奉新县澡溪九仙村北 1.5 千米处的窑场里,东距奉新县城 60 千米。九仙瓷窑建于宋元时期,坐落在山坡之上,依山而筑,东西长 110 米,南北宽 35 米,面积为 3850 平方米,文化层堆积不均,平均厚度 1~1.5 米,窑址断面暴露有匣体、垫柱和器皿残片等。整个窑址范围内残损窑具和器物成堆,俯拾皆是,尤其以圆状匣钵具见多。所产的瓷器主要为民间生活器皿,如碗、盏、碟、罐等。附近 40 米处,有着丰富的瓷土资源,山上树木丛生,燃料充足,山下有一溪流直注潦河,是制瓷的良好基地。1984 年被列为奉新县第一批重点文物保护单位。

渣村古窑

渣村古窑位于会埠镇渣村附近的黄鲁舍山林中。瓷窑遗址沿东西走向的山坡呈条形分布,文化堆积层厚达 1~2 米,堆积物中多数为双系罐、碗、碟、钵等器物的碎片及窑具匣钵,器物均为厚胎,青瓷类器物较多。经江西省专家鉴定,器物的年代为南北朝至唐,古瓷窑属洪州窑系列。

杨园窑址

杨园窑址位于高安市杨圩镇西南,距城区西约 50 千米。地处丘陵,傍山近水,瓷窑分布密集。北起涌溪河南岸，南至锦江北岸的泥口村一带；东从百公岭西北麓，西达市园艺场，总面积达 2.5 平方千米。现大部分开为果园。窑址堆积厚薄不一，平均在 1 米左右，瓷片和窑具俯拾皆是。1982 年 12 月文物普查时发现有窑包十余处，分布在邹坊、窑子岭、花园上、锦秀、窑下、大窑和岭上等地。从调查采集的标本可见，器型多为碗、壶、罐、钵，也有瓮、擂钵等，碗类器底多平底，少量圈足；壶流较短；折唇罐多为圈足，并发现少量的影青瓷片。锦秀 4 号窑包还发现与影青芒口瓷相吻合的匣钵。

杨园窑址系当地民间小窑，不大拘于章法，而注重民间的习俗，沿袭仿烧民间盛行的一些传统用瓷。它的发现对研究高安市古瓷窑的分布和宋元时代高安地方交通、经济等提供了新资料。该窑址烧造年代为宋、元。1983 年 5 月被列为高安县第一批重点文物保护单位。

程子源窑址

程子源窑址位于铜鼓大塅镇古桥村，发现于 1982 年，窑址分布在程子源遗址的山坡沿，瓷片散存面积约 20000 平方米。从堆积断面看，堆积达 2 米以上。出土的标本有匣钵和壶、罐、碗等。其中匣钵呈圆筒形，有壁高直与内弧之分，底厚重。青瓷壶为喇叭口，尖唇，高长颈，椭圆形腹，流粗而短，扁曲把手。施酱褐色釉，釉汁较莹亮，开细片。罐、钵为平底或圜底，均施酱褐色釉。盘多为圆唇，浅腹，大平底足。这些器物的共同特点是胎骨多粗糙，厚重；釉以蟹壳青为主，次为酱褐色釉，胎釉结合不牢；产品以壶、碗、罐为多，且多具唐代中、晚期作风。执壶与唐代长沙窑同类产品接近。该窑烧制时间上限至唐代，下限可至宋代。

商周陶窑

商周陶窑位于罗市梧岗阴村枸子垴，建于商周时期。修建昌（南昌）铜（铜鼓）高速时被发现，经省考古文物专家确认。陶窑占地面积 1.5 万平方米，出土的文物中含三只罕见的瓷鸟。

三只陶鸟十分罕见。表面看起来像是鸡的形状，但实际上是鸟，上面的纹饰有曲折纹、方格纹等，属典型江西吴城文化特有纹饰，反映了当时人们对图腾崇拜或族徽信仰的情结。2012 年，江西省考古人员对遗址进行抢救性发掘。

陶窑遗迹有灰坑、灰沟、房基、陶窑等，遗物有石器、陶器、铜器等。石器主要有锛、刀、镞、钺等，陶器主要有甗形器、鼎足、尊、罐、豆、盂、钵、纺轮、网坠、陶塑等。

上饶市

玉 山 县

玉山渎口窑址

渎口窑场发掘出来的器物

玉山县下镇渎口村民间窑场发掘现场

玉山渎口窑址位于玉山县下镇渎口村东约 1 千米的丘陵坡地上，处信江支流沧溪的下游，是一处中型的烧造青瓷器的民间窑场。该窑址总面积约 6000 平方米，东西长约 100 米，南北宽约 60 米。瓷片堆积厚度最深处达 4 米余，总发掘面积为 1050 平方米，发掘出土陶瓷片达十万余片，完整可复原器物 1320 件。整个窑址地势西北高东南低，北部地势较高，为窑炉所在地；南部地势较为平坦，为作坊区。考古人员在北部发现窑炉 3 座，一座只剩火膛，一座只见部分窑床，其中一座较完整。该窑炉为斜坡式龙窑，总长为 16.5 米，可分为窑床、火膛、焚口三部分，整个窑身呈长方形，像一条火龙从下而上延伸。它的特点是产量大，升温降温快。

渎口窑瓷器在成型方法上，主要

利用陶车拉坯成型，器物拉坯成型后胎壁厚薄一致，器型规整。器物的附件如罐耳、壶流、盖纽等用单模或手工捏制而成。个别器型还运用雕刻、镂空、堆塑、范模的方法。器物造型相对简单，除圆形器外，瓜棱形器较少，器物胎壁较厚且较坚硬，釉色不纯正，青釉常泛黄，酱釉呈酱褐色，釉面有细裂纹现象；施釉多采用荡釉和浸釉，且施釉不及底，有流釉现象。

渎口窑器物均裸烧，不见匣钵。为避免生烧现象，多采用支烧垫墩、支烧垫具等窑具来支撑器物。相同规格的器物（如碗）叠烧时多采用支钉间隔的叠烧方法，在大件器物叠烧小件器物时，如大碗套小碗或盏、碟，为增加器物之间的空间加垫圈间隔叠烧。这种装烧方法可以节省窑内空间，使容量增大，节约成本，但支钉破坏了器物釉面，影响美观。一些较大件的器物（如壶）既有单件烧制，也有用支钉间隔同类器物叠烧；既有口对底的叠烧，也有口对口的叠烧。由于器物较重，叠烧往往容易使其变形，废品较多。

渎口窑瓷器装饰技法较简单，多以素面为主，刻花、印花主要在碗类器物上，纹样主要有莲瓣纹、菊瓣纹、水草纹等，线条简洁、流畅。印花较少，主要在碗的内底部模印菊花。

渎口窑以烧制日常生活用瓷为主，生活用瓷占出土器物的92.6%，主要有壶、碗、罐、盘、钵、盏、器盖、瓶、薰炉、碾轮等，碗的数量最多，为分饼足碗、内凹底碗、圈足碗三种。壶的种类最丰富，特色最鲜明，分直口壶、盘口壶、喇叭口壶、宽口壶、流口小壶等。

渎口窑是晚唐至北宋中期烧造青瓷的民间窑场，是江西地区重要的早期窑址之一。从出土器物的造型、胎釉和纹饰特征分析，渎口窑属于婺州窑窑系。婺州窑位于今浙江省金华地区，因唐代属婺州，故名婺州窑。婺州窑瓷器以青瓷为主，始烧于汉，经三国、两晋、南北朝、隋、唐、宋到元，盛于唐、宋，终于元代。婺州窑使用红色黏土做坯料，烧成后的胎呈深紫色或深灰色，由于使用了白色化妆土，釉层滋润柔和，釉色青灰或青黄中微泛褐色。釉面开裂，开裂处往往有奶黄色或奶白色的结晶体析出，这是婺州窑青瓷的特殊现象。婺州窑瓷器装饰简朴，均为刻划花纹，风格文雅大方。渎口窑的发掘丰富了婺州窑的内容，也为江西陶瓷史增添了新的资料。

横　峰　县

北宋横峰龙泉窑址

　　北宋横峰龙泉窑址位于横峰县岑阳镇上窑口村，创烧起源地处灯山窑包。以灯山窑包和周家港背四周山脚为界。1981年5月，江西省文物工作队（现江西文物考古研究所）来横峰县调查横峰窑时，在费耀泉家建房基地开挖，发现这个青白瓷窑址，并撰写调查报告刊载《江西历史文物》季刊，考证结果属北宋时期窑址。窑址上层为北宋粉黄沙泥掺杂高岭土和窑楂堆积层，下层叠压元、明代后期窑址废物堆积。断面文化层次很分明，堆积深厚，集获标本物有常见青白瓷小茶盏、碗、罐、堆塑瓶以及钵、饼、柱等各式窑具。

　　采集的堆塑瓶残部可见，胎土细白，釉色淡清，光洁润泽，不失为宋瓷精品；小茶盏胎土细腻，釉面清亮，器型平薄，斜壁小底，呈仰姿斗笠状，圈足深浅不一，内心有凸起小鸡心点，口径一般在11厘米左右，高4厘米上下，底径约3.5厘米，为单件仰面装窑烧成。有的釉中闪烁小开片，底部充垫圆形小泥饼；碗为深腹折唇式，釉色淡青，也有炒米色，芒口和印花瓷碗，常见装饰于内壁，刻划雕塑工艺娴熟，线条流畅，纹饰有缠枝莲瓣、枝叶花卉，图案清晰，画面舒展，写意生动，栩栩如生，尽显宋代制瓷水平和历史风采。

北宋横峰窑生产的碗

　　青白瓷是以铁为着色剂，以草木与石灰石混合煅烧的产物，以及白云石等为青瓷釉料的助熔剂而烧成的。随着烧成时的气氛变化，釉料中铁的释放含量会不同，同时釉料组成及釉层的厚度，都会影响烧成产品由浅至深各种不同的青绿色泽。在文献上常见的青瓷名称有多种，如月下白、影青、粉青、豆青、东青、梅子青、鸭蛋青、蟹壳青、大观釉、龙泉釉等。

北宋横峰窑生产的罐

横峰宋代青白瓷，釉色多为天青和玉青，呈色于影青与天青之间，釉略白而青，故称青白瓷。它是以纯石灰石为主要助熔剂，占釉料1.2%～2.5%的氧化铁为着色剂，在生坯上施釉，釉层厚度1.5～2.5毫米，多用净釉方法施釉。在还原气氛下，于1280～1300℃温度烧成。

北宋时期，横峰属上饶郡弋阳县横峰镇（今县城）管辖，这里山峦叠翠，竹林茂密，溪水清澈，窑土资源丰富。居民大多以烧制瓷器和陶器为业，称为"窑民"。当时"江西瓷业盛极一时，著名的景德镇窑、横峰窑等16处窑场，名窑林立，各有千秋，构成了江西瓷业繁荣兴盛的空前景况"（《江西考古》，1983年1月）。

北宋横峰窑属浙江处州龙泉窑系。它的用料、造型、配釉、刻划装饰工艺，以及装窑烧制技法，都承袭了浙江处州龙泉窑生产规程，时代风格鲜明，地方特色浓郁。瓷器正品淳朴凝重，胎骨坚致，釉面青绿，为青瓷时代标志之一。

1985年4月，经县人民政府批准公布，北宋横峰龙泉窑遗址定为第一批横峰县文物保护单位。北宋横峰龙泉窑在江西陶瓷史上占有极其重要地位，对周边地区制瓷生产影响深远。北宋横峰龙泉窑瓷器以朴雅、质优、价廉、实用见称，曾一度成为横峰的支柱经济产业。产品广销江南各镇，也曾销往国外。

明代横峰窑遗址

明代横峰窑遗址位于横峰县城所在地兴安街道，规模大、堆积厚，地理分布十分广泛。以上窑口、下窑口、窑湾一条3千米长的条形地区最为集中。古城墙内外（明代中叶建筑）纵陌数里，窑包叠积广袤无野。丘岭、台地都是窑渣碎瓷垒积的地层。老城东南区均为窑场，横峰二中后山窑包处堆积高达近10米，单体面积300～600平方米。窑址面积占据城区的30%～40%，达5平方千米。

明代横峰窑，是一个规划较大的窑址群系，在历史上占有极为重要地位，它在已形成的宋代窑场基础上续烧，呈强势扩张发展。元末明初，横峰镇设有"丫岩巡检司公署"，管理窑民和地方事务。明代中叶为鼎盛期，形成"成化、弘治间，利源日开，生齿日盛"之局面。明正德六年（1511年），废丫岩巡检司公署。明正德八年（1513年），设置"管窑通判"，以增强窑业市场专治管理，其衙门称镇宁公署。明嘉靖十九年（1540年），横峰镇一带发生饥荒，米价高涨。窑民向地方政府请愿，要求开仓济民，被拒绝。于是群情激愤，窑民不得不抢谷为乱，反抗统治阶级的压迫。明嘉靖三十九年（1560年）农历八月，为了对窑民加强统治和镇压，废管窑通判，割上饶县西北3乡8里、弋阳县东北3乡13里，立县分治，并且从"兴而安之"的角度出发，取名兴安县。

明末清初，随着生产规模的迅速扩大，瓷土日渐枯竭，横峰窑渐衰。到清康熙二十二年（1682年），只剩一片废墟。清光绪年间，复兴横峰窑，恢复了窑厂2座，坯房300间，舂料水碓20余口，铺房2所，产品"尚属可观"，后因连年亏损而停办。民国初年至民国十六年（1927年），尚有窑厂3家，民国二十七年（1938年）出版的《中国实业志》中记载："江西产陶瓷，尽人皆知，惟其产瓷最盛地点，乃为浮梁县、鄱阳县、萍乡县、横峰县等。"民国二十八（1939年）年尚存一家瓷厂，资本1500元，工人8名。民国年间几乎全部迁移他处乃至湮灭。

窑床形式有两类，一是龙窑（直条形），二是馒头窑（略呈椭圆形）。采集的瓷器标本十分丰富，以功能区分主要是盛贮器、饮食器、酒器、象生实用器、冥器等。产品以青瓷实用器为主，青釉碗居多，依次有青瓷盏、圈足杯，高足杯，青瓷碟、盘、罐、坛等，还有青釉花瓶。"多为日用瓷，朴实合用，价亦低廉，畅销浙江省各乡镇"（民国《江西特产说明书》）。

明代横峰窑出土的青釉瓷器品种繁多，造型多样，大小各异。碗分真唇、厚唇和折唇多式，腹微弧，口径都在5~18厘米之间；高足杯分为竹节与"喇叭"柱型二式；碟分直唇斜壁和折唇弧壁；盘分敞口、厚唇等式；花瓶采用贴花堆塑装饰。胎骨坚致，胎体厚重，瓷土灰白，釉色润泽，有玻璃质感，成色呈淡青—天青—东青—豆青—青绿，递秩由浅见深，异彩纷纭。佳品为翠绿色，内刚外柔，含而似玉。横峰窑采用匣钵叠烧法，以混合装窑为主，其次有单件叠烧。明初烧制工艺变形、瑕疵，瓷具粘连物层出不穷。制作工艺渐露草率，器底留有垫饼、涩圈或切割不整。横峰窑的装饰法以模印、戳印、刻划、堆塑、暗雕为常式，纹饰仍以写意习常，花枝、草叶、宝珠简洁生动。也有以"长

青釉瓷器

命富贵""金玉满堂"吉词作为装饰内容。花瓶则堆塑青龙、白虎形态或肖俑、葵花纹作为装饰。

铅 山 县

破岭基元代瓷窑址

　　破岭基元代瓷窑址位于铅山县境东北信江南岸，鹅湖山北麓，距鹅湖镇政府东北 1.5 千米处的扁担山上，是县级文物保护单位。

　　同治版《铅山县志》载："江村窑落十九都。"窑场总面积 2 万平方米。1998 年 10 月，发掘其中 320 平方米，窑床和作坊遗址至今保存尚好。探方堆积厚度达 3 米，全系瓦片和匣钵，土层厚 0.1~0.25 米，中层扰乱层厚 0.7~0.8 米，下层文化堆积厚 0.65~1.2 米。

　　破岭基瓷窑分为上窑和下窑。

　　上窑在上饶至福建的公路南侧 50 米处的破岭基，东距鹅湖书院 7 千米，北距永平镇 10 千米，南至信江 1.5 千米，属江村窑东区晚烧地段，俗称"破岭基窑"，也称"上窑"。山脚有一条焦溪，常年不涸，为制器皿坯胎提供了充足的水源。该窑面积约 2000 平方米，原是"江村窑"的一处较大的晚期窑坊。此处文化层堆积厚度达 2~3 米，出土器物以青釉和褐釉为主，白釉为少量，粗糙厚重，器物底部无釉；器型多为碗、盘和高足碗，有印花工艺，碗内图案为缠枝莲花纹。有匣钵单件仰烧和多件叠烧，多数为支钉烧法。

　　下窑位于上窑的西端 500 米处，为江村窑的主体，面积 18000 平方米。其中心窑场堆积区、下窑及龙床遗址等，绵延近千米，附近的山垅田坂，遍地都散落着残瓷破碗。据资料记载和实地考证，江村窑始烧于晚唐、五代，终于明末。

　　江村窑离江西历史上的商业重镇河口 7.5 千米，距信江 800 米。各类瓷器经人挑肩扛至信江边，换乘大舟沿信江顺流而下，到达河口集散，真可谓邻于市，近于水。此处又是闽赣交通驿道的咽喉地段，故能使产品迅速扩散于闽、皖、浙及其他地区。

　　江村窑的青瓷烧制，至南宋时达到鼎盛时期。这一时期，江西的青瓷业整体达到了登峰造极的地步，江村窑所生产的罐、盏、盘、碗、杯、盅、碟子等青瓷器皿，胎质细腻，上釉均匀，釉面晶莹透亮，釉色青翠滋润，制作精巧，烧造精作，火候温度都在 1300℃以上，充分体现了江村窑的制瓷技艺和成就。

　　五代、南唐以后，江南经济迅速恢复发展，城市的繁荣使手工业制品的工艺技术交流得到了加强，社会生活的需求导致制瓷业生产的大发展，江村窑的青瓷产品，与龙泉、越窑之产品遥相呼应，比肩媲美。元朝建立后，由于江西景德镇瓷业的发展，江村窑的大部分制瓷工匠被官窑征用，再加上其他瓷种的大量出现，对江村窑产生了巨大的冲击，生产难以为继，连绵千年不熄的窑火，最后一缕青烟飘散在历史的天空。

盏窑里宋代瓷窑遗址

盏窑里宋代瓷窑遗址位于铅山县饶鹰公路东侧新安埠乡丁家村山坡，占地面积约1.2万平方米。该窑在宋代是专事烧制黑釉茶盏的窑场，方圆数百米，各种匣钵碎瓷形制各异，散乱的瓷片和窑具俯拾皆是，有些青褐色釉瓷片上有绿色或黄色的兔毫纹样，清雅美观。

新安埠，古有驿道直通闽北崇安、建阳各地，水陆交通十分方便，地下埋藏着丰富的瓷土和煤炭等矿产，地面是连绵不绝的森林，为烧窑制瓷提供了十分丰富的资源。因此，宋明时期，该地一直是商贾船泊停留、繁忙异常的水上运输的黄金地段。

铅山所处地理位置为闽、浙交界地，赣东北的南境。尤其宋元前，铅山行政变迁反复无常，浙江、福建多次管辖，故铅山盏窑具有和福建建窑、江西吉州窑、浙江宁波窑相近的黑釉瓷盏的风格。

铅山盏窑黑釉瓷生产的兴衰无确凿的史料方志记载。该窑盛产黑釉茶碗，古代称茶盏，故有"盏窑"之名，该地俗称"盏窑里"应是古代沿用下来的名称。据当地村民讲，过去开荒时常见完整器物，有的还有漂亮的斑纹。盏窑尚有部分青白釉瓷片，其中器型有直口杯，还有酱褐釉大型器皿碎片，釉呈流蜡状，浅处酱黄色，较鲜艳，但均不能复原。窑具匣钵粗胎，呈青褐或灰黄色，胎厚1~2厘米，漏斗状，直口、折腹、尖底，口径15~18厘米，高9~11厘米。其所产茶盏胎釉、形制特点和兔毫纹饰，与福建建阳古窑产品相类似。

盏窑的制瓷时代，也不见文献记载。据村民说，窑址上原有粗大古木，早年被砍斫，今又长成茂林，可见已经废弃久远。有的人家在宋时即由福建迁入，可见盏窑与建窑有一定的渊源。据考证，建窑黑釉创烧于北宋，繁盛于南宋；同时代的吉州窑也盛烧黑釉窑变器。铅山县宋淑国夫人墓出土一件黑釉盏（残），敛口弧腹，近足部内收，平底略作内凹，胎稍厚，黑釉无光泽，内壁刻划卷曲云纹，口径16厘米，底径4.4厘米，高6厘米，这件器物与盏窑所出器物十分相似。盏窑的器物特征具有强烈的南宋风格，当是南宋时期的瓷窑。

我国黑釉瓷生产从五代到南宋达到鼎盛时期，同一时期的铅山盏窑所生产的黑釉瓷也达到了相应的水平，罐、盏、盘、碗、杯、盅等器物胎质细腻，上釉均匀，釉面晶莹透亮，釉色青翠滋润，制作精巧，烧造精作，制瓷成品率达90%以上，火候温度在1300℃以上，体现了铅山盏窑这一时期的烧瓷成就，为铅山其他瓷窑的生产开了先河。

铅山盏窑自南宋至元代中期，历经三百余年，由于元代江西景德镇瓷业的发展达到空前的盛况，"龙床林立"，铅山盏窑的大部分制瓷工匠被官窑选用，加上青花、釉里红、红绿彩瓷、蓝釉、芝麻酱釉等瓷器品种的大量出现，龙泉窑青瓷盖世，对铅山盏窑冲击很大，生产难以维持。铅山盏窑受到致命的打击，导致其在特定的历史环境中一蹶不振，以致停止了其瓷业生命。

盏窑在铅山以专产茶盏闻名，固然与当地的资源有关，而且还与铅山的名茶有关。文献记载："宋先有周山茶、白水团茶、小龙风团茶，皆以佐建安而上供。"既然可以上供，自然名贵，难怪爱国词人辛弃疾寓居铅山时也常饮之，他在"再题瓢泉"的《水龙吟》词中云："冬槽春盎，归来为我，制松醪些。其外芳芬，团龙片风，煮云膏些。"铅山盏窑，与当时社会的饮茶之风直接相关。

余 干 县

黄金埠窑址

黄金埠窑址位于余干县黄金埠镇上行村新屋郑家东南角刘家山丘上，信江东北岸，面积约2000平方米。2006年景鹰高速施工时，考古发掘发现，该地有大范围民窑群。发掘的黄金埠窑，仅是其中一处。黄金埠窑址北高南低，依山傍水，空气清新，生态环境优美。周围分别被九妹山、华山、细桥山、铜锣山等环绕。信江从西南部蜿蜒流过，向西北汇注鄱阳湖，具有理想的烧窑自然条件。

该窑始烧于中唐，盛于晚唐，终于五代。发掘面积549平方米，揭示龙窑1座，清理灰坑1个，出土各类窑工具和青瓷器3000余件。斜坡阶梯式软底"分室龙窑"，由窑门、火膛、窑室、火道、烟孔、窑壁、隔墙组成。直长37.8米，斜长38米，宽0.5~3.2米，倾斜度6°，水平高差3.89米。窑壁残高0~0.4米。窑向北偏东86°，平面近船形。支烧具多见上、中、下方位款识。

此类龙窑结构在江西是首次发掘，也是我国发现的最早的一座阶梯式龙窑，为研究南方地区烧瓷窑炉发展史和装烧量及烧造技术提供了新的资料。龙窑的构造，又是探讨龙窑形制演变及龙窑形制与所烧造瓷器品种关系的珍贵资料，并纠正了过去多认为南方龙窑由"单体龙窑"到元代才演变为"分室龙窑"至明早期演变为"阶级龙窑"

黄金埠窑址

黄金埠窑址出土的唐代青釉瓷腰鼓

的传统观点，是挑战传统理论的"活论文"。

黄金埠窑址所出土的产品以青瓷为主。釉色有青釉、酱褐釉、月白釉、釉下彩瓷。器型见碗、盘、碟、壶、罐、缸、钵、器盖、灯盏、砚台、腰鼓等，碗类多玉壁式底足。主要为日常生活用品，文化内涵丰富，创造出多个首见。釉下褐彩瓷的工艺，对研究唐代青花瓷的起源意义重大；釉下褐斑有"贞元"纪年款的瓷罐，对黄金埠窑址器物断代、编年、分期提供了绝对年

黄金埠窑址出土的短流双耳壶

代的可靠的标尺；也是研究中唐到晚唐及五代不同阶段青瓷的特征风貌、工艺技术的历史演进和特征变异的十分珍贵而又重要的实物资料。数量不少的青瓷腰鼓出土，证实黄金埠窑产品在唐代与长沙窑、越州窑一样，曾与中亚、西亚各民族进行了经济与文化的频繁交流，彰显了赣地唐代中西文化交流频繁的历史，为沟通东西方文明做出了积极的贡献。

黄金埠窑址发掘清理后填土封存，加筑围墙环护，保护得很好。

古窑简介

高阳古瓷窑遗址

高阳古瓷窑遗址位于广丰区铜钹山镇高阳村里高阳红坞，在赣、浙、闽古道上。出土有刻花圈足碗、瓷罐、匣钵及大量的瓷碗、瓷盘、瓷碟、瓷酒（茶）杯残破瓷片，所出土的豆青、粉青瓷器，胎骨厚实，釉面肥厚、饱和，还有窑用工具、刮削器具等。经鉴定为五代（汉）至两宋烧造日用青瓷器皿的古窑遗址。

荒山古窑遗址

荒山古窑遗址位于广丰区铜钹山镇高阳村荒山地方，距高阳古瓷窑遗址约4千米，同为赣、浙、闽古道上，出土有瓷碗、镂孔香薰盖、擂钵及大量的残破瓷片，出土的豆青、粉青瓷器釉层饱满丰润。经鉴定为五代（汉）至两宋烧造日用青瓷器皿的古窑遗址。

高庄古瓷窑遗址

高庄古瓷窑遗址位于广丰区铜钹山镇高阳村高庄，距高阳古瓷窑遗址约5千米，同为赣、浙、闽古道上。出土有瓷碗、瓷盘、瓜棱罐及大量的残破瓷片，所出豆青、粉青瓷器，釉色青碧柔和，犹如杨梅初生时翠玉似的"梅子青"。经鉴定为五代（汉）至两宋烧造日用青瓷器皿的古窑遗址。

九都山窑

九都山窑位于玉山县下镇外村九都山，总面积有7500平方米，为唐至五代时期古窑遗址。

塘泥垄窑

塘泥垄窑位于玉山县六都乡湾村村塘泥垄自然村前，为唐至五代时期古窑遗址。

莲塘窑

莲塘窑位于玉山县冰溪镇莲塘村窑山，总面积约20万平方米，为明代缸瓦窑。

塘顶柳都桥古窑遗址

塘顶柳都桥古窑遗址位于今玉山县下镇官宅村塘顶地方，距柳都桥西南4米高的坟棚山路边。遗址长20米，宽7米，总面积为140平方米。窑前30米有小河流，土质属红壤土，遗留陶罐、碗片，为唐至五代的古窑遗址。

下坊古窑遗址

下坊古窑遗址又名塘窝窑，位于玉山县六都乡下坊村花坟湾与洋源垄之间的山岽上，长20米，宽10米，总面积200平方米。两山之间有一小涧，上游洋源垄有一股终年不涸的泉水。土质为黄土，遗留碗、盘、罐等残片及烧土，为唐至五代的古窑遗址。

港口窑

港口窑位于弋阳县港口镇小店村，呈圆形、龙形等，传说有99座窑址，已发现13座，为明代古窑。

湖西窑

湖西窑位于弋阳县葛溪乡胡家窑上村，传说有3座窑址，已发现2座，为明代古窑。

马坑窑

马坑窑位于弋阳县三县岭垦殖场福家山，为明代古窑。嘉靖三十九年（1560年）建兴安县（即今横峰县），在此修筑城垣，横峰窑被迫迁移至弋阳县湖西、马坑。康熙及同治《弋阳县志·物产志》载："本县湖西马坑窑皆以陶器为业，如瓶罐缸瓷盘碗之器，其粗丑不堪，郡邑多资之。"

钱家窑

钱家窑位于弋阳县圭峰镇箭竹村钱家，为明代古窑。

瓦口瓷窑遗址

瓦口瓷窑遗址位于德兴市黄柏乡瓦口村乌石坞平山上，属明代瓷窑遗址。遗址周围，仍散存着大量瓷碗片、碗坯；瓷碗口径15厘米，碗底厚1厘米，外着青绿色釉。

南墩陶窑旧址

南墩陶窑旧址位于德兴市香屯街道办南墩河北面路边，窑址三处，窑内装满陶器胚。1968年，当地群众用窑内陶胚铺路。此窑为清同治年间民窑。

程家古窑址

程家古窑址位于德兴市黄柏乡宋家村程家自然村，2013年11月被发现。窑址坐落在满是毛竹的半山腰上，层层叠叠地堆集着陶瓦罐残片，大多是民用陶水缸、酱菜坛类且比较大型器物的残片，烧结程度高，内外满釉，从残片初步分析判断应是民国期间产物。

锣鼓亭古窑址

锣鼓亭古窑址位于德兴市新营街道办锣鼓亭，2009年11月被发现，为清末民初陶器窑址。古窑址分布面积约200平方米，破损的陶罐、陶钵、陶壶、壶嘴、壶提等混杂重叠，满地尽是。

清华窑址

清华窑址位于婺源县北清华镇东园一带。窑址面积较广，1957年被发现。通过对其出土瓷片鉴定，该地从唐至明代生产过青瓷、青白瓷、青花瓷等器具，且质量较好。唐代婺源建县时，清华是为县治。清华下市（街）的东段，靠近船运码头，过去曾是瓷器街，三户一家窑货铺，五户一间瓷器店。因为清华附近的宝珠坑、引浆源出产高岭土，《浮梁志》称"婺源坯土九十斤，值银八钱，淘净土七十二斤"。其瓷土除外运浮梁景德镇外，主要供给遍布于东园一带的瓷窑，烧制的产品上越五岭、下渡七十二滩，大量销往皖、浙、赣交界地区。清华的瓷窑业曾经对景德镇有过影响，这里昔有一座"齐总管庙"。乾隆《婺源县志》记载：出身于清华瓷窑的齐总管，"名宗䕶（婺源嵩峡人），宋仕浮梁陶丞；劳于王事，误毁御器，抱愤吞器，立死不仆，遂成神焉"。

黄土源窑址

黄土源窑址位于婺源县中部紫阳镇齐村黄土源，1975年被发现。窑址出土有唐代窑具、青瓷罐、壶、碗、碟等器物。经鉴定为唐代烧制日用器皿的瓷窑址。

鱼场窑址

鱼场窑址位于婺源县中部紫阳镇齐村黄土源附近，1978年被发现。出土器物与黄土源瓷窑址相似。经鉴定为唐代窑址。

窑山五代瓷窑址

窑山五代瓷窑址位于铅山县鹅湖镇江村南约1千米的窑山北坡,面积约1.2万平方米。表层散布大量青釉瓷片和一些制作工具,主要为匣钵,堆积层厚约5米。出土瓷器有碗、豆、盘、壶、罐等,器内全釉,外壁釉不及底。出土器皿壶嘴特小,豆脚无节,碗底平凹,为垄窑叠烧法,初步断定为五代窑址。

苋鸡蓬南朝瓷窑址

苋鸡蓬南朝瓷窑址位于铅山县傍罗古埠徐家村前100米处。地表面损毁,表土以下1.5米全是瓷器碎片的堆积层。熟土部分器皿重叠保存完好,有四耳转环罐、双边腰子罐、半敞口瓷盆等3件。这些器皿分青白釉两类,器身一般较厚,腹下露胎,胎质坚细,含少量砂粒,均为支钉叠烧法烧制。烧造时间为南朝。

华家村明清瓷窑址

华家村明清瓷窑址位于铅山县新安埠东北约2千米的华家窑村,面积约30万平方米。公路北侧的山排和村后残瓷器和碎瓷片堆积成山,残器中较多的是黑釉带盖罐,以及青黑釉碗、碟,间有绿、黄釉碎瓷片。据村民介绍,其祖先于明代自福建迁移到此,开始建窑,至今已十八代。此窑于清咸丰年间(1851—1861年)停产。

厂门前古窑址

厂门前古窑址位于万年县陈营镇厂门前村,有古窑三座。经调查,窑址分布两处山头,相距百余米。村后山坡有一个窑址保存完好,并发现了窑口。山外村庄有两个窑因当地村民建房破坏,古窑暴露出清楚的断面,从断面可看到有早晚烧窑叠压关系,几层不同的烧土层和不同土色。据江西省文物考古研究所专家分析,这是一座窑经多年使用后被废弃,若干年后又在原址上新建的窑。从窑的走向看,该窑属龙窑形式,文化遗物广泛散布,面积达2000平方米以上,文化堆积厚50~100厘米。包含物发现有窑具,并且有大件的缸、罐、碗等残器。酱褐釉,施釉不及底,胎密,火候高,

已瓷化,胎土原料就近选用。此窑群是古代大型窑场,烧制民间常用大件器物,窑址的年代下限为清代,上限可能达到唐宋时期。

鹧鸪岭窑址

鹧鸪岭窑址位于余干县梅港乡。该窑形制为馒头窑。烧制的器皿多为瓷碗、瓷盘之类。胎质浑厚,釉色淡绿,据器型分析似为元朝晚期的窑址。该窑址于瓷石矿建矿时被全部破坏,出土瓷器均由景德镇陶瓷公司运走。今窑址周围到处有瓷片遗存。

曹家庄砖窑址

曹家庄砖窑址位于余干县瑞洪镇,西临信江与鄱阳湖之滨,东北为丘陵旱地。窑址始创年不详,明初已处光盛时,该窑址形制为馒头窑,专烧砖块。现有一窑存在,高2米,宽2.3米,保存完好。砖长43厘米,宽21厘米,厚11厘米,质地青灰色,烧制精细。砖块端部印有"饶州府余干县提调"铭文。实物证明,此窑为朱元璋建造南京城墙做了贡献,为研究明代南京城墙的修建提供了实物资料。

长山岛唐窑址

长山岛唐窑址位于鄱阳湖长山岛长山东侧窑家冲山坡(鄱阳县双港镇长山村委会),为晚唐时期民窑。窑址处遍布陶、瓷残片堆积层,多为青白釉、蟹青釉瓷片,铁灰色瓷胎,内外施釉,分布面积约2000平方米。有盘、碗、壶、罐等,碗里有窑烧支点一至三四个不等,厚4毫米,碗口多卷沿;罐为塔形或葫芦形,多层捏制,铁青色,无釉。1994年被列为县级文物保护单位。

瓦屑坝遗址

瓦屑坝遗址位于鄱阳县莲湖乡瓦屑坝(瓦屑泠)村委会吴家港地带,处鄱阳湖东岸、莲湖乡南岸。该遗址自双港河始至吴家港地带迤逦十千米,河中千年陶片堆积成坝,俗称"瓦屑坝"。地表层裸露陶片、瓦器繁多,堆积层厚度达3米。史载唐代末期,于黄巢起义战争时期迁往姑苏(今江苏)的陶人祖先即在此地从事陶器制作。

吉安市

青 原 区

临江古窑遗址

临江古窑遗址位于吉安市青原区天玉镇临江村簸箕岭上，始烧于五代，终烧年代在明朝晚期的天启、崇祯年间，属吉州窑系大形制瓷作坊遗址，距中心城区12千米。1989年，向吉铁路踏勘时发现。经国家文物局批准，1990—1992年两次抢救性考古发掘，挖掘面积4000平方米，出土各种

青原区天玉临江古窑遗址

窑具、工具、瓷器16179件，并发现制瓷作坊1处，马蹄形窑3座，釉料淘洗池2个，蓄泥池10个，陈腐池3个，蓄釉池4个，品字形淘垆4组10个，灰坑3个，天井式晾坯台4座，供水沟7条，散水沟2条，轮轴基座6个，釉缸2个，房基3条。

青原区临江古窑遗址内景

整个古窑址面积3132平方米，作坊遗址内各道工序完整，分布错落有致，制瓷工艺流程布局合理，分工严密。遗址自北到南、由高到低连成一体，保存有五代、两宋及明代中期的洗泥地、制泥地、制坯台、晾坯台和大量泥坯、产品及残片标本，是全国至今保存最完好的宋、元瓷器作坊遗址。

临江古窑是吉州窑系列中的一处重要窑厂，因创烧青花瓷和成功仿造大量龙泉青瓷、遗址规模宏大、制瓷工艺流程完整而闻名于世，具有很高的史学价值和艺术价值，被誉为"南窑瑰宝"。1994年被列为县（市）级文物保护单位，2000年被公布为江西省文物保护单位。

彭家窑遗址

青原区彭家窑墨书文唇口碗

青原区彭家窑出土的青黄釉碗

彭家窑遗址位于吉安市青原区滨江街道友谊村委会彭家村对门岭上（古称茶山），距吉州永和窑3千米，距永和窑取土的鸡岗岭1.5千米，距赣江约300米。2003年4月20日，青原区河东大堤建设取土时发现，经吉安市博物馆初步认定为唐末窑址；4月25日，江西省考古研究所实地勘察后予以认同。2003年9月，江西省考古研究所对遗址进行布方试发掘。初布5米×5米探方9个，后又增加14米×4米探方一个，发掘面积181平方米，发现唐末龙窑一座，长33.5米（尚不完整）。南北窑壁最宽2.20米，最窄1.9米，窑床内发现原存有序排列的烧柱11个。共出土器物559件：敞口碗完整的4件，残片378件，罐残片15件，钵残片3件，口残小水盂1件，砚残片2件；窑具有筒形柱高、中、低三大类，共60件，残27件；完整匣钵2件，残71件；垫饼17件。

根据彭家窑的地理位置和出土器物及制瓷工艺等分析，彭家窑与吉州永和窑有着密切的传承关系，对研究吉州窑源头意义重大。

吉 安 县

吉州窑

  吉州窑位于吉安县永和镇境内,北距吉安市约8千米。在吉州窑遗址内,一座座古窑包如岗似岭,星罗棋布,瓷片和窑具俯拾皆是;一条条由废匣钵和窑砖铺砌的长街古道,南北纵横。这一带就是古"东昌"县治的所在地。东昌(今永和镇)地属吉州管辖,故名为"吉州窑",又称为"永和窑"。

吉州窑遗址公园

吉安市博物馆藏(南宋)吉州窑褐釉碗

吉安市博物藏(南宋)吉州窑天目釉木叶纹碗

永和镇濒临赣江，上溯赣州，下达南昌，是赣江黄金水道的重要商驿之一，境内森林茂密，瓷土丰富。吉州窑在当时"海宇清宁"的环境下，又在邻近丰城洪州窑、新干塔下窑、临川白浒窑、永丰山口窑和赣州七里镇窑等的相互促进下得到飞速发展。《明东昌志》载："至五代时，民聚其地，耕且陶焉，由是井落圩市，祠庙寺观始。周显德初，谓之高唐乡临江里磁窑团，有团军主之。及宋寝盛，景德中（1004—1007年）为镇市，置监镇司，掌磁窑烟火事，辟坊巷六街三市……附而居者至数千家。"永和镇至宋时已是"民物繁庶，舟车辐辏"的"天下三镇"之一的瓷城。

吉州窑创烧于唐末五代，北宋初始繁荣，南宋达到极盛，延及元末明初，迄今有1200余年的历史。吉州窑遗址分布在以西南自塔里前至东北面的林家园长达2千米，东南的辅顺庙到西北的窑门岭宽达1.5千米范围内，窑包24坐，窑址总面积8.05万平方米，堆积72.68万立方米。遗址种类除窑包外，还有窑床、陶瓷作坊、寺院、佛塔、名人古迹、老街区等，是我国保存最完好、保留遗址规模最大且最集中的窑址群，也为世界罕见的古窑包遗址群。

吉州窑本觉寺窑床属斜坡式"龙窑"，与古代江南产瓷区属同一类型。吉州窑这类"龙窑"多系平地起建，并非龙泉窑和德化窑那类"依山而建"的"龙窑"结构。窑床先用匣钵、瓷片和砂土垫底，共有三层烧结面，每层厚0.5~10厘米，平面呈船形，斜长36.8米，宽0.42~3.95米。窑床结构具有窑身长阔，火膛狭小，坡度高陡，窑门双开，火焰抽力大，温度上升快，并能同时烧造粗细瓷、高温和低温釉瓷等特点。

吉州窑本觉寺龙窑遗址

吉州窑龙窑遗址

吉州窑作坊遗迹位于枫树岭与斜家岭两窑之间，布局与浙江龙泉窑、陕西耀州窑相类似。晾坯场和原料加工场生产设备齐全，分工细致。作坊遗迹构筑严谨，砌叠规整精细，清晰地展现古代制瓷生产的各道程序，大致可归纳为原料的开采和炼制、胎泥和釉浆的配合、瓷坯成型、施釉、装烧和加彩等，而每一过程还包含若干繁缛的工序。

吉州窑是我国古代江南地区一座举世闻名的综合性瓷窑，其产品具有浓厚的地方风格与民族艺术色彩。晚唐时期以烧造酱褐釉、乳白釉瓷器为主。宋代吉州窑瓷器种类繁多，纹样装饰丰富。胎釉可分为青釉、黑釉、乳白釉、白釉彩绘和绿釉等类。在装饰技法上，采用洒釉、剪纸、贴花、剔花、印花、彩绘、划花和堆塑等工艺，使产品形成变幻无穷、丰富多彩的装饰效果，瓷器的实用性与艺术性结合统一。

黑釉瓷是吉州窑一朵"开放异彩的山花"，又称"天目瓷"。它是利用廉价的天然黑色涂料，通过独特的制作技巧，产生变化多端的釉面与纹样，以达到清新雅致的效果，表现出民间的实用艺术和朴素风格。常见器物有碗、盘、碟、钵、瓶、壶、杯、高足杯、鼎炉、罐、器盖和玩具等。黑釉瓷的纹样装饰手法大体有剪纸贴花、彩绘、洒釉、剔花、刻花、划花、木叶贴花和素天目等几种。其中剪纸贴花和木叶贴花

吉安市博物馆藏（南宋）吉州窑
褐釉彩绘锦地纹琮式瓶

装饰历史上仅见于吉州窑，风格独具特色，而"油滴""兔毫""洒釉"等窑变色斑更是黑釉瓷中之珍品。据史书记载，宋人斗茶、品茶专尚兔毫盏。宋徽宗说过："盏色以青黑为贵，兔毫为上。"苏东坡也有"忽惊午盏兔毛斑，打出春瓮鹅儿酒"的诗句。产品有木叶纹、鸾凤纹、鹿树兔毫纹、月梅纹、月竹纹、洒釉芦荻纹、散缀梅花纹、虎皮斑纹等纹饰瓷器；各种窑变色斑犹如云雾、细雨、月空繁星、风雪中的芦花、玳瑁的甲壳、虎皮的斑纹或青、蓝、绿、紫的火焰。这些异彩缤纷、变化万千的釉面装饰，生动反映了当时人们对大自然美好景致的记忆。

在吉州窑数万窑工中，舒翁、舒娇便是当时瓷塑技艺的一代高手。舒娇从父学艺，瓷塑技艺不亚于其父。在当时永和各窑诸多名品中，以舒家窑所制的白釉、黑釉最为著名，是我国最早烧制玩具和人物瓷塑的瓷窑。舒氏父女所塑造的各种玩具，造型生动，朴实逼真，色泽明快，熠熠生光，最为当时人们所喜爱。《陶录》载："吉州窑，昔有五窑，五窑中，惟舒姓者颇佳。舒翁工为玩具，翁之女舒娇，尤善陶。其垆瓮诸色，几乎哥窑等价。"舒氏父女的瓷作品可与哥窑媲美，声誉极高，足见其技艺之精湛。舒氏父女为中国瓷塑工艺一代名家，美名千古流芳。

吉州窑丰富的烧瓷经验和技艺超高的名工巧匠，对江西地区瓷业的发展和提高起着重要作用。其产品风格与北方的磁州窑、定窑、耀州窑，南方的建窑、龙泉窑、景德镇窑等窑系都有着密切的关系，集中吸取了南北各瓷窑的烧造技法，创造性地把民间剪纸艺术和植物茎叶运用到瓷器的装饰上，成功地把瓷器的实用性与艺术性有机结合起来。

吉州窑彩绘瓷是景德镇窑青花瓷的前身，具有承前启后、因袭相沿的关系。沈怀清《窑民行诗》所载："景德产佳瓷，产瓷不产手，工匠来八方，器成天下走。"《陶说》引吉安太守吴炳游记云："相传陶工作器，入窑后变玉，工惧事闻于上，封穴逃

之饶。今景德镇陶工故多永和人。"

1957 年，吉州窑遗址被列为省级重点文物保护单位，2001 年被列为全国第五批重点文物保护单位。2011 年，吉安县启动吉州窑遗址保护工程，将其打造成世界历史文化遗产和国家考古遗址公园。2013 年 11 月 30 日，吉州窑遗址公园、吉州窑博物馆、东昌路宋街等景点向中外游客开放。2013 年 12 月 4 日，吉州窑龙窑第一批用传统技艺烧制的瓷器成功出窑，千年窑火继续照耀庐陵大地。

古窑简介

塔下窑

塔下窑位于新干县金川镇塔下村西南方向约 500 米处的赣江边上，以河岸斜坡为窑。窑址坐东向西，窑口面对赣江，离赣江约 20 米，窑尾指向塔下村。由于江岸崩塌，窑址堆积日益暴露。经调查，窑址南北长约 150 米，东西宽约 100 米，赣江边堆积厚度约 1.5 米，窑尾堆积厚度约 2.1 米。堆积中有陶瓷碗、罐、盆、壶、注子等，有的器型较为完整。采集的标本有陶瓷碗 4 只，壶 1 只，注子 1 件，罐 1 只，盘 1 只，以及窑具 1 件。经江西省文物专家鉴定为唐代瓷窑。1984 年被列为县级文物保护单位。

吴家窑

吴家窑位于新干县城上乡河陂行政村吴家村，距新干县城 42 千米。其南岸即为新干县窑里水库。窑址堆积面积约 6000 平方米，堆积厚度 40~120 厘米，直接裸露的瓷土面积约 3000 平方米。堆积瓷器残片为青白瓷、黑釉瓷和少量仿龙泉瓷、土窑烧制的青花瓷。青瓷釉色偏灰，存量仅次于黑釉瓷。黑釉瓷釉色纯正，器檐及器身釉薄处呈棕黄色，成为吴家窑黑釉瓷的典型特征。尚有少量的兔毫、洒釉窑变器。胎土淘洗精细，少见杂质。青白瓷胎质灰白，纯正紧密。黑瓷胎质灰褐，紧密，但见气孔，亦有橘红色胎质，其坚密度不及前者。器外釉不及底，器内底留 1~2 厘米的涩圈，但未见垫圈，涩圈为直接摞烧留下来的痕迹。部分瓶颈残瓷见有堆塑挂环双耳。器型有四季罐、执壶、瓶、炉、杯、碗、盘、碟等生活用瓷，未见大件器物，经与吉州窑器物比照，该窑应创烧于北宋，终烧于元代，属吉州窑系。

山口窑

山口窑位于永丰县潭头乡山口村南侧。1983年3月，经江西省考古队复查探测，并采集了一批陶瓷和烧窑用工具等标本。窑址堆积高大，形同山丘，窑片堆积层厚处达4.75米，露面瓷片和窑具俯拾即是。所烧瓷器，釉色较多，有酱褐、青釉色、白色、青灰和黑色。器型、釉色和烧法与永和吉州窑、宁都东山坝窑相似。造型、釉色具晚唐瓷特征，但青釉瓷似宋代烧法。而印花纹饰以双鱼纹最为常见，当属元代瓷典型装饰花纹。从采集标本的釉色、造型、饰纹推断，该窑当创烧于南宋，发展于元初，停烧于元末。1983年被列为县级文物保护单位。

刘家窑

刘家窑遗址匣钵

刘家窑位于峡江县水边镇刘家村西南100米处的黄土山丘上，濒临赣江，分布面积5000平方米，堆积层厚0.3~2米。地面器物残片俯拾即是。采集的标本主要有碗、盏残片和烧制工具匣钵等，瓷片胎质青灰，紧密，厚重，黑褐色，釉不及底。经江西省文物工作队鉴定为北宋时期窑址。

芳洲窑

芳洲窑位于峡江县戈坪乡芳洲村西南2千米处。现存马蹄窑一座，处于水田之下。窑高约2米，直径4米，窑壁有烟道4条，底部泥沙淤积。距窑床10米处残存作坊一处，青砖铺砌。采集标本有碗、碟少量残片。瓷片胎薄，黄白细腻，釉色黑亮。经江西省文物工作队鉴定为南宋时期窑址。

芳洲窑遗址

窑头陶窑址

　　窑头陶窑址位于万安县窑头乡政府所在地境内约1平方千米的范围内，西临赣江，南距万安县城约30千米，共有大小古窑包堆积五处，陶片堆积层最厚处达3米左右，总面积约5000平方米。该窑均采用砖、土在平地上垒砌成馒头状的窑床，始烧于唐代。主要生产素胎陶器，胎质粗松，有大小气泡，呈青灰色。器型有注壶、坛、罐三大类，均残破。其中注壶数量最多，小口，短颈，鼓腹，假圈足，扁平把手，长流高出口沿。该窑器型都带有五代和北宋器型的明显特征。

抚州市

　　抚州陶瓷烧造历史悠久，从多处出土的古人类居住遗址上，考古人员发现众多的陶器、古瓷片，仅临川区就在罗家寨遗址出土战国时期的陶片，脊山遗址出土商周时期的陶片。汉代以后，制瓷技术逐渐成熟，在桐源乡张家村发现99个窑包，采集的瓷片标本表明为东晋时期产品。

　　抚州境内有丰富的瓷土和釉彩的矿藏，唐宋以来烧瓷普遍，名窑迭出，产品种类繁多，许多优秀瓷品广享盛誉。历史上抚州窑址主要分布在抚河中上游的临川、南丰、南城、广昌等诸县区，以及金溪水流域的金溪县、崇仁河流域的崇仁县。具体来说，有临川的白浒窑、汤周窑、下磨盘山窑，南丰的白舍窑，南城株良的云市窑、荷塘窑，广昌的中寺窑，金溪的里窑、小陂窑以及崇仁的崇仁窑等。

　　抚州域内瓷器生产得到考古界确认的窑址，虽然始于唐代终于民国，但诸窑之间没有明显的继承关系，不是延绵不断的，而是有明显的断层。大体可分为四个阶段：第一阶段为唐代，主要集中在临川地区，以生产青瓷为主。第二阶段为南宋至元末，主要分布在金溪、南城、南丰3县，所烧瓷器品种为成功的仿龙泉作品，黑瓷多见兔毫纹窑变釉茶盏，青白瓷为此时南方诸窑普遍烧制的瓷器品种。从窑址规模和影响力看，这个时期抚州发展为江西地区的产瓷区。第三阶段为明代中晚期，集中于广昌地区，以生产青花瓷为主。第四阶段为清末民国初年，窑址分布在广昌、南丰2县，以生产青花瓷为主。

　　从生产组织形式看，除南丰白舍窑为官窑外，其他诸窑均为民窑，产品多为日常生活用具。南丰白舍窑既有官方文献记载，也有精品传世，被列为"江西五大名窑之一"。

　　陶瓷的生产和销售，既要有适宜制作的瓷土、釉矿和用于烧造的柴草等原料，还要有一定数量的消费人群。在古代以水为动力运输的情况下，还必须依赖足以行舟的江河。抚州上述诸窑场的选址建造，无不临河而设。运销瓷器产品的码头，至今仍能寻其芳踪，睹其旧迹。唐代中期开始，随着国家经济重心南移和北人南迁的推进，抚州人口逐步增加，到南宋后期的景定年间，抚州及建昌军人口有41.6万户，元代初期的至元二十七年（1290年）达到177.45万人。这种人口规模，很适宜大量陶瓷产品的消费。陶瓷产品不仅用于日常生活所需，人亡故以后，还可作为随葬品埋入墓穴。

2009年向莆铁路选址过境南城县新丰街镇杨桥村黎家山，发现一处明清古墓群，省、市、县文博机构组织人员对其进行抢救性考古发掘，清理明清墓葬10座，出土一批明清时期的陶瓷器，尤其以青花瓷器和釉陶器为多，既有景德镇窑产品，又有广昌中寺窑以及南城云市窑产品，尤其是釉陶质魂瓶与云市窑生产的此类瓶完全一样，表明本地的瓷器产品广销千家万户。名窑产品不仅在本地广受欢迎，甚至远销北方。

历史上抚州诸窑场虽然沉寂乃至废止，但改革开放以后，陶瓷产业却在黎川崛起，新材料、新工艺把传统陶瓷带入一个新的发展时期。2014年，黎川县有陶瓷企业48家，从业人员9000多人，陶瓷产业达18.9亿元，产品远销海内外。

临 川 区

白浒窑

白浒窑位于临川区温泉镇白浒窑村东南700米的白浒渡，故名"白浒窑"。其烧造年代为南朝至宋代。1959年，白浒窑在江西省文物调查工作中被发现。经过陈柏泉等人的实地调查，白浒渡是一个平原，崇仁河自此从北而西流。近河有一小山丘，亦自北向西伸展，与崇仁河形成平行之势。在崇仁河与小山丘之间的一段2千米长的条形地带上，分布着毛家村、二甲村和一甲村3个倚山面水的小村落。村落后山散布着大量的瓷片和窑具，这便是白浒窑古窑址。

白浒窑遗址

毛家村处于宜黄河与崇仁河分流处，村后的山丘上，瓷片、窑具堆积甚多，整个山丘都有古窑址；二甲村东距毛家村1千米许，村后有3个馒头形土堆，高出地面7~10米，直径30~50米，土堆四周散布着大量的器物碎片和窑具，从其断崖观察，土层中埋藏着丰富的遗物；一甲村东距二甲村约1千米，村后有4个馒头形土堆，高出地面7~10米，直径40~50米，土堆四周更是残器成堆，窑具遍地。2006年底，白浒窑遗址被公布为省级文物保护单位，目前古窑的残存部分共13处，除几座遭到破坏外，还有7座较为完整。

当年文物调查人员陈柏泉先生，将调查结果公布在1963年出版的《考古》杂志第12期上。从这篇调查报告中可以看到，白浒窑遗存的主要产品是生活用瓷器和生产用窑具两类。

生活用瓷器有碗、壶、罐及缸、钵等产品。

碗，为数极多，可分3式，以Ⅰ式为最多，Ⅱ、Ⅲ式较少。依其形制、釉色、胎质判断，Ⅰ式为唐代遗物，Ⅱ、Ⅲ式为宋代遗物。

Ⅰ式：平底，底心稍内凹。器内外施酱褐色釉，腹下部至底部露素胎。釉水不均匀，多呈泪痕状，且开细冰裂纹。碗心及底部均有支烧痕迹。胎骨粗糙、厚重。采集到完整器一件，高7厘米，口径18厘米。

Ⅱ式：平底，通体施青绿釉，仅底部露素胎，釉水薄而均匀润泽，器面多开冰裂纹。底部及碗心亦有支烧痕迹，且有些在碗心加葵花形花卉装饰。胎薄而质细，色呈青灰。

Ⅲ式：圈足，通体施豆青色玻璃釉，仅底部露素胎。釉水较厚，器内外壁亦开冰裂纹。胎厚重，但质地细腻而洁白。

壶，平底，直口，深腹，有宝珠式盖及浑圆的嘴，嘴一般都极短小，长2~9厘米。釉色分黑褐和酱褐两种。器表釉施至腹下止，器内仅口沿及颈部施釉，余露素胎。胎呈灰色，质地粗糙。

罐，平底，直口，卷唇，肩部有双系，有的加饰"铺首"。釉色亦为黑褐和酱色两种。器表腹下部至底部露胎，器内釉水施至颈部。胎呈灰色，质地粗糙。

此外还有缸、钵等器型，其制法、釉色和壶、罐等多相一致，为同时期之制品。值得注意的是，窑址上另发现有青瓷碎片，且为数不少。似多为壶、罐之属。这些青瓷片，皆胎色青灰，釉色黄绿，通体施釉，均开冰裂纹。该项制品与近年来江西各地南朝、隋墓出土的青瓷器极相类似，可能是该窑的早期产品。

生产用窑具有竹节形器和鸵轮等。

竹节形器，口径8~12厘米，长12~14厘米。胎厚重，器内有的很平整，有的则是一道道的凹凸弦纹，器外往往有凸洞或穿孔。遗存极多，俯拾皆是。

鸵轮，扁圆，中心厚实隆起，并有直径2.5厘米的圆孔。自中央向边缘逐渐变薄，使边缘成为双面刃状。大小不一，直径在10~16厘米。遗址上颇多此物，采集完整器一件，直径13.5厘米，中心厚1.8厘米。

陈柏泉认为，白浒窑各个窑岭所出遗物在器型、釉色、质料、造型上均颇雷同，故应为同时期的遗址。由于它范围宽广，绵亘2千米长，废址上散布遗物又多，证明当年是一处规模较大的窑场。所采集遗物以Ⅰ式碗、壶、罐3种产品为最多，且都是唐代遗物，故该窑瓷业的最盛期可能是唐代。但窑址上也有青瓷片及Ⅱ、Ⅲ式宋碗发现，故其上限可能早于唐，下限到宋代或稍后。

白浒窑的生产情况及产品流传不见于文献记载，但从毛家村的《毛氏族谱》中宋绍兴五年（1135年）旧序上找到一点记载。其中述及毛姓源于宋嘉祐时由浙江迁来临川，先卜居于抚州北街，"元丰元年（1078年），一日出游汝西，车过浒渡……而问曰：斯何地也。土人答曰：白浒渡，又名白浒窑也"。说明白浒窑在宋以前即已开

始烧造。这段记载也与窑址的遗存物相符合。

白浒窑处于抚河水系崇仁河、宜黄河交汇处。此处溯流而上可达宜黄、崇仁、乐安等县，顺水而下可至南昌、九江、汉口等地，为瓷器的销售提供了便利条件；早年此地树木茂密，多以松木为主，为瓷业生产提供了充足的燃料；瓷土丰富，瓷业生产用胎土有保障。

白浒窑与丰城罗湖窑在隋唐时期同属洪州较大的窑业基地。主要产品有碗、罐、缸等，以碗为主。器物多为平底，底心稍内凹，也有部分圈足器。大多胎骨粗糙、厚重，胎土灰色。釉色多呈青绿、酱褐，也有少量豆青色。器内施全釉，外施釉多不及底。釉面常开细冰裂纹，釉水不均匀者呈泪痕状。纹饰较简单，多为葵花形纹，罐类器物的肩部常以"铺首"为饰。所产器物古朴大方，技艺纯熟，釉汁光润，具有时代特征，而制作造型、工艺纹饰又具地方特色。

南 城 县

云市窑

云市窑位于南城县城以南约20千米的株良镇云市村，窑址在荷塘村南面约2千米。云市原为圩镇，20世纪60年代有一条半千米长的小街，圩镇的两头有很多由瓷片堆积的窑岭，足见当年烧窑之盛。现为省级重点文物保护单位。

1964年3月，考古工作者胡义慈等人在南城县株良公社清理明代益藩王墓葬期间，得悉在宏虎与云市大队相间的地面上有很多瓷片堆积，即

云市陶窑瓷片

往指定地点进行翻查。当胡义慈等人走过荷塘和古溪上曾堡村，即发现遍地都是瓷片。胡义慈将调查结果发表在1964年出版的《文物工作资料》第3期上。

云市窑址的瓷片，釉色单纯，多为黑釉；器型也多为口径稍大于底径的长筒形黑釉杯和少数碗、罐等物。

距云市东南约1千米的两座窑岭遗存则为影青器，器物多为碗、碟；釉色和造型均与荷塘遗址的影青器相同。

上述两处窑址所采集的标本中，有少量唐代褐色釉瓷片和豆青釉瓷片，也有元代

白瓷和明代青花；但从复原的器物来看，无论造型、釉色、胎质和纹饰都具有宋代风格，瓷片中宋代黑釉和影青釉又占多数，故它们应为宋代窑址。

此后对云市窑遗址进行发掘。云市窑分布很广，涉及路东、宏富、泷油、中云4个村，方圆达30余平方千米。每隔三四百米就有一座窑，瓷片堆积七八十处。在私伢窠和老兜树下发掘的两座古窑均为龙窑。私伢窠窑长17米，上宽3.8米，下宽5.8米，面积92平方米；老兜树下窑长18米，上宽4米，下宽5.8米，窑床残址深度0.4米，四壁是坚硬的红石块砖，窑床均北高南低，出土的碗坯均有"淳化"字样。

根据文物部门多次试探性发掘所采集的大量标本来看，所产器物在形制上具有明显的时代性。最早产品应在唐代，宋代为多，至南宋时更趋成熟，元代制作粗糙，并有少量的明代青花瓷。由此可见，唐代为云市窑的初创时期，北宋时有所发展，南宋为繁荣时期，至元代则已衰落，明代又有过一个复兴时期。从堆积的瓷片中发现许多敞口碗、扁形碟和长筒形瓷杯，以影青釉瓷居多，次为黑釉瓷。器物造型、胎质和纹饰均具宋时风格。此外，还发现少量唐代褐色釉瓷片和豆青釉瓷片，也有元代白瓷和青花瓷。

云市窑产品以影青花瓷为主，制作精细，色泽如玉，可同景德镇瓷媲美；尤其以它多样的釉色、丰富的装饰、优美的造型和独特的工艺，在我国陶瓷发展史上占有重要的地位。其产品有蝶、盏、杯、碗、盘、壶、瓶、盒等。釉色有影青、黑、青、褐等。堆雕产品有皈依瓶、菩萨、人像等。制花工艺主要有刻花、划花、剔花、印花等。其产品绝大多数为民间日用器皿，质朴自然，具有浓郁的民族风格。其纤细工整的图案纹样，隽永雅丽，层次清晰，疏密有致，无不具有非常感人的艺术效果。

相传古时云市村有一穷人徐二，被虎衔至深山，幸遇仙人相救，授之做瓷烧窑之术，徐二以此术助乡亲致富。只要是徐二装的窑，点的火，烧制的碗、碟、罐等瓷器，胎薄质美，玲珑剔透，云市成了热闹的圩镇，99座窑，呈一派兴旺景象。某日，徐二打开一座已熄火7天的瓷窑，却见满窑瓷器皆不见，一堆灰烬中露一金龙瓷牙床，照得满窑生辉。众人称奇，以为神窑，故封其门，就近另筑新窑。官府得知，欲夺此金龙瓷牙床，遂派人白天查访，99座窑皆碗、碟、罐、瓶，并不见金龙瓷牙床；晚上察访，窑顶升起盏盏窑灯，数来数去整整100座，甚是诡异。官府欲派兵捉拿徐二，逐窑搜查。徐二和乡亲闻讯后遂从每座窑中取一粒火种，将官府烧了逃往景德镇。从此云市村百盏窑灯俱灭，百座瓷窑俱塌。

荷塘窑

荷塘窑位于南城县株良镇东南约3千米的荷塘村与古溪上曾堡村之背，紧邻红旗水库。这里有瓷片、窑具的堆积，当地人称之为窑岭。

荷塘窑址

1964 年 3 月，考古工作者胡义慈等人对荷塘窑开展调查，采集到能复原的器物有碗和碟两种，并将调查结果发表在 1964 年出版的《文物工作资料》第 3 期上。

碗，根据器型的不同而分为三式：Ⅰ式，一般口径为 12 厘米，底径 5 厘米，高 4 厘米。环足，唇稍向外折。釉呈白色，开片，器内底的中心有一小团釉，四周露胎，碗外表为半截釉。胎薄质松，造型娴雅。Ⅱ式的釉色基本上与Ⅰ式同，只是环足比较宽矮，且为敞口。Ⅲ式，一般口径为 16 厘米，底径 6 厘米，高 6 厘米。碗内全上釉，碗外为半截釉，釉呈灰白和黄白色。侈口，高环足。

碟，浅腹平底，一般口径 10 厘米，底径 3.6 厘米，高 2.7 厘米。器身外表未上釉，碟内靠口沿处露胎，其余部分均有开片青釉。

此外，还有匣钵、垫瓶、支烧柱状器等窑具以及不能复原的壶、罐、器纽等物。

这次采集的标本较多，纹饰多为刻花云纹和少量放射性划纹。烧法有两种：器内全上釉者为匣钵烧；器内底中心有一团釉，余为露胎者，为垫烧。釉色有影青、豆青等。

从采集的标本中，荷塘窑与云市窑相同，有少量唐代褐色釉瓷片和豆青釉瓷片，也有元代白瓷和明代青花；但从复原的器物来看，无论造型、釉色、胎质和纹饰都具有宋代风格，瓷片中宋代黑釉和影青釉又占多数，故它们应为宋代窑址。

南 丰 县

白舍窑

白舍窑又称南丰窑，位于南丰县白舍镇白舍村西南侧红土山岗上，是宋元时期江西规模较大的重要窑场之一。窑包堆积东起白舍镇东侧的碗窑下，西至官山司茅斜，北至碗头山，南达盱江北岸百花庄。东西宽约 2 千米，南北长约 1 千米。现存大小遗址 34 座，窑体堆积物 20 座，广泛分布在瓦子山、封山窑、船底殿、赖家奄、陈家园、符家山、重阳观、奄背等山丘坡地上。

白舍是极好的陶瓷生产场所。附近官山、义仔山等地有柴草资源，又有丰富的瓷土和釉料矿藏。盱江流经窑场入抚河，下长江，舟楫便利。窑场近旁的古埠头是白舍窑产品销售的航运码头。

1960年，经江西省文物调查队实地调查，白舍窑的产品全是白瓷，主要有白釉瓷、影青瓷与糙白瓷3种类型，其中以白釉瓷及糙白瓷居多。白釉瓷与影青瓷胎质洁白细腻，釉汁晶莹润泽；糙白瓷色泽白中泛黄，呈蛋壳色，胎质比较粗糙，主要产品有

白舍窑址

赖家庵窑包前立的白舍窑保护碑

碗、壶、瓶、杯、盘、碟、灯台等。当年参加文物调查的陈柏泉先生，将调查结果公布在1963年出版的《考古》杂志第12期上。从这篇调查报告中可以看到，白舍窑遗存的主要产品是生活用瓷器和生产用窑具两类。

（1）生活用瓷器

碗可分3式：Ⅰ式，平底；Ⅱ式，高圈足，直口，深腹，口沿外卷，腹部多饰莲瓣，圈足高2.4厘米；Ⅲ式，矮圈足，圈足高1.5厘米左右。各式碗的内壁饰有各种纹样。

壶可分2式：Ⅰ式，矮圈足，长颈，附把，带盖，瓜棱腹，腹中部施一至四道弦纹；Ⅱ式，平底，底心稍内凹，长须呈八棱形，附把，带盖，八棱腹，腹中部有一道凸起的脊，腹上下自此渐内收，脊下部设弦枚3道。这两种式样的壶亦为白舍窑的主要产品之一，遗址上碎片极多。其较大型的壶底径在10厘米左右。壶身均瘦长，壶嘴亦极长，有浑圆式和八棱式两种。

瓶，盘口，短颈，肩上设双系。

盘，平底，底心稍内凹，盘心极浅，胎质较厚。

杯可分2式：Ⅰ式，喇叭形高圈足，直口深腹，器小巧，形似豆；Ⅱ式，短圈足，直深腹，口沿外坦。高4.5厘米，口径7.3厘米，底径4.2厘米。

灯台，喇叭形高圈足，塔檐式柱身，上部呈杯形，无完整器。

碟可分2式：Ⅰ式，平底，浅腹，口沿平齐，腹部多划分成六瓣，口沿边缘则因此而呈葵花形，高2厘米，口径10.4厘米，底径3.9厘米；Ⅱ式，高圈足，浇腹，口沿外卷，高2.8厘米，口径10.2厘米，底径3.6厘米。

（2）生产用窑具

垫饼，分环状和扁圆两式，大小不一，多用于盛托碗底，以避免烧时和匣钵搭合在一起。

匣钵，为平底，直口，厚胎。

据有关人士研究，白舍窑是宋元时期"江西五大名窑"（景德镇窑、吉州窑、洪

窑包

州窑、赣州七里镇、白舍窑）之一。白舍窑起始于晚唐五代，兴盛于北宋中期，至元代初期趋于衰落。鼎盛时期，白舍窑建有窑口99座，场面异常壮观。所烧器物有弧腹碗、高脚碗、折腰碗、托碗、葵口碟、葵口盏、斗笠盏、高足杯、执壶、八棱壶、温酒、砚台等，尚有精品鸡头、狗头壶、茶托茶盏、瓷枕、独脚炉、瓷塑制品、子母盒、人形水注、鸟食具，并有少量大瓶大灌。纹饰有篦纹、云气纹、莲纹、人物、卷草、菊花、牡丹、梅花、锦纹等，以刻花居多，有剔刻月影梅纹，有酱口刻花碗，为其他青白瓷窑所不见。

与临川白浒窑不同，南丰白舍窑及其产品文献记载较多。清同治《南丰县志》卷十五"古迹志"载："白舍，宋时置官监造，窑数十处，望之如山，久废。"又卷九"物产志"云："若夫《元州志》所载，白舍之白瓷器，瑶田圩之苎布，瞿村之白简纸，当时苦窳稀薄，不足应四方之求。"由此可见，白舍窑时代为宋元时期。而据调查所见，窑址上散布的遗物多属宋代遗存，故该窑的极盛时代应属宋代。又元代蒋祁《陶纪略》记载："谓与景德镇竞争者有白舍窑也"，可见白舍窑制瓷工艺水平之高，产销之旺。

然而，当代临川人吴仁敬与辛安潮合著的《中国陶瓷史》，谈到元代的南丰窑"在江西南丰县，亦名玳瑁窑，土埴虽细，质则稍厚，器多青花，有如土定等色。"傅振伦的《中国伟大的发明——瓷器》云："元代民窑还有临川、南丰等窑，烧造青瓷及花器，销路也很广。"其把南丰窑看成元代的窑，并说曾烧造青花。就传世品中，有青花梅瓶，亦传为南丰窑的产品。但据陈柏泉先生的调查所见，白舍窑址遗存物全系白釉及白色微黄釉的薄胎瓷，并无青花，胎质也非"稍厚"。他怀疑"或者有可能南丰在元代产青花瓷的瓷场不在白舍"，对于这个疑问，由于没有新的出土物佐证，至今仍未解决。

宋时南丰白舍窑产销之旺还可从另一史料中得到印证：曾巩之族兄曾叔卿，是白舍窑瓷器包卖商，他将白舍窑瓷器远贩北方，有人从他那里进了一批瓷器欲转销于北方。曾叔卿直言相告："吾闻北方新有灾馑，此物必不时泄，故不以行。余岂宜不告以误子！"洪迈将其重信誉、诚实不欺的事迹记入《容斋随笔》，同时也说明白舍窑产品销售之广。

元代以后，白舍窑逐渐衰败。但到清末民国初期，又有人在此重建瓷窑，复燃窑火。民国《南丰县志·卷之终》记载："光绪二十九年（1903年），罗坊司王巡检葬妻白舍，挖获古瓶二篮，盘、碗若干，质嫩而色古，知为古窑旧址，乃与邑人刘良炽合股试办粗窑，利微中辍……三十一年，良炽复邀集邑人招股扩充，先集古银三千两，名曰'裕丰瓷器公司'……率以规模阔大，资本薄弱，于民国三年辍业。"后来，文物考古人员发现一处已辟为橘园的青花瓷窑址，地表散见部分废弃瓷碗、钵一类器物。有的足底有"白舍"和"裕丰"等青花款，即为该时期的民窑产品。

从白舍窑的整个烧造历史看，该窑创烧于北宋早期，元初停烧，清末至民国年间复烧。北宋元初白舍窑专门烧造青白瓷，以质量而闻名天下，而清末民国时期曾短暂烧造青花瓷。

1957年8月，白舍窑遗址被列为江西省第一批文物保护单位，出土瓷器被江西省博物馆收藏与展出。北京故宫博物院收藏的北宋白舍窑瓷碗、葵口碟、梅花盏，曾在1980年英国伦敦举办的"中国出土陶瓷展览会"上展出。2013年白舍窑遗址被列为国家级文物保护单位。

金 溪 县

小陂窑

小陂窑遗址

小陂窑坐落在金溪县对桥镇濠湖朱家村境内。这里地处丘陵，周围坡地起伏，岗峦重叠，遍地荆棘丛生，杂草掩映。古窑分布在东西、南北约2千米范围的山丘坡地上，堆积厚的窑包比较明显，堆积厚度为2~3米，窑边挖有水塘，是取土用水的遗存。境内有古河道流经（现已改道），此河原入信江，经鄱阳湖入长江，为古代水上运输线。在小陂窑的西面，距朱家村委会住址西约1千米处有"架碗桥"，传说是古代瓷器交易地及集散码头，瓷器由此装船外运。小陂窑因年久荒芜，蒿草覆盖，有些窑包不易确认。

1981年江西省文物工作队和金溪县文化馆陈定荣、李宗宏等人对该窑遗址进行考察，有窑包十余处。考古人员在天金包和风水坑两地做了调查，采集标本甚多。

天金包是一处比较突出的堆积，高约6米，直径40米，在它的周围散缀好几处堆积。器型多碗、茶盏、罐、盘等，有划花装饰，划线刚劲而简洁。褐釉茶碗（亦称盏）较多，并采集有兔毫纹窑变釉茶碗。此外，质地细腻的青白釉瓷片，胎釉均清白纯净。

风水坑在天金包的北面，亦由多座堆积组成。其中，风水坑龙窑窑床明显外露，坐北朝南，窑床长约40米，坡度在20°上下。瓷片堆积较厚。这里以生产青釉器为主，间有淡青、青白瓷。器型多碗、盘、瓶、炉等。装饰有划花、印花及堆塑等技法。

文物调查工作结束后，陈定荣、李宗宏将调查报告发表在《江西历史文物》1982年第5期上。

从出土标本看，该窑制瓷多采用垫沙叠烧，器物内面有叠烧涩圈，外壁釉不及底，亦有采用芒口复烧法的。出土器物有：盏，敞口，斜壁，平底略见内凹，灰胎，芒口，盏内施蟹青釉，器高2.1厘米，口径9厘米，底径3.9厘米；杯，直口，弧腹，圈足，青白釉，足底无釉，器口内沿有半厘米宽褐釉圈一周，灰白胎，坚致细密，器高5.2厘米，口径10厘米，足径4.2厘米。

碗，分九式：

Ⅰ式，茶碗，敛口，弧腹下收，小底卧足，褐釉，除足底圈外，全器施釉，浅灰胎，胎骨坚实，器高5.5厘米，口径10厘米，足径3.6厘米。同类茶碗还有黑釉、黑釉窑变兔毫纹的，釉面光亮，外壁施半釉，釉面下缘垂釉呈蜡泪状，凝聚处厚度达3~4毫米。

Ⅱ式，敞口，小厚唇，斜壁，圈足，淡青釉，开片，内底有涩圈，外壁釉不及底，底足沾有细砂粒。浅灰胎，器高5.6厘米，口径15.2厘米，足径6厘米。

Ⅲ式，敞口，斜壁，葵口六弧，圈足，淡青釉，细开片，外壁釉不及底，内底有涩圈，灰黄胎，有气孔，器壁较薄。高5.6厘米，口径16厘米，足径6厘米。

Ⅳ式，敞口，斜壁，薄唇微见外侈，圈足，器型平坦，青白釉，灰白胎，器高3.8厘米，口径14.2厘米，足径4.5厘米。同类器物有梅青釉、细开片的。

Ⅴ式，敞口，壁下缘内弧，深腹，芒口，圈足，淡青釉，浅灰胎，较粗重，高6.8厘米，口径13.5厘米，足径5.9厘米。

Ⅵ式，敞口，薄唇，斜弧壁，圈足，青釉，内底有涩圈，外壁釉不及底，灰胎，内壁有划花，线条流利清楚，构图自然。碗高5.4厘米，口径17.8厘米，足径6厘米。同类器物还有青白釉、篦纹划花，花纹多在内壁，但叠烧碗柱的最上面一只花纹在内底心。

Ⅶ式，口沿外坦，弧壁，圈足，淡青釉，开片，浅灰胎。高4.2厘米，口径12.4厘米，足径5.6厘米。

Ⅷ式，口沿外坦，弧壁，平底；小圈足，器型低矮，梅青釉，外壁釉不及底，釉层较厚，灰胎，胎骨厚重坚实。器高3.5厘米，口径12.8厘米，足径4.2厘米。

Ⅸ式，口唇外侈，弧壁深腹，圈足，青釉，灰胎，胎骨坚实，内底有印花。器高6厘米，口径15.6厘米，底径5.2厘米。底心印花纹饰有飞雀菊花，野兔芝草，荷花等。釉面多开片，釉色青碧，釉面润泽。还有较大的碗，口残，斜弧壁，圈足，深褐釉，胎土厚重粗糙，残高7.2厘米，足径7.2厘米。

盘，分二式：

Ⅰ式，敞口，圆唇，弧壁，平底，圈足，青釉开片，内底有野兔芝草印花纹样。灰胎坚致，胎骨凝重，器型浅坦。高2.8厘米，口径17.8厘米，足径9.4厘米。

Ⅱ式，厚唇侈口，折腰弧壁，圈足，紫褐釉，内底有涩圈，灰胎有气孔。高5.2厘米，口径17厘米，足径6.6厘米。

高足杯，残留高足，淡青釉，杯心有印花，浅灰胎，胎骨坚致细密，足径3厘米。

炉，直壁折腹，圈足，青绿釉，内壁与足部无釉，外壁划复线斜格纹，高6.4厘米，口径9.6厘米，底径5.5厘米。

罐，高颈，鼓腹，圈足，淡青釉，开片，口沿与圈足无釉。高15厘米，口径7厘米，腹径12.5厘米，底径7.5厘米。

瓶，唯见底部，青白釉，胎土坚致厚实，底圈足有内撇与外撇之分，底径在8厘米上下。另有一种瓶颈，上有龙形贴塑，青釉，灰黄胎，器壁厚重。

小陂窑器型多样，胎质一般都较坚实，制作手法熟练。有一些胎坚釉精的器物，是小破窑出色的代表作，如胎壁较薄的淡青釉茶杯，釉色光洁清亮；黑釉窑变兔毫茶碗，纹丝纤细，釉面浓重光泽；青釉划花碗，笔法娴熟流畅，此类产品为江西所少见；青釉印花碗纹样秀美，构图精巧，胎釉均佳，是成功的仿龙泉作品。

小陂窑是一处民间窑口，产品均为民间实用器。它的烧制年代，从器物特征看，有褐、黑釉茶碗（盏），为宋代喝研茶所特有，划花斜壁碗流行于宋代，还有南宋、元初所盛行的覆烧芒口器皿、元代的高足杯等。据此，考古人员认为小破窑的烧造年代应为从宋代至元代。

里窑

里窑位于金溪县左坊镇里窑村东北的山坡上，地处丘陵，山包连绵，田地错落，房舍栉比。在东西3千米的一条窄长地段分布着十多个古窑包，瓷窑沿山而筑，与土丘混成一片。1981年江西省文物工作队和金溪县文化馆考古人员，一进里窑村，碎瓷与窑具遍地可见。有明显的龙窑迹象，如张家边一古窑窑床长40余米，窑门朝南，堆积厚度高达6米。在窑门南端，群众开荒时曾发现过制瓷作坊遗迹，其中有砖砌的釉料坑。古里窑村是一个经济繁茂的集镇，相传瓷器市场就在村内。1974年大队建造合作医疗站时，曾在地基中挖出银锭3斤多。

里窑产品以碗、碟等器型为主，多青白釉器，纹饰有印花、划花等。1982年，考古人员陈定荣、李宗宏将调查采集的标本详情刊载在当年出版的《江西历史文物》第5期上。

碟,可分两式：

Ⅰ式，敞口，斜壁，平底，浅圈足，芒口，淡青釉，灰白胎。器高1.6厘米，口径10厘米，足径5.2厘米。

Ⅱ式，敞口，浅弧腹，浅圈足，芒口，淡青釉，灰白胎。高3厘米，口径14.4厘米，足径5厘米。

碗,可分六式：

Ⅰ式，茶碗（盏），敞口，圆唇，口壁略厚于腹壁，弧腹，小平底略作内凹，足部外拉凸弦纹一周，淡青釉，器外施半釉，灰白胎，器高3.8厘米，口径11.4厘米，足径3.5厘米。

Ⅱ式，茶碗（盏），敞口，折腰，腹壁斜直，小平底，青白釉，细开片，外壁施半釉，灰白胎，胎骨凝重，器高4厘米，口径10.7厘米，底径3.1厘米。同类器有施褐釉的。

Ⅲ式，敞口，弧壁，圈足，淡青釉，外壁施半釉，内底有涩圈，器底沾沙粒，高5.1厘米，口径14.8厘米，底径6厘米。

Ⅳ式，敞口，口沿外侈，弧壁，圈足，芒口，淡青釉，灰白胎。高4.8厘米，口径15厘米，底径5厘米。

Ⅴ式，口唇外侈，深弧壁，圈足，芒口，淡青釉，灰白胎。器高4.8厘米，口径15厘米，底径5厘米。

Ⅵ式，口残，深腹，圈足，芒口，全器挂釉，外壁划莲瓣纹，淡青釉，足径5厘米。

高足杯，口残，弧壁，高足，米黄釉，灰黄胎较粗糙。足径5厘米。

里窑遗址还有淡青或青白釉的薄胎印花碗片，也有芒口的印花，均在内壁，纹饰有菊花、双鱼莲花回纹等。

里窑瓷器大多胎质细密，釉面匀净，青白瓷比较成熟，如Ⅱ式茶碗釉面光洁，釉色乳白中泛湖青，雅淡悦目。制瓷操作比较精细，底式切削也比较规则，只叠烧器底沾砂较多。该窑还普遍采用覆烧法，有大量的覆烧器具堆积，支圈断口呈"凵"形，缺口能较好地固定器口，它比小陂窑的"冂"形支圈不易损伤器口外沿釉面。印花工艺细巧精美，布局匀称，图案内容富有清新的生活气息。

里窑也是民窑，产品均为实用器皿，器物中茶碗（盏）器型与吉州窑相似，而褐釉色彩较浅。覆烧法普遍，是江西地区南宋至元初的流行方法。Ⅱ式弧壁碗、高足杯等为元代产品。考古人员认定该窑的烧造时间应该在南宋至元代。

广 昌 县

中寺窑

1983年秋，广昌县博物馆工作人员根据民间提供的线索，在高虎脑乡的中寺村（今属驿前镇）西坑发现4座古瓷窑址，赣州地区博物馆薛翘亲临现场勘察，初步认为其烧造年代当在明成化年间。1985年9月，广昌县博物馆姚澄清、易宗发、孙敬民以及退休老窑工温名德、巫可珍历时一周，沿中寺河，溯江而上，

中寺窑址

往返100多千米，对赤水镇所属之合港，高虎脑乡所属之西坑、界吉湾、鞍山坝、沙罗坪、洪水坑、招禾排、双港口等16座古瓷窑进行全面普查，采集明代青花瓷窑完整器皿24件，残器标本126件，瓷片79块。其中有碗、杯、盘、碟、罐、灯盏、筒形灯具、烛台、印模等。

这16座青花古瓷窑都集中在广昌县境南部中寺河（古称寺川港）沿岸，北起赤水镇所属的合港口，南至驿前镇所属中寺河上游双港口，计程20千米。最近的合港窑址距县城31千米，最远的双港口窑址距县城51千米，因其地处中寺河沿岸，故统称"中寺窑"。

中寺窑址大多坐北朝南，依山傍水，古时水陆交通方便。窑床结构均为阶级窑，一般都是四至六室，窑身长14米到16米不等。除鞍山坝窑外，绝大部分古窑已经崩塌、下沉。古窑上残器、窑具、瓷片俯拾皆是。从采集的完整器皿看，瓷碗占59.1%，残器126件，瓷碗占97%。说明中寺窑以生产民用碗为主，所见产品均系青花釉下彩。

从采集的窑址遗存物看，中寺窑烧造跨越的年代比较长，有属元末遗传，带有明初风格的釉里红；有明中晚期特征的青花瓷；有清代烧制的各类民用瓷器；也有民国纪年民用瓷壶；还有20世纪50年代末期书有"大禾食堂"的专用钵碗。这说明广昌制瓷业连续绵延数百年，可能始于元末，盛于明清，衰于民国。清光绪三十一年（1905年）二月，南丰县令吴鸣麒在一份公文中称："前月由绅招来广昌窑工，用白舍土试烧瓷

碗，其质其粗。"这正好印证了南丰白舍窑扩股兴办"裕丰瓷器公司"的说法，也说明广昌中寺窑尚在生产。此外，古陶瓷专家还在中寺窑遗址附近发现一座纪年墓，出土一批明代万历青花瓷盘，纪年墓上限为明万历元年（1573年），下限为清顺治二年，即1645年，因瓷盘形似一朵盛开的芙蓉花，被日本人称为"芙蓉手"，欧洲人称为"嘉橹""克拉克瓷"。这是一种外销的青花瓷盘，其纹饰、色彩与一般墓葬出土的明代器物不同，既有东方的艺术风格，又充满着浓郁的异国情调。"克拉克"是荷兰人对当时葡萄牙货船的称呼，因葡萄牙商船从中国运去的瓷器多为万历年间烧造的青花瓷，所以得此称谓。"克拉克瓷"是应欧洲一些国家需要，专供出口欧洲市场的外销青花瓷，特指明万历时期烧造的中心饰葵花等花卉，双鹿、双龙、禽鸟、动物主题纹饰，四周饰以8个或6个扇形开光，开光内绘杂宝等图案的青花瓷。欧洲不少国家现在均收藏有克拉克瓷，但在中国国内却很少有收藏。古陶瓷专家耿宝昌说："广昌纪年墓出土了明代万历外销的青花瓷盘（即克拉克瓷），轰动了西方世界！"克拉克瓷独特而美丽的装饰艺术，作为中国古代外销瓷器研究的一个组成部分，已成为中外学者的感兴趣的课题之一。

古窑简介

张家窑

张家窑位于临川区桐源乡池溪村委会张家村东北方。据调查，窑址原有99个窑包，瓷片标本表明建于东晋时期。

汤周窑、下磨盘山窑

汤周窑、下磨盘山窑位于临川区云山镇清溪村委会汤周自然村，窑址分布在汤周村附近的陈家山、象山、旋盘山、火山和下磨盘山一带。其中下磨盘山窑址发现于2002年3月，陈家山、象山、旋盘山、火山窑址发现于2002年7月。考古人员对下磨盘山窑址进行考古发掘，揭露面积1400平方米，发现唐代龙窑遗址一座，出土大量青釉瓷器标本和窑具。从出土的器物看，这是一处青瓷窑址群，主要烧造年代为晚唐五代，下限可延伸至北宋早期。

毛家窑

毛家窑位于南城县河坨毛家窑村。因年代久远，窑址破坏严重。窑底采集的陶片有乳钉纹瓦当、"寿"字滴水、子母扣沟瓦，质地坚厚，品种多样，工艺精湛。

妙法碗窑

妙法碗窑位于黎川县湖坊乡妙法村境内。村庄两侧的山梁上，到处可见残碎的陶瓷片，东侧有馒头状土堆数处，当地群众称之为古窑。经文物普查工作队发掘，仅出土3件完整陶钵，4件尚能复原的瓷碗。与江西各地古窑中出土的陶瓷器对照，从胎质和复烧组合窑具分析，应为元末明初时期古窑址。

中塘窑

中塘窑位于南丰县紫霄镇禾溪村西北山丘上，显见窑址2处，面积750平方米。遗址的残瓷碎片，可复原器物的有罐、碗、灯台、壶等，为唐五代古窑。

拳头山窑

拳头山窑位于崇仁县三山乡庙前村北偏西0.5千米的拳头山上，陶瓷残片俯拾皆是。采集的标本有碗、盘、坛、罐、香炉、八棱壶等瓷器残片，多为影青瓷，也有少量黑、褐瓷。经鉴定为南宋时期窑址。

鹿岗窑

鹿岗窑位于宜黄县中港镇鹿冈村土马村小组章家"窑上"，创建于清嘉庆年间，由罗氏家族创办，传承9代。主要产品为陶瓷酒坛、酒缸、水缸、陶罐以及磨薯钵等，产品远销赣州、宁都、乐安等地。20世纪50年代公私合营时，该窑并入县砖瓦厂，20世纪70年代又划归供销合作社，20世纪90年代陶窑重新回到罗氏家族。近年来，传统陶器产品逐渐被塑料产品取代，陶窑经济效益下滑，以致难以维持，2013年5月全面停产。

鹿岗古窑产品

编后记

　　"江西方志文化丛书"是由江西省地方志编纂委员会办公室组织编纂的一套精品文化丛书,从2014年开始由省、市、县(市、区)三级地方志机构合力打造。

　　《江西古窑》是"江西方志文化丛书"的分册之一。《江西古窑》自2014年启动编纂工作以来,省、市、县(市、区)三级地方志工作者倾注了全力,历经稿件撰写、编辑、初审、复审、终审各个环节,最终完成此书。

　　在编纂《江西古窑》的过程中,执行主编闵波、执行副主编邓玉兰、编辑孟秀三人根据古窑的侧重点,进行了大致分工,其中:闵波负责景德镇市的来稿编辑;邓玉兰负责九江、新余、赣州、吉安、抚州5个设区市的来稿编辑;孟秀负责南昌、萍乡、鹰潭、宜春、上饶5个设区市的来稿编辑。

　　《江西古窑》在编纂过程中,得到来自全省地方志系统工作者的大力支持和鼎力相助。如景德镇市地方志办公室主任俞定珍,多次召开陶瓷专家座谈会,研讨《江西古窑》景德镇古窑的编辑资料;景德镇市地方志办副主任李景春,几乎跑遍了全市县区山山水水,仅一个人就编写了6万多字、40多个古窑的重点介绍条目,并进行反复修改,直至满意为止。抚州市地方志办领导班子对每一座古窑进行认真核实,体现地方志工作者对历史的极端负责。还有赣州市地方志办副主任徐井生、上饶市地方志办主任李玉娜等,以高度的责任感,亲力亲为,审定每篇、每段,甚至仔细到每一字和每一个标点符号。

　　由于时间仓促,加之编纂者水平有限,书中错误在所难免,希望广大读者批评指正,以便再版时能得到进一步完善。

江西省地方志编纂委员会办公室

2017年12月